天津市经济发展研究院智库报告

天津经济调研2021

◎ 刘福强/主编 冯玲 燕中州 王琦/副主编

Tianjin Economic Investigation 2021

天津社会科学院出版社

图书在版编目（CIP）数据

天津经济调研. 2021 / 刘福强主编 ; 冯玲, 燕中州, 王琦副主编. -- 天津 : 天津社会科学院出版社, 2022.11

ISBN 978-7-5563-0866-8

Ⅰ. ①天… Ⅱ. ①刘… ②冯… ③燕… ④王… Ⅲ. ①区域经济发展－研究报告－天津－2021 Ⅳ. ①F127.21

中国版本图书馆 CIP 数据核字(2022)第 232887 号

天津经济调研. 2021
TIANJIN JINGJI DIAOYAN 2021

责任编辑： 杜敬红
责任校对： 王　丽
装帧设计： 高馨月
出版发行： 天津社会科学院出版社
地　　址： 天津市南开区迎水道 7 号
邮　　编： 300191
电　　话：（022）23360165
印　　刷： 北京建宏印刷有限公司
开　　本： 787×1092　1/16
印　　张： 16.75
字　　数： 260 千字
版　　次： 2022 年 11 月第 1 版　2022 年 11 月第 1 次印刷
定　　价： 78.00 元

《天津经济调研2021》
编辑委员会

奋辑笃行担使命 扬帆起航新征程 持续巩固拓展经济高质量发展态势

2021年注定是非凡难忘、具有里程碑意义的一年,我们迎来中国共产党的百年华诞,站在"两个一百年"奋斗目标历史交汇点,踏上全面建设社会主义现代化国家新征程。面对百年变局和世纪疫情交织叠加,既有压力,也有动力;既是挑战,更是机遇。全市认真贯彻落实习近平新时代中国特色社会主义思想,靠踔厉奋发来干事创业,以笃行不怠来破局开路,经受住诸多复杂的严峻考验,在奋斗中汲取力量,在平凡中创造业绩,交出了卓有成效的战"疫"答卷,谱写了交相辉映的发展篇章。

这一年,坚持育先机、开新局,笃定高质量发展不动摇,经济运行提"速度"。我们紧紧依靠全市人民,科学精准防控疫情,有效应对风险挑战,统筹疫情防控和经济社会发展,着力在"补短、强弱、升级、奠基、惠民"上下功夫,打好"治、引、育、稳、促"组合拳,全市经济运行稳中有进、稳中有固,呈现趋势向好、结构更优、动能转强、效益提升的高质量发展态势,实现了"十四五"良好开局。全年地区生产总值增长6.6%;固定资产投资增长4.8%,社会消费品零售总额增长5.2%,外贸出口总额增长26.1%;一般公共预算收入增长11.3%,其中税收收入增长8.1%,占一般公共预算收入比重达到75.8%,实现了增幅与质量"双提高"。

这一年,坚持抓项目、优对接,狠抓京津冀协同不放松,区域合作拓"广度"。以强烈的机遇意识和主动精神,有效开展精准错位承接,建立健全重点承接平台发展评价指标体系，以市场主体和创新主体来津发展需求为导向，推进试行支持重点企业发展服务保障指引。主动对接北京目标单位，51家央企在津新设机构173个，24家落地重大项目42个，中国医学科技创新体系核心基地天津基地等一批高质量项目开工建设，北京地区在津投资到位资金同比增长8.5%。与此同时，加快世界一流智慧港口、绿色港口建设，北疆港区C段智能化集装箱码头建成投入运营，成为全球首个智慧零碳码头；打造“公转铁”“散改集”双示范港口，完善雄安新区至天津港货运快速通关机制，天津港班轮航线增加至133条，集装箱吞吐量突破2000万标准箱，实现历史性跨越。

这一年，坚持强创新、赋动能，聚焦制造业立市不分散，产业升级增“厚度”。坚持科技创新与体制机制创新双轮驱动，打造物质绿色创造与制造、先进计算与关键软件（信创）、合成生物学、现代中医药、细胞生态5个海河实验室，新一代超级计算机、组分中药国家重点实验室等天津版“国之重器”加快建设；出台《天津市人民政府关于加快推进天津市大学科技园建设的指导意见》和《天津市大学科技园建设三年行动计划》，着力打造高校成果转化“首站”、区域创新创业“核心孵化园”和新兴产业“策源地”，认定10个产业主题园区、4个高水平大学科技园，国家高新技术企业和国家科技型中小企业均突破9000家。实施《天津市制造强市建设三年行动计划（2021—2023年）》，以智能科技为引领，以生物医药、新能源、新材料为重点，以装备制造、汽车、石油化工、航空航天为支撑的“1+3+4”现代产业体系加快形成，制造业增加值占生产总值比重提高到24.1%；全面实施“链长制”，强化串链、补链、强链，制定《天津市实施产业链高质量发展三年行动方案（2021—2023年）》，集中攻坚信创、高端装备、集成电路等12条重点产业链，龙头企业骨干作用突出，产业链薄弱环节加速补齐，产业联盟带动作用有效发挥，产业链、供应链韧性持续增强。

这一年，坚持补短板、强弱项，加快双中心建设不懈怠，改革开放加“力度”。坚持系统构建与难点突破并重、防范风险与做强实力并举、先行引领与补齐短板并行，推动高质量发展的体制机制加快形成，营商环境进一步优化。“一制三化”改革升级版加快实施，政务服务事项容缺受理实现全覆盖，办理“证照分离”改革涉企经营许可事项13.1万件，制定网上办、一次办、马上办、零跑动、全市通办等事项清单3795项，建成中国（天津）知识产权保护中心，城市综合信用排名稳居全国前列。融入共建“一带一路”深入推进，天津意大利中小企业产业园与意大利知名企业形成更多务实合作，自贸试验区创新升级，首创五位一体供应链金融创新体系，保税租赁海关监管新模式入选全国第四批“最佳实践案例”。获批率先培育建设国际消费中心城市，制定实施国际消费中心城市建设方案，推出海河国际消费季、发展新型消费、活跃假日消费、汽车促销等举措，以佛罗伦萨小镇为代表的新型消费商圈拓展升级。区域商贸中心城市加快建设，中国国际航空物流中心建设全力推进，天津空港型国家物流枢纽获批，大通关基地一期国际邮件互换局开通运营，机场货邮吞吐量同比增长5.4%。

这一年，坚持重民生、精管理，促进绿色化转型不停步，城市治理添“温度”。坚持“城市生命体有机体”理念，始终把群众的生命安全和身体健康放在首位，严格落实“外防输入、内防反弹”防控策略，时刻保持热备灵敏状态，全力做好疫情防控工作，当好首都疫情防控“护城河”。坚持在发展中保障和改善民生，更好地解决群众关心的就业、养老、医疗、教育、住房、安全等问题，把一桩桩民心工程、民生实事办实办好，“20项民心工程”群众满意率超过90%，公共服务水平持续提高，群众获得感成色更足。坚持“绿水青山就是金山银山”理念，出台《天津市碳达峰碳中和促进条例》，编制《天津市碳达峰实施方案》，稳步推进“871”重大生态工程，绿色生态屏障一级管控区蓝绿空间占比提升到65%以上，成规模生态区近300平方公里，湿地、海岸线和绿色矿山生态保护修复持续推进，生物多样性逐步恢复，让市民群众享受到更多城市绿色发展成果。

时间是历史的雕塑家，它镌刻着奋斗的年轮，勾勒出发展的轨迹。走过2021，天津高质量发展稳步推进，结构优化的“形”和稳固向好的“势”效果不断显现。一年来的生动实践启示我们，必须始终坚持完整、准确、全面贯彻新发展理念，不断提高发展的质量和效益，把高质量发展贯穿各项工作全过程，才能牢牢掌握发展主动权，为全面加快社会主义现代化大都市建设注入源源不断的动力和活力。面对高质量发展的态势，我们没有只做见证者，而是以参与者、推动者和创造者的身姿砥砺前行。天津市宏观经济学会和天津市经济发展研究院联合开展 2021 年天津市经济调研项目，这也是自 2017 年以来连续第五年聚焦天津经济社会发展开展的调研项目。在岳进军主任、范小云教授、马国旺教授、赵光勋董事长等专家学者指导下，有关人员从制造业转型升级、战略新兴产业、城市发展等不同侧面开展深度调研和分析，形成 20 项研究成果，并按照主题划分战略发展篇、创新驱动篇、产业升级篇、城市治理篇四个部分予以呈现，深入分析当下天津面临的发展难题，积极提出破解发展困境的建议。希望本书能为关心天津市发展的相关人士提供研究参考和思路，对促进天津高质量发展有所帮助。我们深知，自身的研究水平和调研条件有限，可能在很多地方存在不足，真诚期待读者给予指教，对本书的疏漏、不足之处给予批评和指正，我们将感激不尽。

编者

2022 年 9 月

目 录

战略发展篇

天津市装备制造业高质量发展路径与对策研究 ………… 朱 鹏 王泽敏 3

双碳目标背景下天津市制造业发展路径研究

…………………………………………… 王 刚 袁进阁 丁绪晨 19

滨海新区先进制造业高质量发展研究…………………… 尹晓丹 秦晓璇 31

以天津港为核心组建津冀组合港 加速北方国际航运枢纽建设的

对策建议…………………………………………………… 周 勇 42

天津市加快建设国际消费中心城市研究…………………………… 王子会 55

创新驱动篇

天津制造业向智能制造转型升级的主要路径

——基于数字经济典型案例研究………………… 天津财经大学课题组 69

天津中心城区数字经济发展的方向与路径
——基于天津新八大里数字经济产业主题园区的调查研究
…………………………………………… 郑　宇　朱　鹏　李　李　78
天津传统制造业数字化转型路径探析 ………………… 秦晓璇　尹晓丹　97
天津市新材料产业现状及发展对策 …………………………… 韩　璐　107
天津市新一代信息技术产业布局及发展路径研究 ………… 辛　宇　118
天津市信创产业高质量发展研究 ……………………………… 李　李　131
天津市新能源产业发展研究 ………………… 袁进阁　王　刚　丁绪晨　142

产业升级篇

天津市传统制造业优化升级研究 ………………… 天津财经大学课题组　157
基于制造业立市的天津传统工业转型升级研究 ………………… 穆瑞章　175
新时代加快推进天津会展业发展路径研究
…………………………………………… 刘　营　鹿英姿　刘祥敏　186
天津市生物医药产业高质量发展研究 ……… 丁绪晨　王　刚　袁进阁　199
天津市建立健全生态产品价值实现机制研究 ………… 解　威　曹雪荔　211

城市治理篇

加快推进天津城市更新进程的对策研究 ……………………… 姚晓东　227
天津城市品牌影响力提升路径研究 ………………………… 涂峰达　239
推进天津市基层治理体系和治理能力现代化路径
研究 …………………………………………… 冯　攀　刘　营　尹晓丹　249

战略发展篇

天津市装备制造业高质量发展路径与对策研究

朱　鹏　天津市经济发展研究院高级经济师
王泽敏　天津市经济发展研究院高级经济师

装备制造业是为国民经济各行业开展各类生产过程提供相应装备和技术的基础性产业，在制造业中处于核心地位，被誉为“工业母机”，它的发展水平能够直接体现一个国家或者区域制造业发展的综合实力和科技水平。习近平总书记在地方考察时多次强调，装备制造业在国家制造业中起支撑作用，它是制造业的脊梁，要加大投入和研发力度，奋力抢占世界制高点，使我国成为现代装备制造业大国。装备制造业高质量发展是我国经济高质量发展的重中之重，实现核心技术自主创新是装备制造业实现质量变革、效率变革、动力变革的关键。天津在“十四五”规划中提出制造业立市的发展战略，在《天津市制造业高质量发展“十四五”规划》中装备制造业被列入天津市“1 +3 +4”现代工业产业体系，装备制造业高质量发展对于天津市现代工业产业体系的打造以及推动实现制造业立市发展战略具有重要的支撑作用。

装备制造业高质量发展是支撑实体经济增长、搭建现代产业体系、推动经济高质量发展的核心和关键。推动实现装备制造业高质量发展，必须以新发展理念为指引，推动装备制造业在产业链上中下游全部环节达到研发实力强、资源要素配置利用效率高、产品质量优良、生态环境友好、综合效益高的可持续发展状态。装备制造业高质量发展主要特征包括：研发创新实力强、内部结构协调优化、制造绿色低碳化、产品品质优良、产出效率/效益高等。

一、发展现状分析

1. 总量规模持续提升

2017 年以来，天津市装备制造业规模持续增长，对全市工业经济的支撑作用不断增强。2021 年，装备制造业增加值占全市规模以上工业的比重超过三分之一(34.5%)，同比增长 6.8%。2017—2020 年，从营业收入来看，规模以上装备制造业营业收入从 6913.06 亿元增加到 8322.48 亿元，增加了 1409.42 亿元；占规模以上工业营业收入的比重从 40.9% 增长到 43.8%，提高了 2.9 个百分点。从市场主体的数量来看，规模以上装备制造业企业单位数从 2050 个增长到 2544 个，增加了 494 个，占规模以上工业企业单位总数的比重从 47.8% 增长到 49.7%，提高了 1.9 个百分点。从容纳就业人员来看，装备制造业就业人数从 507777 人增长到 609098 人，增加了 101321 人，相应的占工业总就业人数比重提高了 8.4 个百分点。(见表 1 至表 3)

表 1　2017—2020 年天津规模以上装备制造业企业营业收入及其占比变化情况

年份	规模以上装备制造业企业营业收入（亿元）	工业营业收入总额（亿元）	占比（%）
2017	6913.06	16902.34	40.9
2018	7150.87	18103.46	39.5
2019	7622.16	18960.59	40.2
2020	8322.48	19001.10	43.8

资料来源：根据天津历年统计年鉴整理得出。

表 2　2017—2020 年天津规模以上装备制造业企业数量及其占比变化情况

年份	规模以上装备制造业企业单位数（个）	规模以上工业企业单位总数（个）	占比（%）
2017	2050	4286	47.8

续表

年份	规模以上装备制造业企业单位数（个）	规模以上工业企业单位总数（个）	占比（%）
2018	2124	4367	48.6
2019	2359	4813	49.0
2020	2544	5120	49.7

资料来源:根据天津历年统计年鉴整理得出。

表 3　2017—2020 年天津规模以上装备制造业企业就业人数及其占比变化情况

年份	装备制造业就业人数（人）	工业总就业人数（人）	占比（%）
2017	507777	1052637	48.2
2018	504827	988450	51.1
2019	499168	984020	50.7
2020	609098	1076154	56.6

资料来源:根据历年天津统计年鉴整理得出。

2. 质量效益稳步提高

2017 年以来,天津装备制造业利润额以及各类利润率整体呈现稳步提高的趋势。2017—2020 年,从整体利润情况来看,规模以上装备制造业利润额从 338.74 亿元增长到 424.45 亿元,增加了 85.71 亿元,相应的占工业利润总额的比重提高了 13.4 个百分点。从利润率来看,2020 年,营业收入利润率和成本费用利润率分别为 5.1% 和 5.4% ,均比 2017 年提高了 0.2 个百分点(见表 4)。

表 4　2017—2020 年天津规模以上装备制造业企业利润额及其占比变化情况

年份	规模以上装备制造业企业利润额（亿元）	工业利润总额（亿元）	占比（%）
2017	338.74	1115.55	30.4
2018	343.24	1249.14	27.5

续表

年份	规模以上装备制造业企业利润额（亿元）	工业利润总额（亿元）	占比（%）
2019	335.37	1251.40	26.8
2020	424.45	969.06	43.8

资料来源：根据天津历年统计年鉴。

3. 创新能力不断提升

近年来，天津装备制造业产业创新能力不断提升。如在海工装备领域，拥有300米水深以内油气田开发装备、自升式钻井平台等海洋油气开发装备自主研发和规模化生产能力，汽车滚装船等高技术高附加值船舶建造、海洋观测监测装备制造能力，以及船舶综合船桥系统、海洋重力仪等关键设备研发和制造能力。混合驱动水下航行器“海燕”打破进口技术限制，混合式光纤传感技术达到国际领先水平。在工业机器人领域，自主数控系统与智能装备技术、复合想象动作信息解析与处理、电子束激光选区融化关键技术等方面取得重大突破。2020年，规模以上装备制造企业研发机构专利申请数达到11837件，其中发明专利数达到3789件，分别比2017年增加了3060件和915件（见表5）。

表5　2017—2020年天津规模以上装备制造业企业申请专利数量变化情况

年份	专利申请数（件）	发明专利数（件）
2017	8777	2874
2018	8456	2616
2019	9525	2740
2020	11837	3789

资料来源：根据天津历年统计年鉴整理得出。

4. 产业空间布局分布均衡

目前我市装备制造业形成了天津经济技术开发区和滨海高新区高端装备制造、空港经济区航空制造与服务、临港经济区海工装备制造、塘沽海洋高新技术开发区海洋工程服务与研发转化、北辰智能装备制造、东丽基础零部件、东疆保税港区高端装备金融服务等一批专业化高端装备产业集群。临港经济区装备制造、空港经济区航空产业、北辰经济技术开发区装备制造成为国家新型工业化产业示范基地。随着《天津市制造业高质量发展“十四五”规划》的实施,天津市装备制造业空间布局进一步优化和均衡(见表6)。

表6 天津市装备制造业空间布局规划情况及其各自重点发展领域

区域		发展重点产业	装备制造业重点发展领域
滨海新区	天津经济技术开发区	新一代信息技术、生物医药、汽车、装备制造	智能制造装备、机器人、高效节能及先进环保装备
	天津港保税区	新一代信息技术、装备制造、航空航天、生物医药	船舶与海洋工程装备、食品加工、机器人、车用氢能
环城四区	东丽区	生物医药、新材料、装备制造、汽车	智能制造装备
	西青区	新一代信息技术、生物医药、装备制造、汽车	智能制造装备
	津南区	新一代信息技术、生物医药、新材料、装备制造	智能制造装备、轨道交通装备
	北辰区	新一代信息技术、生物医药、新能源、装备制造	智能制造装备、通用设备制造、机器人
外围五区	武清区	新一代信息技术、生物医药、新材料、装备制造	机器人、轨道交通装备、先进节能环保设备
	宝坻区	新一代信息技术、生物医药、新能源、装备制造	智能制造装备
	宁河区	新材料、装备制造、汽车、轻工	智能制造装备、航空配套
	静海区	新能源、新材料、装备制造、生物医药	智能制造装备、航空装备
	蓟州区	新一代信息技术、装备制造、新材料、轻工	智能制造装备

资料来源:根据《天津市制造业高质量发展“十四五”规划》相关资料整理。

5. 行业门类齐全

天津市装备制造业行业领域囊括了通用设备制造业、专用设备制造业、汽车制造业、铁路船舶航空航天和其他运输设备制造业、计算机通信和其他电子设备制造业等八个行业大类。2017—2020 年,规模以上装备制造业八大行业领域的企业数量都有不同程度的增加,其中金属制品领域企业数量增长最多,增加了 136 个,仪器仪表领域增长的企业数量最少,仅增加了 21 个(见表 7)。从八大行业营业收入占比情况来看,汽车制造业占比一直排在第一位,仪器仪表占比则一直排在最后一位;从各行业近几年占比的整体变化趋势来看,专用设备制造、汽车制造、电气机械及器材制造业和仪器仪表制造业占比有所增加,通用设备制造业、铁路船舶航空航天和其他运输设备制造业和计算机通信和其他电子设备制造业占比有所降低,金属制品占比基本保持不变(见表 8)。

表 7　2017—2020 年装备制造业八大行业领域规模以上企业数量情况　单位:个

行业领域	2017 年	2018 年	2019 年	2020 年
金属制品	408	450	499	544
通用设备制造业	329	337	394	418
专用设备制造业	266	274	306	314
汽车制造业	299	315	344	349
铁路船舶航空航天和其他运输设备制造业	197	205	208	258
电气机械及器材制造业	258	253	300	319
计算机通信和其他电子设备制造业	224	224	229	252
仪器仪表制造业	69	66	79	90

资料来源:根据天津历年统计年鉴整理得出。

表 8　2017—2020 年装备制造业内部八大行业领域所占比重　单位:%

行业领域	2017 年	2018 年	2019 年	2020 年
金属制品	11.0	10.4	10.4	11.0
通用设备制造业	9.8	8.9	9.0	8.7

续表

行业领域	2017 年	2018 年	2019 年	2020 年
专用设备制造业	6.1	6.8	7.2	7.1
汽车制造业	26.7	30.4	31.8	28.5
铁路船舶航空航天和其他运输设备制造业	7.8	5.3	5.0	6.8
电气机械及器材制造业	10.5	12.2	12.7	13.9
计算机通信和其他电子设备制造业	26.7	24.8	22.4	22.6
仪器仪表制造业	1.5	1.3	1.2	1.6

资料来源:根据天津历年统计年鉴整理得出。

二、发展存在问题

1. 产业自主创新能力有待提升

一是装备制造业重点领域前沿技术缺乏系统布局,原创性成果少,产业发展所需的共性技术研发能力较为薄弱。

二是部分产业链关键环节核心技术存在“卡脖子”问题。集成电路制造装备、大型石化装备、汽车制造关键设备等核心部件和重大先进装备依赖进口,一些核心工业软件与系统受制于人,关键核心技术创新能力有待提升。研发投入呈现下降态势,对提升自主创新能力产生制约。2017 年以来,天津装备制造业在研发人员投入、研发经费支出以及占比方面都呈现下降态势(见表 9)。

表 9　2017—2020 年天津装备制造业研发投入情况

年份	装备制造业 R&D 人员折合全时当量(人年)	装备制造业 R&D 经费内部支出总额(亿元)	R&D 经费内部支出总额占营业收入比重(%)
2017	31075	125.28	1.8
2018	28685	126.84	1.8
2019	25625	115.45	1.5
2020	24417	120.03	1.4

资料来源:根据天津历年统计年鉴整理得出。

2. 产业结构不够优化

一是装备制造业中高端装备制造以及高技术制造所占比重较低。2020 年规模以上高端装备制造业企业和装备制造业中高技术制造企业数分别为 325 家和 435 家，分别占规模以上装备制造业企业总数的 12.8% 和 17.1%；规模以上高端装备制造业增加值和装备制造业中高技术制造业增加值分别为 586.34 亿元和 410.44 亿元，分别占规模以上装备制造业增加值总额的 36.1% 和 25.3%。

二是产业发展不均衡。天津在船舶与海洋工程装备、节能环保装备、工业机器人通用设备方面科研和产业实力较强，但是在轨道交通装备、高档数控机床等领域，企业集中处于附件值较低环节，尚未形成明显的产业发展优势。

3. 协作配套体系有待完善

一是缺乏有市场竞争力、行业影响力的龙头企业，带动作用不够；"独角兽""单项冠军"和专精特新"小巨人"等企业数量较少。

二是产业链上下游对接契机少，协作关系不紧密，产业同质化问题突出。部分产业的配套能力不强，没有形成有效的产业链条及关联配套。

4. 人才结构性短缺且分布不均衡

一是高技术研发人才和高技术蓝领工人较为缺乏，缺少跨学科复合型人才成长与发展的环境和机制。

二是人才分布失衡，高端技术人才主要集中在滨海新区和环城四区，而外围五区普遍存在人才引进困难等问题。

三、装备制造业高质量发展路径

（一）产业层面

1. 优化产业结构，提升装备制造业发展层级

一是重点发展装备制造优势产业。聚焦研发设计、高端制造、系统集成和

服务等核心环节，打造一批具有国际竞争力的产业集群和高端产品。壮大智能装备产业，重点发展高档数控机床、工业机器人、服务机器人、医疗制造装备、金属材料 3D 打印装备。提升发展轨道交通装备产业，重点发展关键零部件、成套控制系统等。着力打造海洋装备产业，重点发展海洋油气装备、大型港口航道机械装备、海水淡化装备以及海洋能开发利用装备。

二是完善装备制造全产业链条。围绕装备制造重点产业，推动产业链上下游协同发展。完善科技研发、原料供应、加工制造、销售品牌等环节的生产性服务，全面实施“链长制”，不断串链、补链、强链，着眼提升产业链发展能级和整体竞争力，培育一批链主企业，精准推动产业链高质量发展。

三是加速装备制造产业高端化发展。瞄准高端装备制造领域，进一步加深新兴技术与高端装备融合程度，进一步推动工业制造技术的高端化与智能化，进一步加强高性能新材料的应用，进一步提升高端装备产业配套服务能力。打通产业链，引育龙头企业，积极承接引进重点产业项目，推动产业发展迈向中高端。

2. 加强战略合作，强化产学研用对接

一是持续拓宽深化装备制造企业与高校及科研机构的对接合作，推动产学研协同研发，组建创新联合体，整合利用多方优势资源，促进产学研用深度融合。畅通企业和科研机构信息共享渠道，在人才、项目、技术、管理、研发、设计等方面全方位深化合作，多角度提升企业科技水平和管理水平。

二是围绕智能装备、轨道交通装备、海洋装备等装备制造重点产业，加强产业链纵向及横向相关企业间合作，组建产业技术联盟，加快重大科技专项和行业共性技术攻关，加强人才对接、先进管理组织构建等，实现抱团发展，凝聚企业高质量发展强大合力。

三是推动有条件的装备制造企业内部建立和升级重点实验室、技术创新研究中心等具有一定实力的研发机构，建立适应市场竞争要求和企业发展需要的企业技术研发体系和运行机制，提升企业由技术创新转化为经济效益的研发能力。

3. 聚焦“智能 + 绿色 + 服务”，深入推进产业融合发展

一是全力推进智能制造。积极推动生产设备自动化，提升装备数字化设计和产业链系统研制能力，实现生产过程数字化、智能化。开展智能制造试点示范，带动一批企业进行智能化改造。持续推动中小企业工艺革新、装备升级和生产过程智能化。鼓励装备企业搭建原材料、关键零部件等供应链协同平台，实现上下游企业间的全程协同和信息共享，提升供应链协作效率。

二是大力推进“互联网 + 装备制造”。加快装备制造业与物联网深度融合，充分发挥天津工业互联网的支撑和引领作用，推动物联网、大数据等新一代信息技术在装备制造领域的集成创新和应用。鼓励企业开展装备制造工业云计算、工业数据存储与共享、传感器网络应用等服务。开展装备行业与互联网融合创新试点，带动装备制造企业向新型网络化生产模式转变，实现装备“云制造”。

三是加快推进绿色制造。围绕碳达峰、碳中和目标，加快推进绿色制造体系建设，强化产品全生命周期绿色管理，探索“绿色智造”模式。大力推广节能减排新技术，推进重点用能设备节能增效。鼓励企业建立资源回收循环利用机制，实现生产过程绿色化。推进装备再制造发展，实施高端再制造、智能再制造、在役再制造，为再制造提供协同管理、资源管理和数据服务，实现绿色循环低碳发展。

四是进一步推进服务型制造。推动装备制造与服务全方位、宽领域、深层次融合发展。鼓励企业围绕核心技术和关键产品加大服务要素的投入。推动装备产业由以制造环节为主向价值链上游的研发、设计和下游的品牌、售后服务环节转移。推动个性化定制服务，鼓励企业发展总集成总承包服务、拓展在线支持服务、发展全生命周期管理服务，以现代高端服务业提升制造业竞争力。

（二）市场主体层面

1. 推进大中小企业融通发展，不断完善企业生态

一是以领航企业为引领。推动装备制造业重点企业开展资源整合和资本运营，通过兼并重组、资产收购等方式优化资源配置，做强做大主业，补齐发展

短板。在民用航空装备及关键零部件、海洋油气钻采平台、高档数控机床基础制造装备、机器人、3D打印设备、智能测控系统等领域着力培育遴选一批具有核心竞争力的龙头企业。吸引集聚一批国际性、全国性、区域性的央企和总部型企业,在天津市设立企业总部、二级公司,建设研发转化中心和高附加值生产基地。

二是以“单项冠军”为支撑。支持企业专注细分市场,突出主业,深耕细作,培育一批能够引领和支撑未来产业发展的“单项冠军”,打造若干创新引领的排头兵企业和具有全球竞争力的一流企业。建立梯度培育体系,带动一批企业成长为“单项冠军”。支持装备制造领域的初创企业孵化,引导企业开展紧密分工协作,形成大、中、小、微企业协同发展格局。

三是“专精特新”企业跨越提升。以产业链合作为纽带,大力引育一批专业品牌突出、技术实力强、市场空间广阔的科技型“专精特新”装备制造企业,根据不同发展阶段打造梯次发展格局,带动全市中小企业提档升级、做优做强。

2. 加快数字化转型,提升企业自主创新能力

一是推进企业数字化建设。依托天津工业互联网产业联盟,加强与信息化领域内科研机构的交流合作,推动企业“上云上平台”。积极发挥企业作为创新主体的作用,增强企业聚集创新要素的能力。在企业研发、制造、销售的全过程积极运用物联网、大数据等现代信息技术,鼓励企业建设数字化智能制造车间,提高装备制造企业的数字化水平,实现数字化转型。

二是深入实施创新驱动发展战略。引导企业对存在的“卡脖子”技术提出基础研究需求,在基础研究领域加大企业投入,鼓励企业在技术、产品、管理和商业模式方面加强创新,促进创新链和产业链精准对接,助力企业转型升级、提质增效。

三是建立完善自主创新长效机制。加强创新环境建设,积极构建致力于促进创新的企业内部人文环境和开放交流的外部科技环境。搭建公平有效的创新投入机制,实施创新成果转化激励机制和科技成果保护体系。建立和发展企业自主创新文化,切实把科技创新落到企业发展上。

3. 做强特色优势产品，不断提升企业品牌价值

一是做强特色优势产品。引导天津同行业同类型产品生产企业适度合并、同行业不同类型高端装备产品生产企业差异化生产，企业立足比较优势，找准自身定位，重点做大做强自身特色优势产品。聚焦高端装备国际发展前沿，推动航空装备、海工装备、智能装备等领域优势产品的开发，打造一批具有自主知识产权和国际竞争力的高端产品。

二是提升产品质量和服务水平。鼓励企业采用国际质量、安全、环境标准和国外先进标准，提升产品质量及实用性、可靠性和安全性。鼓励企业应用人工智能、大数据等先进手段提高质量管理水平，构建以数字化、网络化、智能化为基础的质量管理体系，延伸发展智能化“产品 + 服务”，发展精准化、个性化服务，优化用户体验，提升品牌竞争力。

三是加强品牌培育和营销。强化企业自主品牌发展和保护意识。鼓励有条件的企业开展商标国际注册、收购国际品牌，促进品牌国际化。鼓励企业“产品 + 服务”走出去。加强市场推广，支持企业参加汉诺威工业博览会、中国国际工业博览会等国内外高水平展会，依托市内大型综合展会平台举办装备专业展，提升天津装备品牌的整体影响力。

（三）区域层面

1. 深化京津冀产业协同，推动装备制造业高质量发展

一是深入贯彻京津冀协同发展重大国家战略。聚焦京津冀装备制造重点产业，着力打造非首都功能疏解承接平台，加速承接功能疏解和产业转移，切实推动一批重大产业合作项目落实落地。加快发展京津合作示范区、武清京津产业新城、北辰国家级产城融合示范区等承接载体建设，优化区域产业布局，构筑互利共赢的产业链合作体系，提升京津冀地区装备制造业的国际竞争力和影响力。

二是推动区域科技创新协同发展。充分发挥京津冀地区资本、技术、政策、人才等优势，共同搭建完善京津冀地区装备制造业科技创新服务平台。聚焦重点合作园区，积极促进人才交流和联合培养，积极构建京津冀装备制造业支持

政策衔接、工作体系相互对接、资源市场相互贯通、发展平台相互支撑、体制机制相互促进的协同发展新格局。

2. 做强产业集群，着力提升装备制造业聚集力

一是梯度培育壮大装备制造产业集群。依托全国先进制造研发基地功能定位和装备制造基础优势，发挥龙头企业的引领作用，吸引产业链上下游企业聚集，培育壮大一批特色鲜明、布局合理、技术先进、产业链完善的装备制造产业集群。加快发展海洋装备优势产业集群，培育智能制造与轨道交通新兴产业集群，改造提升航空航天等传统产业集群。

二是联合打造跨区域装备制造业产业集群。聚焦京津冀代表性高端装备产业，依托天津重点高端装备产业园区，按照生态优先、产业集聚、资源节约、城产融合、区域协同的原则，充分利用产业聚集效应，优化布局，规划协商共建一批跨区域产业集群，联手打造全国乃至世界级先进高端装备制造业集群。

三是构建开放协同、精准有效的新型集群发展促进体系。加快完善主导产业体系、项目推进体系、园区平台体系、产业生态体系建设，发挥集群发展服务促进机构的作用，搭建标准服务、装备试验、企业创新、协同交流、信息共享等服务平台，拓展丰富产业集群工业互联场景、“5G + 工业园区”、工业互联网平台及应用等多种智能场景，助推装备制造产业集群做大做强。

3. 加强对外开放，提升国际化发展水平

一是加强国际产能合作。构建国内国际双循环新发展格局。持续加强国际交流合作，吸引国际先进要素，进一步放宽外商投资准入，加强产业投向引导，围绕海洋装备、智能制造与轨道交通、航空航天等重点领域，打造一批高层次国际产业合作园。对接“一带一路”，优化区域产业链布局、强化区域产业协同，共建跨境产业链、供应链和价值链。

二是加快装备制造“走出去”步伐。鼓励装备制造企业参与境外基础设施项目建设，分类有序推进国际产能和装备制造合作。加快推动轨道交通、海洋装备、印刷设备、电力装备等重大装备“走出去”步伐。鼓励企业利用自身的技术优势和拳头产品，加快全球生产布局，推动企业海外兼并重组、建设海外研发和营销中心、参股或并购高水平的科研机构。

三是提高装备制造"引进来"水平。聚焦装备制造产业链重点环节，加强高端技术和设备引进，支持装备制造跨国公司在天津设立区域总部、研发中心、采购中心和财务中心，鼓励外资参与集群企业的优化重组，提升集群创新发展能力。创新外资利用方式，大力发展外资创业投资基金和产业投资基金，支持民营企业与海外跨国公司开展合资合作。

四、装备制造业高质量发展对策

（一）持续强化政策引导支持

一是政府做好规划引导，营造壮大发展装备制造业的大环境。加快构建天津装备制造业高质量发展的指标体系、政策体系、标准体系、统计体系和绩效评价等综合政策制度体系。统筹安排全市产业用地指标，重点保障高端装备制造领域用地需求。围绕培育发展高端装备制造业集群、推动新一代信息技术深度应用、集聚装备制造业高质量发展新动能等方面完善相关政策措施，为天津装备制造业高质量发展创造良好的政策环境。

二是加强财税支持。充分发挥市级智能制造专项资金政策和新动能引育政策优势，深耕装备制造业重点领域，对高端装备制造产品研发及产业化、重点项目建设、产业创新工程等加大扶持力度。完善首台、首套、首批的鼓励政策，推动自主创新重大装备产品拓展市场。主动对接国家高端装备创新、智能制造等重大工程建设，积极争取国家制造业高质量发展资金以及制造业转型升级、绿色发展、中小企业发展等国家基金，支持装备制造业重点领域发展，支持短板装备攻关，突破产业发展共性瓶颈制约。解决落实减税降费、研发费用加计扣除等政策，减轻企业负担，激发创新活力。

（二）大力拓展投融资渠道

一是创新投融资模式。持续深化金融机构与装备企业的合作力度，创新发展绿色金融、供应链金融，提升金融服务实体经济的能力。加快推进金融产品和服务创新，积极探索科技债券、风险代偿金、知识产权质押等新型融资方式，逐步解决中小企业融资难问题。鼓励社会资金支持装备制造产业发展，拓宽社会投融资理财渠道。加大政策性担保基金对中小企业融资增信支持力度。

二是发挥多层次资本市场作用。为有条件的装备制造企业开辟绿色通道，鼓励符合条件的装备制造企业上市和并购重组，通过融资租赁、资产证券化等方式，拓展融资渠道。支持通过成立或引进信托投资公司、产业投资基金等各种形式吸纳更多的民间资本，有效拓展产业集群内企业的融资渠道。

（三）聚力发展招商引资

一是全力优化招商引资环境。强化企业服务，针对重大项目和重点企业开展“一企一策”精准帮扶，为企业提供市场供求、生产能力、技术经济指标等信息服务。搭建产需、融资和产学研平台。优化天津中小企业公共服务平台功能，支持中小企业提升专业化能力。完善装备制造业服务支撑体系，完善公平竞争制度，营造更加便捷高效的政务环境、开放便利的投资贸易环境、公平竞争的市场环境、宽松有序的经营环境。

二是强化项目引进，推动产业链招商。围绕高端装备发展方向，瞄准世界和国内500强企业、行业龙头、央企国企、大型民企、上市公司和科研院所，重点引进国内外投资大、带动性好、关联度强的装备制造类项目进区发展。聚焦产业链上的关键环节开展招商。加强对高端装备制造产业发展方向和产业链关联特点的研究，选择产业链上的关键环节作为招商重点和突破口，通过有技术、有品牌、有市场的龙头项目入驻，带动相关产业的聚集，实现由单一性招商向链式招商的转变。

（四）着力打造多层次人才梯队

一是培养锻造优秀企业家队伍。充分发挥高端装备和智能制造等十大产业人才创新创业联盟作用，精准引进人才和项目，打造具有鲜明时代特征、天津特色、世界水准的企业家队伍，弘扬企业家精神，着力提升企业家的国际化、专业化视野。

二是引进培育高端人才。探索建立紧缺人才清单制度,组织实施高端装备制造领域海内外人才招引专项行动。依托海河教育园以及与制造业有关的工程技术研发中心等高职院校和机构,引进培育高端装备领域工程技术、经营管理、研发创新等高端人才与创新创业团队。

三是培养职业技能人才。大力发展职业技术教育,以企业需求为导向,培养一大批面向装备升级需求的复合型职业技术人才和新时代"金蓝领"工匠。通过多种渠道,大力开展在岗工人职业技能再培训,提高现有技术工人的职业能力。

参考文献

[1]徐宇辰:《中国装备制造业创新发展与国际借鉴的思考》,《中国发展观察》2022 年第 1 期。

[2]孙柏林:《中国装备制造业及其高质量发展的对策建议》,《电气时代》2019 年第 2 期。

[3]周含、杨红雄:《天津高端装备制造业发展策略研究》,《现代工业经济和信息化》2022 年第 2 期。

[4]天津市人民政府办公厅:《关于印发天津市制造业高质量发展"十四五"规划的通知》,《天津市人民政府公报》2021 年第 13 期。

双碳目标背景下
天津市制造业发展路径研究

王　刚　天津市经济发展研究院高级经济师
袁进阁　天津市经济发展研究院经济师
丁绪晨　天津市经济发展研究院经济师

中国是世界第二大经济体，也是世界最大的能源生产消费国、二氧化碳等温室气体排放国，在世界能源安全供需格局和应对全球气候变化格局中发挥着举足轻重的作用。为应对全球气候变化问题，落实《巴黎协定》中提出的温室气体排放控制目标，我国在第七十五届联合国大会上郑重做出承诺："努力争取在2030年之前实现碳达峰，在2060年之前实现碳中和。""碳达峰"是指某个地区或经济体年度二氧化碳排放量达到历史最高值，然后经历平台期进入持续下降的过程，是二氧化碳排放量由增转降的历史拐点，标志着碳排放与经济发展实现脱钩。达峰目标包括达峰年份和峰值。"碳中和"是指某个地区或经济体在一定时间内（一般指一年）人为活动直接和间接排放的二氧化碳，与其通过植树造林等吸收的二氧化碳相互抵消，实现二氧化碳"净零排放"。

实现碳达峰、碳中和，是以习近平同志为核心的党中央统筹国内国际两个大局作出的重大战略决策，是着力解决资源环境约束突出问题、实现中华民族永续发展的必然选择，是构建人类命运共同体的庄严承诺。面对碳达峰、碳中和的时代要求，站在全面建设社会主义现代化大都市的崭新起点上，天津亟须紧抓"十四五"碳达峰关键期，加快推动绿色低碳转型，努力打造先进制造研发基地，不断激发发展动能和活力，实现"双碳"目标与经济高质量发展协调统一。

一、碳中和是我国高质量转型发展的新愿景

碳中和的表象是气候环境问题，实质是发展问题。根据气候经济学环境库茨涅兹（“库兹涅茨曲线”）理论，一个国家或地区的经济发展水平与二氧化碳排放量呈现倒“U”型关系。一个经济体在工业化初期，经济发展水平（人均GDP）和环境污染水平（碳排放量）都比较低，随着经济增长和工业化程度加深，碳排放快速增长，达到峰值即“碳达峰”，之后伴随产业结构优化、经济发展水平提升、环境重视程度提高等因素影响，碳排放与人均 GDP 增长开始“脱钩”，碳排放量逐渐下降至临界值状态，即“碳中和”。

碳中和是全球应对气候环境危机，实现可持续发展的历史选择，将深刻改变人类与自然环境的关系，掀起一场广泛而深刻的经济社会系统性绿色革命，涉及理念转型、经济转型、产业转型、生活方式转型等诸多方面，本质是推动经济社会全面高质量、可持续发展。我国经济已由高速增长阶段转向高质量发展阶段，高质量发展阶段需要贯彻“创新、协调、绿色、开放、共享”的新发展理念。作为排放量最大的发展中国家，在 2030 年前碳达峰后用大约三十年的时间实现碳中和愿景，任务异常艰巨，总体上排放路径将呈现尽早达峰、稳中有降、快速降低、趋稳中和的过程。“十四五”时期是中国“双碳”目标实现的关键期和窗口期，“双碳”目标已纳入我国“十四五”规划，中央经济工作会议也将做好“碳达峰、碳中和”工作列为重点任务之一，探索具有中国特色的碳中和演化路径成为关键。

为实现碳中和愿景，转变发展方式和低碳结构性变革是核心，减少碳排放是关键，增加自然生态系统碳汇是重要补充。调整产业结构可有效降低经济发展对化石能源的依赖程度，进而减少温室气体排放，是未来支撑碳中和目标的努力方向之一。研究表明，产业结构调整对实现中国碳强度目标的贡献最高可达 60% 左右。我们必须主动转变观念和发展思路，主动寻求经济、社会、能源、环境和气候相互协调的内生增长动力，实现绿色转型和高质量可持续发展。

支撑碳中和的技术几乎涉及所有的产业和经济活动，从控制碳排放途径的

角度可以分为高能效循环利用技术、零碳能源技术、负排放技术。政府、企业、个人在迈向碳中和愿景进程中具有至关重要而又各有侧重的作用，科学的政策体系、系统有效的激励机制将促进资本和人才朝着碳中和技术创新和市场化推广应用方向快速汇集。

二、双碳目标带来的挑战与机遇

（一）挑战

1. 碳减排时间短任务重

碳达峰与碳中和是紧密联系的两个环节，碳达峰是碳中和的前置条件，碳排放达峰时间的长短与碳排放量峰值的大小直接影响碳中和目标实现的顺利与否。我国当前人均 GDP 刚突破 1 万美元，面向“两个一百年”奋斗目标，以 2035 年人均 GDP 达到 2 万 ~2.5 万美元计，预计年均增长 5% 左右；到 2050 年建成现代化强国，更需要经济保持长时间持续增长。巨量经济的增长必然带动能源需求的持续增长，但以煤为主的能源结构短期内难有根本改变。发达国家的经验表明，只有人均 GDP 达到 1.5 万 ~3 万美元才会实现碳排放达峰。我国当前仍未达到“库兹涅茨曲线”拐点的收入水平，碳达峰、碳中和目标的提出，意味着我国要用不到十年时间实现碳达峰、用不到三十年时间完成从碳达峰向碳中和过渡，相比发达国家，留给我们的时间更紧、减排幅度更大，对经济结构转型、技术创新、资金投入以及消费方式转变等都提出了更高要求。

2. 产业结构转型升级挑战多

我国已进入全面建设社会主义现代化国家的新征程，面临着经济增速放缓、劳动力成本快速上升、人口结构老龄化、产业结构调整等长期挑战。2021 年我国第二产业增加值占 GDP 比重为 39.4%，传统“三高一低”（高投入、高能耗、高污染、低效益）产业的占比仍然较高；第三产业增加值占 GDP 比重为 53.3%，远低于世界平均水平（65%）。国民经济中，第二产业是资源消耗和污染排放的主体，特别是钢铁、建材、化工、有色等高耗能产业。我国 60% 以上的能源消费、70%以上的碳排放来自工业生产领域，其中钢铁、建材、化工等产业用能占工业总能耗的75%。依靠资源消耗和劳动力等要素驱动的传统增长模式具有巨大惯性，改变建立在化石能源基础上的工业体系结构，面临着传统产业发展路径锁定、关键技术瓶颈、体制机制障碍等一系列挑战，需要在理念、规划、技术、机制等方面进行深层次、系统性、根本性变革。

3. 能源系统转型难度大

能源活动是碳排放的主要来源，2021年全球煤炭、石油、天然气等化石能源占一次能源使用量的82%，化石能源燃烧排放的二氧化碳占全球总碳排放的90%以上。2021年我国能源生产量和消费量分别为43.3亿吨标准煤和52.4亿吨标准煤，是全球最大的能源生产国和消费国，我国化石能源占一次能源消费的比重高达84%，其中碳排放强度最大的煤炭消费比重达57%，煤炭使用导致的碳排放占总排放比重约为80%，“一煤独大”特征突出。相比之下，我国清洁能源占一次能源的比重仅为15%左右，低于全球平均水平，清洁能源发展的速度和质量亟须加快提升。我国能源消费碳排放强度比世界平均水平高出30%以上，能源结构调整面临高碳能源资产累计规模总量大、转型困难，一些关键技术和经济性仍存在瓶颈制约，以及市场体系和政策机制不完善等问题和挑战。

4. 能源安全重要性凸显

能源是经济运行的动力和基础，推进碳达峰、碳中和的过程中必须坚守能源安全底线。随着我国经济的不断发展，我国对能源的需求越来越大，能源自给率下降，2021年石油和天然气对外依存度分别达到73%和45%，我国能源安全面临的风险与挑战正在加剧。“双碳”目标下，我国能源减排、低碳转型步伐加快，势必会加速能源结构实质性重塑，也将不可避免地面临以确保能源安全为底线来处理用能需求增长与环境约束的矛盾，解决能源结构调整中化石能源与清洁能源的安全过渡衔接等问题。

（二）机遇

1. 资源循环节约水平提升

碳中和以及碳总量目标对经济社会发展并非仅有约束，也提供了重要的发展机遇，促进整个经济社会发展方式的变革。我国是资源大国，但人均资源十分有限，发展方式粗放，资源利用效率偏低。2021 年，我国二氧化碳排放量已超过 119 亿吨，占全球总量的 33%。我国能源强度约为世界平均水平的 1.5 倍，为发达国家的 2～3 倍；GDP 约为世界总量的 18%，但消耗了全球 1/4 的能源（50% 的煤炭）、49% 的钢铁、56% 的水泥、53% 的铜、56% 的铝。实现碳达峰、碳中和目标，将强化资源环境等约束性指标管理，以减排为抓手，促进构建覆盖全社会的资源循环利用体系，促进生产、流通、消费过程的减量化、再利用化；推动生产消费从低效、粗放、污染、高碳向高效、智能、清洁、低碳转变，实现经济社会与资源协调发展。

2. 生态文明建设提速推进

当前我国处于工业化中后期阶段，重化工业比重高，资源环境承载力难以支撑原有发展模式持续高速增长，面临资源约束趋紧、环境污染严重、生态系统退化的严峻形势。应对气候变化是生态文明建设的重要抓手，降碳是生态环境治理的“牛鼻子”。推动实现碳达峰、碳中和目标，广泛形成绿色生产生活方式，将有助于建立健全以生态价值观念为准则的生态文化体系、以产业生态化和生态产业化为主体的生态经济体系，将绿色低碳、节能减排、文明健康的理念渗透到全社会各生产消费领域，提高全民生态意识，构建“人与自然”协调发展的新平衡，形成人与自然和谐发展的现代化建设新格局。

3. 创新驱动实现新旧动能转换

实现碳达峰、碳中和是推动经济转型、引领全球绿色低碳技术和产业革命的重大机遇。当前全球范围内以清洁、高效、低碳为特点的新一轮能源技术革命正在酝酿之中，各种低碳技术、理论创新迭出，太阳能、风能以及储能等单一技术的成本持续、快速下降，我国亟须依靠绿色技术创新，在低碳技术领域树立竞争优势，抢占绿色低碳技术制高点。实现“双碳”目标将把创新作为引领绿色发展的第一动力，建立世界领先的低碳科技创新体系，打造绿色低碳发展的新动能，促进从“要素驱动”向“创新驱动”的新旧动能转换，形成以零碳能源为基础的产业结构，以能源产业转型升级带动战略性新兴产业发展，培育新一代信息技术、新能源、新材料、高端装备等智能制造和绿色制造产业成为主导产业，打造新的经济增长点。

三、天津制造业发展现状与节能降碳进展

天津围绕“一基地三区”功能定位，坚定不移贯彻新发展理念，聚焦工业转向高质量发展中的卡点、堵点，高水平建设全国先进制造研发基地，近年来工业经济在夯基础、提质效、调结构、育动能上取得坚实成效，为制造业立市夯实坚定基础。天津市委、市政府深入贯彻习近平生态文明思想，牢固树立“绿水青山就是金山银山”的理念，积极推动经济社会发展全面绿色转型，2021 年万元 GDP 能耗比 2012 年下降 36%，碳排放强度持续下降，工业绿色转型步伐全面加快。

（一）制造业引领带动作用不断增强

天津着力振兴实体经济，聚焦重点领域和新兴产业，发挥制造业的引领带动作用，持续培育壮大新动能。2021 年工业增加值占全市地区生产总值的比重达到 33.3%，比 2017 年提升 1.6 个百分点；全市规模以上工业增加值增长 8.2%，其中制造业增加值占规模以上工业比重达到 69.5%，增长 8.3%，拉动规模以上工业增加值增长 6.1 个百分点，贡献率达 74.1%。引导生产要素向重点培育的新动能产业不断集聚，助推新动能产业加速增长。2021 年工业战略性新兴产业增加值占规模以上工业的比重由 2017 年的 20.8% 提升至 26.1%，对全市工业增长的贡献率达到 34.6%；高技术产业（制造业）增加值占规模以上工业的比重由 2017 年的 14.0% 提升至 2021 年的 15.5%，对天津工业增长的贡献率达到 30.2%。

（二）现代工业产业体系加速成型

天津以智能科技产业为引领，着力壮大生物医药、新能源、新材料等战略性新兴产业，巩固提升装备制造、汽车、石油化工、航空航天等优势产业，加快构建“1+3+4”现代工业产业体系。智能科技产业引领发展作用更加显著，2021年智能科技产业占规模以上工业和限额以上信息服务业营业收入比重达到24.8%；生物医药、新能源、新材料等战略性新兴产业快速成长，三大产业增加值占规模以上工业增加值的比重提高至13.5%；装备制造、汽车、石油化工、航空航天四大优势产业的支撑作用不断加强，四大产业增加值占规模以上工业增加值的比重提高至46.6%。

（三）产业链高质量发展效果初显

天津全面实施产业链“链长制”，制定产业链高质量发展三年行动方案及12条重点产业链工作方案，强化串联、补链、强链，产业链发展能级得到提升。产业链在链企业增长状况较好，2021年全市在链企业产值、增加值占规上工业企业的比重分别为60%、72.7%，同比增长20.7%、9.6%，合计增速高于全市平均水平2.3个百分点、1.4个百分点。其中，绿色石化、信创、集成电路产业链工业总产值累计增速排在前三，分别为44.0%、31.7%、31.2%；信创、集成电路、生物医药产业链工业增加值累计增速排在前三，分别为31.5%、24%、22.3%。产业链向高端化方向提速发力，2021年高端装备产业链中的工业母机、智能装备、海洋装备三条子产业链营业收入均实现两位数增长，智能装备、海洋装备两条子产业链利润增长60%以上；绿色石化产业链营业收入增长42.8%，利润总额增长1.2倍，均大幅快于全市工业平均水平。

（四）产业创新能力提升取得积极进展

华海清科、光电通信、中海油天津设计院等5家企业2021年进入国家企业技术中心认定公示名单，天津新认定数量位列北京之后，与深圳、广东、江苏等省市并列全国第二。新认定半导体材料、极地与深远海工程装备两家市级制造业创新中心，新材料及高端装备两条产业链再添制造业创新中心，有力提升了产业链核心竞争力。开展产业链关键核心技术揭榜攻关，首批聚焦集成电路、新能源、新材料三条产业链，确定国安盟固利新材料、长芦海晶公司等十个项目列入最终揭榜支持计划，同时在其他产业链着手启动新一批卡点技术攻关。绿色技术实现重大突破，天津工业生物所实现二氧化碳到淀粉的人工从头全合成。渤化永利二氧化碳废气回收及综合利用项目，实现年产食品级液体二氧化碳 10 万吨、固体二氧化碳 1.5 万吨。

（五）工业能源资源利用效率不断提高

近年来天津能源利用效率大幅提高，重点行业节能成效明显，全市规模以上工业单位增加值能耗在“十三五”期间下降 16% 的基础上，2021 年又进一步下降 8.5%。2021 年，全市规模以上工业企业综合能源消费量为 4283.09 万吨标准煤，同比下降 1.0%，与 2019 年同期相比两年平均下降 0.6%；规模以上工业企业六大高耗能行业综合能源消费量 3672.74 万吨标准煤，同比下降 1.7%，与 2019 年同期相比两年平均下降 1.1%。“十三五”期间，规模以上工业天然气占一次能源比重累计提高 5.9 个百分点；主要工业固体废物综合利用率保持在 98% 以上，其中钢渣、粉煤灰等大宗工业固体废弃物实现了 100% 的资源化利用；16 家企业纳入国家再生资源行业规范条件企业名单，废钢、废塑料加工能力分别达 400 万吨、17 万吨，新能源动力蓄电池回收能力明显提升。

（六）绿色制造清洁生产广泛推行

天津探索新模式新举措，细化配套政策，引导企业、园区积极创建绿色制造示范单位，绿色制造体系不断完善。国家级绿色制造示范单位突破 120 家，培育 146 家市级绿色工厂，引领带动汽车制造、生物医药、新能源、新材料等重点行业绿色制造水平明显提升。积极培育绿色制造供应商，为 1400 余家企业提供绿色技术装备服务，对 127 家企业实施清洁生产审核，有效推动全市工业绿色转型。清洁生产广泛推行，截至 2021 年底，全市国家级产业园区实施循环化改造率达 100%，市级产业园区实施循环化改造率达 69%，子牙经济开发区获批全国大宗固废综合利用示范基地。

四、双碳目标背景下优化天津制造业发展路径的对策建议

（一）加快构建低碳化的现代工业体系

工业化带来的产业结构变化与能源消费总量、结构存在很强的正相关关系，制造业生产结构中重化工业比重高导致能源消费总量居高不下。战略性新兴产业在当前新发展阶段具有拉动经济增长、创造就业岗位、促进低碳发展的引擎作用，是抓住碳达峰、碳中和推动经济社会系统性变革机遇，实现经济稳健增长和产业结构优化的重要抓手。天津应加大对战略性新兴产业的政策支持力度，围绕产业基础高级化、产业链现代化，以智能科技产业为引领，着力壮大生物医药、新能源、新材料等新兴产业，巩固提升装备制造、汽车、石油化工、航空航天等优势产业，加快构建“1 +3 +4”现代工业产业体系，集中攻坚信息技术应用创新、集成电路、车联网、生物医药、新能源、新材料、高端装备、汽车和新能源汽车、绿色石化、航空航天10条产业链，强化串链、补链、强链，提升产业链发展能级和整体竞争力。

（二）加快高耗能、高排放行业节能降碳改造

高耗能、高排放行业是碳排放的主要来源，抑制高耗能行业发展、推动转型升级是实现碳达峰、碳中和的必然要求。天津应对石化、化工、煤电、建材、有色、钢铁等行业高耗能、高排放项目，实行清单管理、分类处置、动态监控。严格高耗能、高排放项目审批准入，存量高耗能、高排放项目纳入能耗在线监测系统，加强用能管理，严格固定资产投资项目节能审查。加快推动钢铁、建材和石化化工等行业碳达峰，加大落后产能淘汰力度，加快低效产能退出，加强产能置换监管。大力提升钢铁行业废钢资源回收利用水平，推行全废钢电炉工艺，推动钢铁企业智能化改造。引导建材行业向轻型化、集约化、制品化转型，鼓励建材企业使用粉煤灰、工业废渣、尾矿渣等作为原料或水泥混合材。引导石化化工企业转变用能方

式,控制新增原料用煤,推动企业能量梯级利用、物料循环利用。

(三)加快推动清洁能源产业发展

实现碳达峰、碳中和目标必须加快清洁能源开发,使其成为能源供应主体,以清洁、绿色方式满足经济社会发展用能需求。天津应大力引进高端项目、技术、人才等战略资源,重点发展光伏、风电装备制造等新能源产业,提升核心技术竞争力。持续推进锂离子电池研发、生产、设计、应用和服务的全价值链产业体系建设,打造完善的电池产业生态,形成行业优势产能。加快锂离子电池与新能源汽车产业深度融合,拓展在电动船舶、电网储能、智能和信息装备等方面的应用。大力发展新型高效光伏电池,突破高效叠瓦组件等先进生产技术,推动产业链向高端化、智能化、绿色化发展。围绕风电机组及关键零部件生产制造、风电场设计建设施工控制运维等重点环节,打造风电全产业链。加快氢能产业布局,大力整合企业副产氢资源供应能力,积极发展高压氢气存储材料与设备、液态氢储运装备等配套产业,加快储氢、运氢技术研发和产业化。

(四)加快提升绿色制造能力

绿色制造是综合考虑环境影响和资源效率的现代制造模式,涉及产品生命周期全过程、环境保护和资源优化利用等领域,具有节能、降耗、少环境污染或无环境污染的特征。实施绿色制造,有利于推进节能、减排、降耗,增加绿色产品和服务有效供给、补齐绿色发展短板,是实现工业绿色、低碳、循环发展的重要举措。《2030 年前碳达峰行动方案》强调了绿色制造体系建设在工业领域碳达峰中的重要作用。天津应围绕资源能源利用效率水平提升,以制造业绿色改造升级为重点,以“示范培育 + 项目建设”为抓手,构建高效、清洁、低碳、循环的绿色制造体系。高质量推进绿色制造示范单位建设,大力培育绿色制造服务机构,建立实施“有进有出”的绿色制造示范单位动态管理机制。推动工业企业资源能源投入、生产过程、产品设计、物流运输、污染治理等全流程绿色化改造。强化清洁生产审核,制定推进清洁生产审核的政策措施,鼓励重点行业、工业园区和企业集群开展整体审核模式试点。探索“互联网 + ”绿色制造新模式,加强重点行业和领域技术改造。

(五)加快推进产业园区绿色化改造

产业园区是工业领域绿色转型与节能降碳的主战场,是培育绿色创新产业集群的核心抓手。天津应建立产业园区绿色评价体系,引导产业园区绿色化改造,实施近零碳排放示范工程和碳中和示范区建设。强化产业园区资源能源消耗、污染排放、生态建设、风险防范等调查评估,推动产业园区生态环境综合治理。支持工业厂房分布式光伏发电,推动智能绿色微电网在企业和产业园区中的应用。推动产业园区实施循环化、节能低碳化改造,开展综合能源管理服务,完善园区温室气体管理体系,重点产品实行全生命周期碳足迹评价管理,促进资源循环利用、能量梯级利用,探索制定零碳工厂、园区标准,因地制宜建设电化学储能、压缩空气储能、抽水蓄能、电制氢及制甲醇等储能设施,提升园区新能源消纳水平。

(六)加快构建产业绿色低碳发展支撑体系

低碳技术创新、绿色金融支持、高素质人才队伍是实现工业应对气候变化发展的重要支撑。天津应做好绿色低碳领域技术创新中心、产业创新中心、制造业创新中心、工程研究中心和重点实验室等科创平台规划布局,落实揭榜挂帅制度,围绕关键领域和“卡脖子”环节明确主攻方向,切实强化共性技术供给。推进5G、物联网、云计算、大数据、区块链、人工智能等新一代信息技术与制造业各领域的深度融合创新,推进能效碳效数字化技术应用,推动主要用能设备、工序等数字化改造和上云用云,充分发挥数据在赋能制造业低碳转型中的潜力。积极构建与碳达峰、碳中和相适应的绿色金融服务体系,鼓励金融机构进行绿色金融产品创新,加大对绿色低碳项目和煤炭清洁高效利用项目的融资支持力度。发挥国家现代职业教育改革创新示范区优势,加强高校绿色低碳领域相关学科建设,发展绿色低碳领域高质量职业教育,加快建设一批绿色低碳实训基地。充分发挥“海河英才”行动计划作用,强化绿色低碳技术领域“高精尖缺”人才集聚能力。

参考文献

[1]刘世锦:《迎接碳中和,制造业如何绿色转型》,《中国生态文明》2021年第2期。

[2]郭士伊:《处理好三大关系 助力工业碳达峰碳中和》,《节能与环保》2022年第6期。

[3]张凡:《中国制造业碳排放问题分析与减排对策建议》,《化工进展》2022年第41期。

滨海新区先进制造业高质量发展研究

尹晓丹　天津市经济发展研究院经济师
秦晓璇　天津市经济发展研究院经济师

制造业是立国之本、强国之基，是国家经济命脉所系。党的十九大以来，习近平总书记多次指出“要推进中国制造向中国创造转变，中国速度向中国质量转变，制造大国向制造强国转变”。坚定不移发展先进制造业，推进制造强国战略，是贯彻落实习近平新时代中国特色社会主义思想的重要体现，也是天津实现新旧动能转换和高质量发展的重要途径。京津冀协同发展重大国家战略赋予天津全国先进制造研发基地的功能定位，天津市在“十四五”规划中明确提出“制造业立市”，天津市十二次党代会提出“贯彻新发展理念，大力实施制造业立市战略，全力打造科技创新高地”。滨海新区作为“一基地三区”定位的核心区、天津制造业发展的重要承载区，其先进制造业的发展直接关系到天津市“制造业立市”战略的成功实施和全国先进制造研发基地的顺利建成。

一、滨海新区先进制造业发展现状

（一）产业引领力提升

特色鲜明、优势突出的“1 +3 +4”现代产业体系加快发展，十大优势产业及产业链初步形成，2021 年，在链工业产值增长 25.2%，增加值增长 11.3%。战略性新兴产业快速成长，工业战略性新兴产业增加值占规模以上工业增加值的 26.4%，高技术制造业增加值占规模以上工业增加值的 17.3%，高技术服务业和现代新兴服务业增加值占服务业增加值比重达 42.5%。战略性新兴产业和高技术制造业增加值分别增长 10. 3% 和 15. 5% ,均快于规模以上工业平均水平。新动能引育不断加快,战略性新兴产业增加值和高技术制造业增加值分别增长 13. 2% 和 15. 8% ,2018 年、2019 年、2020 年连续三年获得国务院督查激励,国家人工智能创新应用先导区获批。2021 年,滨海新区共有四家企业成功入选第六批国家级制造业"单项冠军",占天津市入选总数的 57% 。

(二)产业集聚效应显现

基本形成新一代信息技术、汽车和机械装备制造、石油化工、新能源新材料 4 个千亿级产业集群,建成 8 个国家新型工业化产业示范基地。新能源产业、国产自主可控信息安全产业入选国家创新型产业集群试点,信息安全集群和动力电池集群成功入选工信部全国 20 个先进制造业集群。聚集了中科曙光、中环半导体、科大讯飞等一批行业龙头企业,涵盖"CPU + 操作系统 + 核心通信 + 数据库 + 中间件 + 应用软件"的核心产业链初步形成,服务器、通信设备、电子元器件等多个细分产业领域处于全国先进水平。滨海新区是首批国家新型工业化汽车产业示范基地和国家级汽车及零部件出口基地,汽车产业产量占天津市的 90% 以上。《京津冀协同发展规划纲要》明确给予南港工业区打造"世界一流石化产业基地"的发展定位。建成国内唯一一家国家级纳米技术产业化基地,南港工业区世界一流化工新材料基地规划获批。五大开发区成为先进制造业集聚发展核心载体。国家新型工业化产业示范基地成为推动先进制造业发展的重要载体支撑。

(三)产业创新支撑体系不断完善

国内外一批高水平科研机构、创新平台落户新区,重点聚焦"一心一室四谷"建设,着力打造自主创新重要源头和原始创新主要策源地。国家级知识产权保护中心通过国家验收,国家合成生物技术创新中心启动建设,"海河实验室"自主可控信息系统、合成生物学、细胞生态、物质绿色创造与制造 4 个子实验室启动,生物制造谷、中国信创谷、细胞谷、北方声谷成为引领天津创新发展的品牌。2021 年,聚集国家高新技术企业 3349 家,国家级众创空间 25 家,国家级孵化器 15 家,市级以上研发机构 518 家,科技型上市企业累计达到 28 家。新一代超级计算机原型机、重组埃博拉病毒疫苗、飞腾麒麟“PK 体系”、全球首次实现二氧化碳到淀粉的人工全合成等一批关键核心技术取得重大突破。

(四)智能科技产业引领作用初现

率先在全国提出建设“中国信创谷”。在自主可控产业领域,新区形成了从芯片、操作系统、整机、中间件、数据库、安全产品、网络传输设备、云计算、大数据分析处理到应用系统的完整自主可控产业体系。高端芯片领域,聚集了飞腾 CPU、展讯通信、唯捷创芯等射频芯片行业领军企业。在基础软件领域,麒麟操作系统是国产操作系统代表,南大通用是国内领先的新型数据库产品和解决方案供应商。在整机系统和信息服务方面,集聚了天地伟业、科大讯飞智汇谷人工智能创新基地、紫光云总部、华为滨海云创新中心等一批国内领先的系统设备和信息服务提供商。可穿戴智能设备增长 3 倍以上,计算机制造业增长 25%,飞腾新一代桌面处理器批量生产,电子信息产业产值在全市占比 75%,获批全国唯一网络信息安全产品和服务集群,信息安全产业入围工信部先进制造业产业集群,紫光云、零氪科技等 7 家企业入选工信部大数据产业发展试点示范项目。

二、滨海新区先进制造业发展存在的问题

(一)整体规模相对偏小

“滨城”先进制造业发展规模整体偏小,2020 年,“滨城”战略性新兴产业比重为 26.4%,而同期浦东新区这一比重达到 48.4%。“滨城”发展较好的先进制造业集群规模仍处于千亿级阶段,和国内外先进区域万亿级产业集群相比仍有较大差距。市场份额不足,集群对全球产业分工的影响力有限。智能科技、生物医药、新能源、新材料等战略性新兴产业仍处于培育期,整体发展较慢,石化、装备制造等重工业与航空航天、生物医药、新材料和新能源等新兴产业的

比例为7:3,新旧动能转换青黄不接问题尚未得到根本解决。战略性新兴产业的支撑作用还不够明显,在整体产业中的规模还有待提升。

(二)头部企业数量较少

缺乏具有影响力的世界级总部企业或本土企业,企业发展的自主可控能力较弱。以一汽丰田为例,天津地区主要承担制造和研发业务,销售政策的制定权和结算权在北京公司总部,这样使得地方扶持政策与企业发展策略对接受到一定影响。集群内企业盈利能力不足,根据2020年《财富》“世界500强排行榜”,京津冀地区共有57家企业上榜,其中,北京55家、河北2家,天津没有企业上榜。中国民营企业制造业500强中,天津共有9家企业上榜,滨海新区无先进制造业企业上榜。产业规模不够大,难以对全球产业链产生重要影响,对制造业工业标准的制定、参与有待加强。且品牌建设领域短板突出,根据世界品牌实验室发布的2020年《中国500最具价值品牌》分析报告,天津共有7家企业上榜,其中先进制造业仅有中科曙光上榜,排名靠后。

(三)关键核心技术仍需突破

核心技术创新能力有待加强,2019年,“滨城”R&D(全社会研究与试验发展)经费支出占GDP的比重为3.25%,同期上海浦东新区这一比例为4.15%。2019年,滨海新区的专利申请与授权数分别为2.54万件、1.61万件,较同期浦东新区分别少1.17万件、0.28万件。核心技术受制于人,集成电路、高端医疗器械产业核心部件材料自给率较低,智能科技产业终端研发设计、芯片设计环节存在明显缺失。科技成果转化能力有待加强,截至2020年12月31日,天津技术合同共9822项、成交额1112.98亿元,是排在第一位北京的11.63%、17.62%。高端人才短缺,现代工业高质量发展需要大量具有互联网、大数据、人工智能等领域背景的高端人才作为支撑。

(四)产业服务配套生态仍不足

产业之间未能建立良好高效的业务整合网络,分工协作体系不完善。产业之间上下游配套商的抵抗风险能力不强，甚至需要外引配套服务商进行供给。例如电子信息产业发展需要光电器件、传感器模组、代工制造、物流运输等相关配套服务供应商的支持，但滨海新区相关企业与上海浦东、深圳等地相比，存在种类不丰富、数量规模少的问题。生产与生活配套衔接不足。技术支持与网络通信服务跟进、人才培养与人才交流配套机制、生活配套与基础保障、企业孵化与投资融资等金融服务支撑都有很大提升空间。

三、经验借鉴

深圳规模以上工业总产业居全国第一，先进制造业占七成。合肥近年来在先进制造业领域高歌猛进，跨越赶超，创造“合肥现象”。深圳作为我国改革开放的“试验田”，经济发展一直走在全国前列；合肥作为后起之秀，在先进制造业方面也有许多经验值得我们研究学习。

（一）深圳

1. 建立“基础研究 + 技术攻关 + 成果产业化 + 科技金融 + 人才支撑”全过程创新生态链

率先形成基础研究长期持续稳定投入机制，制定出台《深圳经济特区科技创新条例》。建立关键核心技术攻关新机制，实行“揭榜挂帅”项目遴选制度，实行“赛马式”制度，实行“项目经理人 + 技术顾问”管理制度，实行“里程碑式”考核制度。建立科技成果“沿途下蛋”高效转化机制，推动科技基础设施建设，推动更多科技成果沿途转化，形成“科研—转化—产业”的全链条企业培育模式。发挥政府投资的杠杆作用，组建早期创业投资引导基金，完全市场化运营，引导基金在项目投资过程中实现超额收益全部让渡，助力企业渡过初创期。建立科技人员双向流动制度，重构市场导向的人才分类评价激励体系。构建以“四个 90%”为鲜明特点的企业创新生态，让企业在科技创新中唱主角，推动产业链与创新链深度融合。支持企业和战略科研平台组建创新联合体。2020年，深圳全社会研发投入占地区生产总值比重达 4.93%，市级科研资金投入基础研究和应用基础研究的比重从 12% 提高到 30% 以上，PCT 国际专利申请量连续 17 年居全国城市首位。国家高新技术企业突破 18650 家，较 5 年前增长 2.4 倍。

2. 推动产业链“全链条、矩阵式、集群化”发展

“一链一图”，绘制重点产业链发展路线图，推动产业链、产供销、大中小企业整体配套、协同发展。创建“矩阵式”产业扶持体系，从企业招引、项目培育、空间落地、人才支撑、惠企政策等多维度，为企业提供全方位、常态化服务。整合产业发展重点依托的空间载体，高起点规划建设 20 大先进制造业园区，以先进的理念，坚持集约节约原则打造，突出高端制造，有效推进产业业态升级。2020 年，深圳规模以上工业总产值达 3.7 万亿元，连续两年居全国大中城市首位。

3. 打造高品质产业空间，保障工业用地

深圳工业用地达 274 平方公里，总规模偏小，且随着城市发展，对于制造业而言，土地要素成本不断上升。早在 2005 年深圳就发现这一核心问题，相继出台多个重磅文件，加强产业用地统筹管理，严控工改商、工改居，就曾划定“区块线”保障工业发展空间，并强化工业用地管理，严守 270 平方公里工业区块控制线。《深圳市 20 大先进制造业园区空间布局规划》明确按照集中连片、产住分离的原则，在宝安、龙岗、龙华、坪山、光明、盐田、大鹏新区、深汕特别合作区合理划定先进制造业园区，总规划用地面积约 300 平方公里，按照启动区、拓展区、储备区有计划释放工业用地面积约 60 平方公里。到 2025 年，保持 270 平方公里工业区块线范围基本稳定；到 2035 年，全市规划工业用地占建设用地比例不低于 20%。同时，深入推进大面积产业用地整备，确保优质先进制造业项目有地可落；创新存量低效工业用地盘活机制，强力推进旧工业区连片升级改造。

（二）合肥

1. 聚焦国家战略方向，高起点谋划布局战新产业

合肥主动围绕国家新兴产业重点布局方向，针对我国曾经“缺芯少屏”的

产业格局，聚焦打造“芯屏汽合”产业地标，主攻产业链核心环节和价值链高端环节，全链条布局、全要素配置、全方位推进。深入推进“三重一创”（重大新兴产业专项、重大新兴产业工程及重大新兴产业基地）建设，着力构建“国家级—省级—市级”三级战新产业集群的梯次培育格局，即以新型显示器件、集成电路、人工智能3个国家级创新产业集群为引领，以新能源汽车、生物医药等7个省级基地，光伏新能源、智能制造等10个市级基地为支撑的集群建设体系。

2. 把握产业发展规律，推动产业集聚集群发展

按照“领军企业—重大项目—产业链条—产业集群”的发展思路，以龙头企业的引进培育和重大项目的加快建设推进产业不断强链、补链、延链，加速产业集聚。新型显示产业相继建成了京东方6代线、8.5代线、10.5代线，加快建设维信诺AMOLED6代线等一批投资百亿级重大项目，总投资超1500亿元，并围绕龙头陆续引进建设了三利谱宽幅偏光片、江丰溅射靶材、清溢光电掩膜版以及鼎材高端显示材料等填补国内空白的补链项目。集成电路产业自主培育了长鑫存储这一国内DRAM领域领军企业，正在加快建设存储制造基地项目，并引进了晶合晶圆、通富微电等一批重大强链项目，总投资超2500亿元。人工智能产业相继实施“中国声谷”、四维图新第二总部等项目，总投资超400亿元。此外，新能源汽车、生物医药产业相继实施了蔚来中国总部、江淮大众、合肥离子医学中心等一批龙头企业的重大项目。

3. 创新产业融资模式，有力撬动社会资本

2008年以来，合肥市通过产业基金与京东方合作，不断创新方式实施项目融资，成功探索出“国有资本投资入股—通过资本市场退出—循环再投入”的产业投资路径，撬动社会资本投资以京东方为龙头的新型显示产业，实现了新型显示产业的跨越赶超。近五年来，合肥进一步强化资本支撑作用，先后成立了250亿元的芯屏产业基金、300亿元的集成电路产业基金、50亿元的人工智能产业基金等数十只产业专项基金。放大政策支持效应，精准制定“综合+专项+金融产品”的全方位政策体系。在综合政策方面，出台“高质量发展30条”“三重一创”等支持政策，每年拿出100多亿元助力产业发展。在专项政策方面，聚焦重点产业领域，出台“中国声谷”、人工智能、集成电路、新能源汽车、

光伏、线上经济等专项支持政策，精准支持重点产业领域关键环节。

四、对策建议

（一）强化企业主体培育

“突出先导性和支柱性”，强化重点领域政策、资金支持，促进制造业效益由点及面，整体提升。以“隐形冠军”企业、国家专精特新“小巨人”企业、制造业“单项冠军”企业等为主体，支持企业间战略合作和兼并重组，推动形成一批市场占有率高、创新能力强、成长性好的具备国际竞争力的企业，并推动其向国际一流企业迈进。推进生物医药、新能源、新材料等战略性新兴产业培育壮大，引导高端装备制造、汽车、航空航天、石油化工等优势产业升级转型，立足区域个性重点发展海洋经济特色产业。坚持质量导向，夯实企业品牌建设基础，提升品牌价值。强化企业标准引领，对接国际先进标准，严格执行强制性国家标准，支持企业主导或参与制定国际标准、行业标准，不断优化提升产品与服务品质，打造天津制造好口碑。健全覆盖研发创新、生产制造和营销服务全过程的质量管理体系，打造规范化、标准化、精细化的生产运营模式，增强产品和服务的质量稳定性与可靠性，提升品牌的创新力和生命力。发挥主流媒体及新媒体的作用，传播天津制造的优势与价值，为天津制造品牌建设营造良好的舆论环境，提高国内外市场的认同感和信任度。

（二）优化工业园区发展

巩固提升“园区围城”治理成果，持续优化工业园区布局，保障工业可持续发展空间。产业园区建设要突出重点产业和重点项目向特定空间集聚的基本定位，瞄准新主体、新功能、新服务、新基建、新治理的“五新”发展方向，坚持绿色安全发展要求，建设高品质、高能级的现代产业园区。围绕“1 +3 +4”现代工业产业体系，聚焦智能科技、生物医药、新能源、新材料、装备制造、汽车、石油化工、航空航天等产业，在细分重点领域确定一个主导产业深耕细作。加强前沿领域布局，培育具有较强引领力和影响力的未来产业。推动产城融合，强化园区新功能。完善园区水、电路、网、气等生产性配套功能的同时，加速构建“半小时社区生活圈”，推动园区周边配件人才公寓、保障租赁用房，注重解决职住平衡问题。同时，不断完善餐饮、购物、娱乐、金融、保险、通信、物流等公共配套服务设施，做到产业发展与居住环境、生活条件共同提升，吸引更多的人才、技术、资金等高端要素的集聚。

（三）强化核心技术突破

强化核心技术研发突破，超前布局前沿关键技术研发，引领科技创新。聚焦重点产业链关键核心技术、基础性技术、共性技术，集中力量开展联合攻关，强化关键核心技术的控制力，全面提升产业基础能力。补齐基础研究短板，继续推动国家实验室创建、市级实验室布局，鼓励新型研发机构建设。强化标准制定和专利布局，加强重点领域关键核心技术知识产权储备，构建产业化导向的专利组合和战略布局，支持组建知识产权联盟。超前布局前沿关键技术研发，抢占一批产业价值链高端环节和竞争制高点。加快引育领军人才，对标国内先进城市，出台大力度的人才招引政策，用好“海河英才”和“鲲鹏计划”，丰富高层次人才培养计划、急需紧缺高技能领军人才引进和培养计划，加大战略性新兴产业领军人才、急需紧缺人才、特色产业人才的引培力度。精准科学绘制人才图谱，推广“项目＋团队”引才模式，建强人才服务网，特殊人才特殊待遇。依托市级继续教育基地建立一批专业技术人才培训基地，为先进制造业人才培育扩展教育资源。大力引育生物医药、高端装备制造等行业的高端技能型人才、研发人才和新经济人才，依托产业（人才）联盟，搭建人才交流和服务平台，举办人才沙龙，建强建优人才服务网，扩大引才育才渠道。

（四）构筑高效协同创新生态系统

构建新型产学研协同创新机制，发挥企业创新主体作用，激发自主创新活力。组建由政府发起，企业、高校及相关机构参与的先进制造业创新中心、产业技术创新中心等新型创新主体，针对工业物联网、5G 商用技术、3D 打印等研发投入大、风险系数高、技术外溢效应强的共性技术开展联合攻关，统筹推动技术、产品、业态和模式创新。鼓励集群核心企业建设具有独立法人资格的企业技术研究院。打造先进制造业技术交流平台，实现平台企业间的技术创新交流、技术共享，避免因信息不对称造成资源浪费。构建国际一流营商环境，发挥制度优势，吸引高级要素集聚。推动“双自联动”，强化制度优势与创新优势联动。持续推动降低制度性交易成本，深化“放管服”改革。持续推进企业降税降费，降低企业技术应用推广成本及企业采购成本。充分发挥海河产业基金、滨海产业发展基金等政府引导性基金作用，撬动社会资本，引导产业发展方向、充盈产业发展资金。

（五）优化产业服务配套

推动先进制造业与数字技术深度融合，以信息智能为支撑，提升管理先进性。推进制造业数字化、网络化、智能化升级，全方位拓展数字化应用场景，提升产业数字化率，积极培育“无人车间”“未来工厂”。抓住数字经济发展机遇，推动新型基础设施建设，推进 5G 网络、下一代互联网等数字时代基础设施规模化建设，推进“5G + 工业互联网”，构建工业互联网创新生态。推进先进制造业与现代服务业融合发展，发挥全方位支持作用，促进产业结构优化升级。加快现代服务业发展，特别是提升现代物流、金融服务、工业设计、信息技术与网络通信服务等生产性服务业的支撑水平，实现集群生产与服务功能相结合。拓宽信息技术在先进制造业与现代服务业融合的应用场景，推广新型精益制造，拓展大规模个性化定制、协同制造、共享制造等新模式。以集群为重点，开展服务型制造试点示范，引导先进制造业“瞪羚”企业、领军企业率先将现代服务业融入制造业产业链，探索积累可推广的发展经验。

参考文献

[1]冯德连:《加快培育中国世界级先进制造业集群研究》,《学术界》2019年第 5 期。

[2]曾祥炎、成鹏飞:《全球价值链重构与世界级先进制造业集群培育》,

《湖湘论坛》2019 年第 4 期。

[3]周民良:《"十四五"时期应大力支持北京高端制造业发展》,《发展研究》2020 年第 6 期。

[4]李文增:《加快建设先进制造业集群推动天津市工业高质量发展——以天津滨海高新区为例》,《产业创新研究》2019 年第 3 期。

[5]侯彦全:《以先进制造业集群畅通制造业双循环》,《经济参考报》2021 年 4 月 6 日。

[6]席凯伦:《广东省培育先进制造业集群的路径与政策研究》,《标准与行业研究》2019 年第 5 期。

[7]兰建平:《高质量建设全球先进制造业基地》,《浙江经济》2020 年第 4 期。

[8]《政府工作报告(摘要)》,《滨海时报》2021 年 1 月 14 日。

以天津港为核心组建津冀组合港加速北方国际航运枢纽建设的对策建议

周　勇　天津市经济发展研究院高级经济师

2020 年 7 月，国家发展改革委、交通运输部联合出台《关于加快天津北方国际航运枢纽建设的意见》，明确要求加快建设以天津港为中心的国际性综合交通枢纽，并提出条件成熟时组建津冀组合港联合管理机构，推进津冀港口一体化发展。当前我国各港口群整合趋势明显，津冀组合港建设应当提上议事日程，在港口一体化建设中抢占先机，为高质量推进京津冀协同发展，促进地区高质量发展，服务“一带一路”和陆海双向开放做出更大贡献。

一、组合港典型模式借鉴

组合港是指拥有共同的腹地、发展目标和经营规范，为统一规划、建设、管理港口资源资产所形成的一体化港口组织或联合体。目前国内外组合港的典型模式主要有地主港模式、港口企业合并模式、松散联合体模式三类。

（一）地主港模式

地主港模式是指政府委托特许经营机构，拥有港区及后方一定范围的土地、岸线及基础设施的产权，对该范围内的土地、岸线、航道等进行统一开发，并以租赁的方式把港口码头租给国内外港口经营企业或船公司经营，实行产权和经营权分离，特许经营机构收取一定的租金，用于港口建设的滚动发展。

地主港模式的典型案例是美国的纽约—新泽西港。原纽约港和新泽西港，分别位于哈得逊河两岸，由纽约州和新泽西州政府分别管理。为解决长期以来两州争夺港口和航道管理权的矛盾，1921 年，经美国国会批准，纽约港和新泽西港合并成立了纽约—新泽西组各港港务局，港务局拥有港口沿岸土地的征用权，作为“地主”将港口的货运设施租赁给私营公司经营。

纽约—新泽西港务局同时接受两个州的议会和相关机构的监督，港务局设立港务局管理委员会，统筹港口的日常工作并制定长期发展战略。其委员会成员由两个州的州长任命，且须经过州议会批准，两个州的州长有权否决来自本州的委员做出的决定。港务局管理委员会任命执行官员负责贯彻港务局的政策，并主持港务局日常工作。

地主港模式的优势是避免了距离过近港口之间的过度竞争，既保证了港务局的收入相对稳定，又可以发挥港口企业经营上的专业优势。实践地主港模式的难点在调和多方利益，纽约—新泽西港的解决办法是在组合港务局管理委员会中，委员会成员数量各占一半，确保权益均等。

（二）港口企业合并模式

港口企业合并模式指相近港口企业通过股份划转或并购，组建港口集团企业，实行实质性一体化运营管理。目前典型案例有宁波—舟山港、山东省港口集团、辽宁港口股份有限公司等。

2016 年 4 月 22 日，宁波港股份有限公司通过发行股份购买资产的形式收购舟山港股份有限公司，宁波港股份有限公司更名为宁波舟山港股份有限公司；2020 年 12 月，宁波舟山港股份有限公司收购浙江省海港集团旗下温州港集团、嘉兴港务、头门港港务、义乌港公司等股权，浙江海港集团与宁波舟山港集团按“两块牌子、一套机构”运作，对浙江省沿海港口实行实质性一体化运营管理。

2018 年 3 月 28 日，山东渤海湾港口集团正式成立，涵盖东营、潍坊、滨州三市港口，山东港口开始整合。2019 年 8 月 6 日，山东省港口集团有限公司正式成立，整合开始进入实质、纵深阶段。2019 年 8 月 22 日，青岛港、烟台港、日照港、渤海湾港口集团签署股权划转协议，四大港口集团正式成为山东省港口集团的全资子公司，沿海港口一体化初步完成。

2017 年 6 月，辽宁省政府与招商局集团签署《港口合作框架协议》，采用央企和地方企业整合重组的方法,整合辽宁沿海港口。2019年1月,由招商局集团控股经营的辽宁港口集团正式挂牌成立,大连港、营口港、盘锦港、绥中港率先完成整合。2020年8月,丹东港并入辽宁港口集团。2021年2月,大连港和营口港完成换股吸收合并,两大上市公司"合二为一",正式更名为辽宁港口股份有限公司,辽宁沿海港口群实现深度融合。

港口企业合并模式的优势是可对组合港的资产、品牌、人员、管理等进行全面整合,根本上解决了重复建设问题。潜在的问题是港口企业大范围合并也形成了强大的市场垄断力量,可能损害市场环境的公平性,降低港口服务效率。

(三)松散联合体模式

松散联合体模式是指在不改变原有地域和行政隶属关系的前提下,协调组合港集装箱码头的规划、建设和管理。目前的典型案例为上海组合港。

1997年,为加强上海国际航运中心建设,国务院下达了《国务院关于同意上海组合港组建方案的批复(国函〔1997〕87号)》,同意上海组合港的组建方案。根据国务院的批复,上海组合港于1997年9月29正式成立。上海组合港管理委员会主任为交通部副部长,副主任共三位,分别为上海市副市长、浙江省人民政府副省长、江苏省人民政府副省长。另有一般委员十多人,由有关省(市)政府秘书长、副秘书长、计委主任、副主任、交通厅厅长、副厅长或港口(港务)局长出任。上海组合港管委会下设办公室,负责日常工作,管委会办公室为正局级行政机构,主任由交通部派出,副主任分别由上海市、浙江省、江苏省交通部门派出。

国务院在给交通部和上海市、浙江省、江苏省人民政府的《国务院关于同意上海组合港组建方案的批复》中明确,上海组合港具体范围包括:上海市吴淞口以下、江苏省南京长江大桥以下的长江水域,以及浙江省宁波、舟山地区水域内已建集装箱泊位及规划建设泊位的深水岸线。主要职责包括:参与长三角地区各主要港口规划的审查,监督区域港口规划的执行;按照港口规划和发展需求,对组合港范围内深水岸线集装箱泊位的建设进行综合协调,优化资源配置。积极推动组合港内集装箱码头享受国家同等优惠政策,创造公平竞争的市场环境，避免无序竞争。推进长三角地区港口规划、管理、政策、营运、信息一体化及跨区域联合，组织开展上海国际航运中心建设及长三角港口发展重大问题及政策研究，参与交通运输部、上海市、浙江省、江苏省涉及长三角区域内港口及航运发展的规划、政策、管理等方面的重要活动。

松散联合体模式的优势是触动各方利益较少，容易推进。但缺陷也很明显，组合港没有各港口资产管理权限，无法对港口业务施加实质性影响，只能做一些协调、建议工作。

二、天津港作为世界级组合港核心港的不足

天津港是北方国际航运核心区，具备建设津冀组合港核心港的基础。天津港同世界上 200 多个国家和地区的 800 多个港口保持航运贸易，货物吞吐量和集装箱吞吐量稳居世界港口前十强。天津港着力化解“港城矛盾”，统筹考虑公路、铁路、道桥、隧道的便捷与安全，完善集疏运体系，天津港集疏运专用货运通道建设方案已经获批。天津港充分发挥国际集装箱枢纽港作用，开通了天津至秦皇岛、京唐、曹妃甸、黄骅等港口的多条定期环渤海内支线，基本形成了以天津港为中心，以河北港口为两翼，功能互补、畅通高效的海上集装箱支线运输网络。天津港在智能化建设上取得了长足进步，集装箱传统码头无人自动化改造全流程实船系统测试取得成功，从岸边卸船到堆场作业都实现了自动化处理。绿色生产模式大力推行，在全国率先实现煤焦 100% 铁路运输的基础上，推进矿石与煤炭双重“钟摆式”运输，全力打造“公转铁 + 散改集”双示范港口；港区绿地面积已突破 700 万平方米，港区直排海污染达标率达到 100%，绿化工程和绿地景观质量持续提升。

但与世界级组合港核心港相比，天津港在航运服务能力、资源综合配置能力、口岸效率以及制度环境方面仍存在明显差距。

（一）航运服务能力有待提升

航运服务是测评国际港口综合竞争力的核心因素。天津港在全球和东北

亚的港口航运服务能力排名依然有很大提升潜力。根据《新华—波罗的海国际航运中心发展指数报告》,2020年全球航运中心城市排名,新加坡排名第一,上海排名第三,青岛排名第十五,天津排名第二十。根据《国际航运枢纽竞争力指数——东北亚报告(2021)》,排名前三的分别为青岛港、釜山港、天津港。

一是航运金融机构规模偏小,航运保险发展滞后。2021年,上海船舶险和货运险业务总量在全国占比近1/4,国际市场份额仅次于伦敦和新加坡,天津却不足上海的1/5,货运险赔付能力也大幅低于国际平均水平。二是航运经纪服务水平偏低。伦敦拥有90多家专业航运经纪公司,上海、香港平均有20家左右,而天津有实力的企业只有中海国贸等为数不多的几家。三是船舶工程服务体系不够完善。天津港缺乏船舶维修相关工业基础,在船舶工程、船舶维修、船舶管理及其航运配套服务、工程技术标准等方面不成熟,大幅落后于国际大港。

(二)航运资源配置能力不足

一是缺乏超级枢纽大港的货物资源配置能力。如天津港集装箱班轮的航班密度为每月500班,相对于新加坡、中国香港、上海每周300~400班左右的密度还有较大差距。二是缺乏对国际航运公司的吸引力。根据法国航运咨询网站Alphaliner统计,排名前20的国际船舶管理公司占全球运力的87%,其中多数在上海、广州设立子公司或办事机构,如全球最大的船舶管理公司威仕、哥伦比亚落户浦东。天津港缺乏有实力的班轮公司,只有达通国际航运进入全球100强。三是缺乏航运市场配置能力。天津港缺乏有区域影响力的航运市场支撑。与覆盖集装箱、散货、油运、宏观、船员、船价、航企等17个大类的上海航运指数相比,天津航运指数未能与全国乃至国际航运市场信息有效衔接。

(三)应对区域港口竞争不力

一是东北亚港口群竞争冲击。天津港、青岛港和大连港一直在为争夺区域航运中心的地位而互相竞争。依据各自的港口定位和发展规划,天津港提出要建设北方国际航运枢纽,青岛港将自己定位为北方国际航运中心,大连港则宣布致力于打造东北亚国际航运中心。三者主体定位重叠，对天津港提升国际竞争力带来不利影响。实际上，依据东北亚港口布局，最大竞争威胁来自釜山港，釜山港是世界十大集装箱中转港口之一，50%的货物是国际中转货物，其中，天津港、青岛港、大连港三大港口占总中转货物吞吐量的20.4%，在釜山港对华中转的比重高达68.0%。从某种角度来说，三大港口成了釜山港的支线港和供给港。

二是津冀港口未能协调发展，影响经济效益。由于缺乏充分协调，港口之间同质化竞争愈演愈烈。以集装箱业务为例，规模效应和航班密度是这一业务运营的必备条件。河北省几大港口纷纷上马集装箱码头，增加了天津港的运营压力。在环保标准上，河北港口也未与天津港按统一标准执行，对天津港造成竞争压力。

三、组建津冀组合港是京津冀协同发展的紧迫要求

当前我国正在加快形成以国内"大循环"为主体、国内国际"双循环"相互促进的新发展格局，港口是连接国内、国际两个市场最重要的节点。充分发挥津冀地区港口对北方沿海和内陆经济的整合作用，对京津冀地区在新格局下推动产业布局调整和结构升级，推进协同发展具有不可替代的作用。

（一）组合港建设是突破港口协同发展的着力点

1. 组合港模式有充分的理论和实践支撑

从理论上分析，世界级港口集群的出现是系统论、协同论、博弈论在港口管理实践中的综合反映。系统论认为，系统要生存和发展，必须与所处的环境进行物质、能量和信息等方面的交换，否则将被淘汰；协同论认为，系统内的子系统之间相互作用，其合作效应和自组织现象能够形成新的时间、空间或功能有序结构；博弈论认为，合作可以获得互惠的正和博弈，但同时强调强者才能制定使自己利益最大化的规则。纽约组合港、鹿特丹组合港是世界级组合港的代表，都有一个从核心港口发展起步，逐步过渡到以区域依托、协同发展和国际导

向为内涵的发展历程。而目前京津冀区域港口缺乏一体化支撑,“集”与“聚”停留在中低层次,难以起到支撑世界级城市群的作用。

2. 津冀组合港应对“一带一路”的需要

在“一带一路”背景下,津冀港口功能和作用将发生深刻变化,从以往北方对外贸易的物流节点,向更宽领域拓展战略发展空间。“一带一路”为沿海港口摆好了擂台,长三角、珠三角和山东半岛都在加速港口整合,显然天津和河北港口目前的状态,难以招架这种阵势,津冀需港口形成利益共同体,抱团做大做强、合力出击。津冀港口要从单一的吞吐量增长驱动向复合型的多核驱动转变,港口不但是承接投资、出口的重要平台,也是推动消费的重要力量。必须适应电商化、多元化、区域化和全球化趋势,从供给侧加快港口之间和港口内部的动能转换与业务重构。

(二)我国主要港口群加速整合背景下外部压力增大

随着长三角、珠三角和山东港口群整合加速,津冀港口群与上述三大港口群差距有拉大趋势。2019—2021 年,在货运吞吐量和集装箱吞吐量两大指标上,长三角港口群优势逐年增大,珠三角港口群优势总体持续增加,山东港口群也持续保持优势。

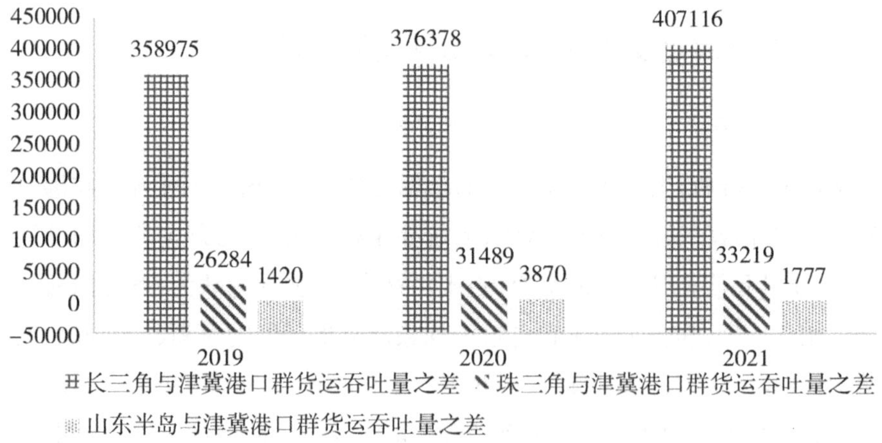

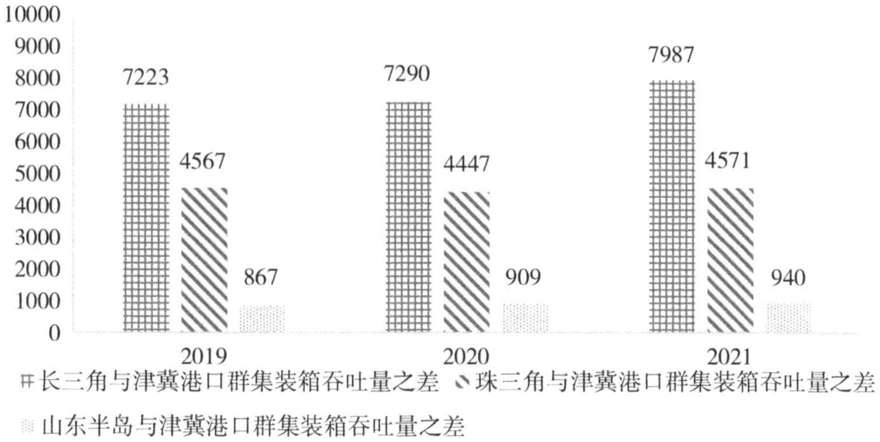

图 1　三大港口群与津冀港口群货运吞吐量（万吨）、集装箱吞吐量（万 TEU）之差

（三）津冀港口群内部过度竞争无法发挥最佳效益

1. 港口分布集中腹地重叠

表 1　津冀港口群之间距离

港口	距离（公里）
秦皇岛港—京唐港	118.1
京唐港—曹妃甸港	63.7
曹妃甸港—天津港	100.8
天津港—黄骅港	112.8

理论上，两个港口距离在 200 公里以内将出现激烈竞争，而津冀港口间距离大多在 100 公里左右；津冀港口群直接腹地为京津冀区域，辐射范围也均为华北、西北各省，各港口均连接至大秦线、邯黄线、朔黄线等主要货运铁路，天津港和唐山港都在山西、内蒙古布局，内陆无水港。

2. 港口基础设施结构不合理

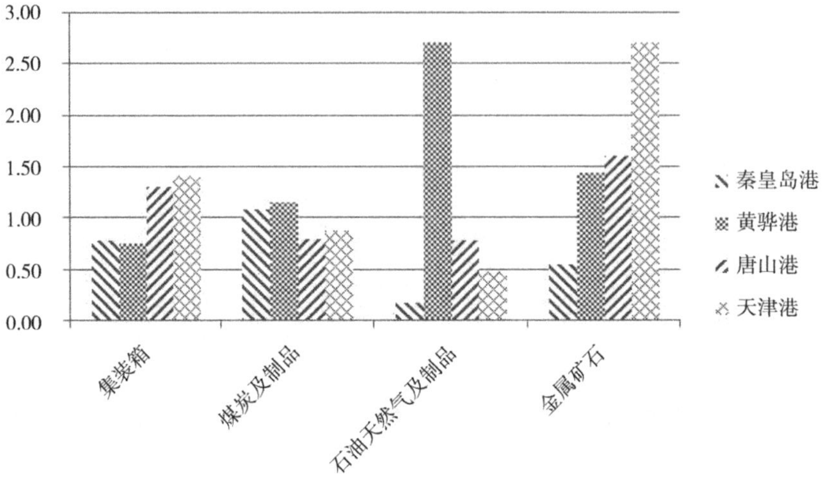

图 2　津冀各港口主要货种吞吐量/泊位年通过能力

以主要货种的吞吐量和泊位年通过能力之比作为衡量指标，秦皇岛港、黄骅港的集装箱泊位过剩，唐山港、天津港的煤炭泊位过剩，秦皇岛港、唐山港、天津港的石油天然气泊位过剩，秦皇岛港的金属矿石泊位过剩，而黄骅港的石油天然气泊位和天津港的金属矿石泊位建设明显不足。

3. 港口竞争过度损害企业盈利

表 2　我国主要港口净利润　　单位：百万元

港口	净利润
上海港	9062
青岛港	3790
宁波港	3422
深圳招商港	2898
唐山港	1777
天津港	602

各港口为争夺货源,往往只能采取降价争货的策略,导致津冀港口群的盈利能力普遍低于我国其他主要港口群。

4. 协同发展体制瓶颈亟待突破

天津港和河北各港口间需要跨省协调,涉及津冀两地收益分配和行政主导权问题,尚未有突破性进展;河北省的内港口也尚未整合,秦皇岛港的运营管理归河北港口集团,唐山港京唐港区的运营管理归唐山港口实业集团有限公司,唐山港曹妃甸港区则分属曹妃甸港集团、河北港口集团,黄骅港的管理主要归沧州港务集团。

四、对策建议

建设以天津港为核心的津冀组合港,构造新的北方国际航运枢纽,是整合津冀港口群、发挥津冀港口资源效益的最佳途径。天津应当主动担当作为,积极联合河北省并请求中央部门协调,按照政府引导、企业主导、市场化模式推进津冀组合港建设。

(一)建立统一的组合港管理机构

一是突破行政界限,在中央有关部门协调下,津冀两地按权益均等原则共建组合港管理机构,以组合港利益最大化为目标进行决策。可按距离远近先进行试点,如先组建天津—曹妃甸组合港或天津—黄骅组合港,试点成熟后再扩大至津冀组合港。

二是组合港管理机构与津冀政府发改、自然资源、环保、水利、海关、海事等部门应设立定期协调机制,及时解决发展中的各类问题,优化港口发展环境。

三是组合港内部交流力度。组合港各港口选派优秀员工以挂职、实训、共建等方式进行交流,加强对口部门在生产经营、投资发展、资产财务、安全环保、人力资源等层面的经验分享。

（二）统筹优化区域港口资源配置

以国家重大战略为引领，贯彻落实《国家发展改革委交通运输部关于加快天津北方国际航运枢纽建设的意见》及《中共河北省委、河北省人民政府关于大力推进沿海经济带高质量发展的意见》，统筹各方规划目标、功能定位与发展方向，坚持错位发展、集约发展，最大限度节约岸线、海域等自然资源，实现合理布局、协同发展。

一是优化配置沿海港口资源。依托各方在集装箱、矿石、煤炭、石油等专业货种上的优势，形成一批各具特色的枢纽港、干线港，优化海上运输通道与航线布局，全面提升现代航运服务业水平，降低货物运输成本，提高装卸和中转效率。

二是优化配置综合物流资源。合作建设物流基础设施，共建集疏运通道，共建共享共用内陆无水港，汇聚形成全程物流网络，发展多式联运，拓展中欧班列，持续推进“公转铁”“散改集”运输结构调整，维护产业链供应链稳定畅通、自主可控。

三是优化配置通航资源。按照政府主导、企业推动的原则，各方共同优化津冀沿海水域通航资源，推进津冀沿海锚地资源共享共用。

（三）发挥市场机制效用提升效益

一是以提升服务效率为导向，推动津冀港口企业整合。津冀港口企业可以增资扩股、参股占股等方式进行合并重组，将统一服务费率和提高服务质量进行有机结合，推动港口企业由低水平的“价格战”向高水平的“服务战”竞争形态转变，提升组合港的整体市场竞争力。

二是吸引大型船舶管理公司参与组合港经营。鼓励船舶管理公司特别是大型班轮公司租用码头，充分利用船舶管理公司资金进行组合港建设，提升货运资源配置能力。

（四）强化提升航运枢纽功能

一是加强航运金融创新。立足北方国际航运枢纽定位，构建航运、贸易、金融互动融合生态，发展航运金融新兴业态，探索建设国际航运金融建设副中心。积极向上争取国际船舶管理、船员管理、船舶融资方面的政策，为航运金融发展争取更大的空间。积极发展航运保险、再保险，引进设立一批国际化的保险机构、结算中心。积极招引发展金融租赁、船舶租赁企业，作为航运金融的重要补充。面向全球招引高端航运金融人才，提高航运金融管理能力，建立企业与高校人才合作培养机制，依托在津高校开设航运金融专业培训，培养复合型航运金融人才。

二是提升航运服务能力。在航运企业注册与业务运营服务、企业信用体系和航运（船舶）资产交易平台打造、船舶登记和口岸通关等方面，持续完善公共服务，提高服务质量，出台促进现代航运服务业发展的产业、财税、人才政策。加大航运服务企业和项目的优惠政策力度，引进综合实力强的航运物流、航运经纪企业总部或地区总部，发展航运法律、国际船代货代及配套的信息服务，提升船舶运输、船舶中介、船舶管理等服务水平。

三是提升港口服务效率。持续优化制度环境，提升港口通关效率和服务质量，巩固港口提效降费成效，加强口岸收费事中事后监管。加大提前申报、两步申报等改革推广力度，优化查检流程，实施靠泊检疫、先放后检、依申请鉴重、采信第三方检验结果等一系列便利化措施。行政审批事项100%网上办理，精简进出口环节需要验核的监管证件。实施内陆港“陆海联动、海铁直运”，实施“水水中转”改革，缩短全物流链条作业时间。

（五）加强智慧港口建设

一是加快现代信息技术与港口各领域深度融合。全面提升港口生产运营的自动化和智能化水平，强化港区信息基础设施综合服务功能和应用服务，串联道路、交通、设施设备等生产要素，实施港区全方位数据信息共享。打造码头中央调度系统，提升组合港服务效率；打造云数据中心，并且与贸易、金融、口岸等部门联结，实现口岸单位、码头、船东、货主信息共享。

二是推动5G技术与智慧港口融合应用，积极推广使用无人驾驶智能集装箱卡车，探索港口集装箱调度、安全防护、检验检疫等领域技术开发。提升港口服务智能化水平，深度拓展大数据集成应用新空间，构建港口云数据中心，完善天津港“网上营业厅”和开通“跨境贸易便利化改革试点绿色通道”。

三是发展“智慧物流”，提升贸易物流便利化，推进“单一窗口”和线上线下协同服务能力，打造面向物流供应链的港口“一站式”服务平台。建设一体化港口物流平台，将津冀各港口的库场子系统和集疏运子系统进行整合，加强线上线下协同服务能力，建设集购买、运输、仓储、销售等于一体的综合物流平台。

（六）加强绿色港口建设

一是统筹规划推进绿色港口建设。对标国际先进水平，提升港口绿色发展规划，节约和循环利用港口资源，合理利用岸线资源、避开环境敏感区。

二是优化能源消费结构。强化清洁能源在港口的应用，持续推进港作机械清洁化改造，减少大气污染物排放，统筹规划设计、加快建设船舶岸基供电系统，着力提升港口向船舶供应岸电能力。

三是严格控制港口船舶排放，建立京津冀区域港口统一执法标准，建立经常化评估机制，巩固排放控制区效果。

四是加强港口环境维护。建立健全组合港港域环境监测系统，严格环境监测标准，科学制定港口环境恢复计划、环境风险应急预案。

天津市加快建设国际消费中心城市研究

王子会　天津市经济发展研究院经济师

在经济全球化大背景下，为进一步扩大消费，加快形成以国内大循环为主体、国内国际双循环相互促进的新发展格局，国家提出建设国际消费中心城市。培育建设国际消费中心示范城市，是坚持习近平新时代中国特色社会主义思想的指导，落实党中央的决策部署，贯彻新发展理念，推动经济高质量发展的需要，也是提振天津国际化大都市繁荣发展的需要。天津十二次党代会提出要加快建设国际消费中心城市，实施扩大内需战略，以高质量供给创造和引领需求，提升传统消费，培育新型消费，拓展信息消费、绿色消费和农村消费等新领域，培育首发经济，提质夜间经济，探索发展免税经济，大力振兴老字号品牌，使天津成为国际消费目的地、全球消费资源聚集地、全国消费者向往地。在此背景下，努力加快天津国际消费中心城市建设，成为天津"十四五"时期的关键性战略任务。

一、国际消费中心城市的功能与标准

（一）国际消费中心城市的核心功能

城市作为重要的人居环境，消费是城市的一项基本功能。但与传统封闭经济下的消费城市不同，国际消费中心城市是顺应全球物质生活水平持续提高和消费型社会的崛起，以经济全球化、信息网络化的力量为助力，形成的消费资源高度集聚、消费主导功能显著、世界消费者规模巨大、极具流通发展活力的国际性商业城市。目前，伦敦、纽约、巴黎、新加坡、东京、迪拜等国际城市，是国际社会普遍公认的国际消费中心城市。从消费与经济之间关系来看,国际消费中心城市具有三大核心功能。

一是国际消费中心城市具有扩大内需、激发经济增长潜能的“重大引擎”功能。经济增长规律表明,消费、投资、出口是拉动经济增长的“三驾马车”,其中,消费是基础,稳步扩大有效需求规模,保持消费的不断增长,可以直接或间接地促进投资和出口的增长,从而带动整个国家或地区经济的持续增长。国际消费中心城市作为消费高地,通过“买全球、卖全球”、旅游观光、体育娱乐、文化创意、特色演艺、医疗健康、展览展示等丰富的消费活动,能够创造巨大的消费增长,如2018年游客在巴黎大区长期消费产生的营业额高达30亿欧元。超大规模的消费增长,势必扩大消费供给端的投资规模,带动整个国家经济保持持续性增长。从这个意义上说,发挥扩大消费需求、激发带动经济增长潜能的重大引擎作用,是国际消费中心城市的首要功能,也是核心功能。

二是国际消费中心城市具有集聚资源、优化消费资源配置的“全球枢纽”功能。在经济全球化背景下,一个城市的全球资源配置能力,直接决定着该城市在全球城市网络体系中的地位和作用。国际消费中心城市实质上就是借助全方位的对外开放格局,将包括自由流动的产品、服务、人才、技术、资本、信息等多元消费要素进行全球化的超级链接、整合、创新,从而实现在世界范围内配置消费资源,不断集聚并率先享受来自全球的最佳商品和服务,形成最舒适便利和最优质的消费市场环境,不断增强对世界消费者的吸引力、影响力,从而创造最大的消费市场价值和社会价值。国际消费中心城市的功能,不是单纯的“购物天堂”,而是重在发挥面向全球消费市场的“大平台”“总枢纽”作用,促进多元消费要素的供需对接、最优组合、有机融合与繁荣发展,从而实现消费资源的全球化高效配置,创造具有世界影响力的消费综合效益。

三是国际消费中心城市具有引领潮流、促进消费创新创意的“策源中心”功能。经济规律表明,消费与创新之间具有紧密关系,消费需求在很大程度上决定着企业创新活动的速率和方向,高速成长且规模巨大的消费市场,能够支撑本土企业集聚更多的创新要素,产生明显的“虹吸效应”。国际消费中心城市作为创造规模化消费市场的地方,借助消费自身的诱导效应,既能孕育和培养富有创新能力的本土企业，设计制造出迎合消费者需求的最新产品，又能吸引集聚全球最具创意的消费产品、服务、人才和品牌，首店经济、首发经济蔚然成风，形成更具竞争力的消费业态、消费场景、消费方式、营销策略和消费制度，对整个消费领域或某些行业的消费演变发挥着创新、引领、引导的作用。例如法国巴黎以很多具有国际影响力的设计人才和模特队伍，不断推出最新潮的时装，引领世界服装消费趋势，是全球服装消费潮流的风向标，确立了坚如磐石的世界时装之都的地位。因此，促进消费创新创意的“策源中心”，是国际消费中心城市承担的重要功能。

（二）国际消费中心城市的评价标准

国际消费中心城市通常形成在城市化发展水平相对较高的时期，此时国家进入城市群的发展阶段，城市群的中心城市有望成为全国甚至全球的消费中心城市。衡量一个城市能否成为国际消费中心城市有七个基本标准。

一是国际知名度。国际消费中心城市一般具有较高的知名度和美誉度。如香港是国际知名的消费中心城市，有“购物天堂”的称号，国际知名度非常高。再如，去日本游玩的游客绝大部分会去东京、大阪购物，这两座城市也具有很高的国际知名度。

二是消费繁荣度。国际消费中心城市是一个国家最繁荣的消费市场，其规模和能级在世界范围内排名靠前，且拥有十分完善的消费服务体系，不仅需要满足本国消费者对商品和服务的较高需求，还要能够吸引和汇聚来自世界各地的消费者，为消费者提供多样和便捷的选择。国际消费中心城市的消费产业发达且具有自身的特点，例如韩国首尔的美容产业消费在全球首屈一指，迪拜是全球知名的旅游目的地。

三是商业活跃度。往往国际消费中心城市的商业活动非常活跃，全世界的消费者纷至沓来，此外国际消费中心城市一般具有鲜明的消费地标，如巴黎的“老佛爷”百货、香港的海港城购物中心、东京的银座、纽约的梅西百货等。

四是到达便利度。国际消费中心城市还须配备有完善的交通运输网络，便于物品和信息的集散，能够将全世界范围内的消费和供给市场紧密联系起来。

城市内外交通网络健全便捷，城市内部设有发达的公共交通网络，能够为人们的出行消费提供便捷安全的保障。

五是消费舒适度。消费环境一流，服务充分体现人性化特点，具有法治化消费营商环境和精细的消费服务体系。国际消费中心城市具备国际化、规范化、全方位的消费制度、消费政策、退税、外币兑换等软设施，为消费企业提供一流的营商环境，为游客提供卓越的消费体验。针对国际消费者有周到细致的消费服务，在一些大型购物中心、文化场所内要提供多语种导购、无现金支付、退税、售后、咨询等配套服务，给国际消费者提供最佳消费体验。

六是文化影响度。国际消费中心城市通常能够给人们在精神上带来愉悦，甚至在人们头脑中形成具有标志性的文化符号，使得消费活动升华为一种文化上的体验，兼具历史和现代色彩的文化软实力，既是一个城市商业繁荣发展的重要依托，更是国际消费中心城市的重要组成部分。如韩流文化是首尔城市消费的核心、影视文化是洛杉矶城市消费的核心，二者都彰显了国际消费中心城市的文化影响度。

七是消费引领度。国际消费中心城市以宽松的消费政策为引领（如被称为“购物天堂”的中国香港、迪拜都是以自由港政策为支撑），提高贸易的开放度。早年中国香港正是以港口文化与免税政策为吸引，发展成为亚洲最早的国际化消费城市。国际消费中心城市的引领度除了体现在制度创新和政策引领等方面，也包括消费理念方式的引领。

二、天津建设国际消费中心城市的基础

（一）经济总量规模超万亿元，区域消费购买力强劲

天津的经济规模为建设国际消费中心城市奠定了经济基础。2021 年，天津市地区生产总值为 15695.05 亿元，人均 GDP 为 11.3 万元，在全国排名第六，可比美元价为 1.75 万美元，接近中等发达国家水平。天津市三次产业结构为 1.4∶37.3∶61.3，包括产品和服务在内的第三产业的发展对天津经济的拉

动力较强。第三产业比重较高,表明天津经济发展结构较合理,服务业对经济发展的贡献率较高,较发达的服务业不仅为人们提供多样化、个性化的消费服务,能够满足各类消费者的需求,也为国际消费中心城市的建设提供了强大的支撑。随着社会财富的持续积累、分配结构的不断优化和收入渠道的日益多元,天津市居民收入水平不断提高,2021 年全市居民人均可支配收入为 47449 元,居全国第五,天津及所在京津冀地区人口基数大,购买力强劲,为天津建设国际消费中心城市打下坚实基础。

(二)新型消费业态蓬勃发展,消费活跃度提升

在疫情常态化防控管理的背景下,更加推进了线上消费便捷化、安全化,新业态、新模式都在不断地颠覆和创造,天津市以城市布局及特色文化为基础,不断孵化培养并壮大新型消费经济形态,扩大体验式、共享及平台消费经济发展,加速商圈升级服务,推进智慧商圈建设,推动新型消费势能持续释放,提升经济动能。随着互联网的蓬勃发展,网民逐渐成为社会消费主体,线上消费平台、形式的多样化,衍生出互联网消费经济。以大数据、人工智能、自媒体等系列数字技术为支撑,新型互联网消费经济不断提质扩容,消费场景不断延伸,消费产品由实物产品衍生出虚拟形态、数字形态,消费群体需求向着个性化、差异化、特色化、定制化方向发展。2021 年天津市限额以上商品网上零售额增长 8.0%,占限额以上社会消费品零售总额的 26.2%。跨境电商出口试点模式实现全覆盖,累计建成海外仓 43 个,进出口规模处于全国前列。

(三)营商环境优越便利,消费便捷舒适

天津历来有重商、亲商、暖商的传统,在推动中国(天津)自由贸易试验区制度创新的进程中,更加注重打造法治化、国际化、便利化的营商环境。天津市委、市政府出台“津八条”,企业家创业发展有了更好的舞台。2021 年,实际使用外资 53.9 亿美元,同比增长 13.8%,增速为近 8 年来最好水平。现有外商投资企业 8939 家,是外商投资的重要聚集地和回报率最高的地区之一。天津口岸实施境外旅客购物离境退税政策,全市共有离境退税商店 31 家。其中口岸

共有免税店 10 个，主要分布在天津机场和东疆邮轮母港。

（四）消费基础设施完备，交通通达便利

天津港以建设天津北方国际航运枢纽为目标，打造世界一流智慧港口、绿色港口，随着天津港北疆港区 C 段智能化集装箱码头的投产运营，天津港成为全球首个拥有“智慧零碳”码头的港口。天津港集装箱吞吐量五年年均增长 6.9%，2021 年首次突破 2000 万标准箱，达到 2026.94 万标准箱，稳居全球十大港口行列。天津铁路运营里程超过 1285 公里，其中高铁和城市铁路达 310 公里，路网密度居全国首位，京津冀核心区 1 小时交通圈、相邻城市间 1.5 小时交通圈基本形成。高速公路 1295 公里，路网密度居全国第二位；天津滨海国际机场加快建设区域枢纽机场和国际航空物流中心，运输航线 281 条，运输架次 16.55 万架次，三期扩建后将具备年旅客吞吐量 7000 万人次的保障能力。此外，天津地铁运营总里程达到 232 公里。

（五）文化底蕴厚重，开放包容

天津是一座历史文化名城，天津有着历史悠久的商业文化和航运文化，是我国近代以来工业文明的先驱城市，也是近代我国北方最大的外贸口岸、工商业中心和金融中心。天津拥有京杭大运河天津段、蓟州古长城两处世界文化遗产，以及 4A 级景区 30 个、5A 级景区 2 个。海河两岸完整保存着 877 座历史风貌建筑，被世界称为“万国建筑博览会”，天津市古今交融、中西辉映、北方桥城的城市风貌魅力独特。此外，天津还拥有国家级非物质文化遗产 33 个，“劝业场”是近代天津商业乃至近代天津的城市标志。桂发祥、老美华、达仁堂等知名老字号享誉国内外。天津有中华老字号企业 66 家，津门老字号 149 家，老字号数量居全国第三，为天津商业积蓄了宝贵财富。此外，天津还极具开放性，天津的国际友好城市达 96 个，且是世界智能大会、中国国际矿业大会的永久举办地，夏季达沃斯论坛永久举办城市之一，具有一定的国际知名度。

三、天津建设国际消费中心城市面临的问题

（一）国际旅游市场潜力巨大，商圈知名度有待提升

天津中心城区消费商圈文化消费特色不明显，市内城区消费商圈以传统的餐饮、百货购物等商业布局为主，高品质商业集聚区匮乏，缺少新业态和消费亮点，商业模式对时尚性、潮流性的消费引领不足。滨海新区布局多为生产性服务业，消费经济发展缓慢，消费类龙头企业不足，且缺少爆款服务品，商圈的国际知名度和影响力有待提升。受疫情影响，天津国际旅游市场表现不佳，2020年天津入境旅游者为17.1万人次，其中外国旅客16万人次，接待入境旅游收入3.34万美元，与北京、上海、广州、深圳、重庆、杭州等地有较大差距，天津在国际旅游市场的开拓方面还有很大的发展空间。

（二）消费引导机制不足，高端消费占比有待提升

天津是传统的制造业城市，缺乏高品质消费的历史传统。城市文化中消费特色的筹划与设计不系统、不充分，符号性、引领性的消费观尚未成型。以购买力、消费地标、多元消费为标志的消费能力、消费档次、消费形态都和直辖市的城市地位不相匹配。天津市生产性服务业发展显著加快，但高端化消费类产业和活动较少，有影响力的时尚会展、娱乐赛事等活动缺乏，一般性和普通生活行服务消费比例较高，高附加值、高税收的消费性产业较少，消费性服务业在城市经济中的占比存在巨大上升空间。

（三）辐射全球的消费创新和消费引领能力不足

近年来随着经济的持续发展，天津消费市场对国际国内知名品牌形成了一定的吸引力，但是，与北京相比仍有很大的差距，天津在国际与国内知名品牌的整体消费市场的影响力不强，首店经济和首发品牌规模较小。就整体情况来看，天津品牌打入国际市场的数量较少，一方面传统老字号品牌整体影响力有

限;另一方面新生品牌多处于小微阶段,新业态、新模式没有走在全国前列。就当前天津的消费影响力来看,“买全球,卖全球”还仍然有待进一步探索。

四、天津市建设国际消费中心城市的对策建议

建设国际消费中心是发挥现代化国际大城市关键功能的重要途径,天津应着眼推进现代化、国际化大都市建设,将培育建设国际消费中心城市作为全市经济发展的战略目标,以及提升城市品质和经济实力的重要举措,以创新转型、消费升级为主题,打造“天津品牌”“天津服务”“天津购物”,提升消费供给能力,优化消费结构,完善消费场景,改善消费环境,提升城市国际化水平和全球影响力,加快建成国际消费中心城市。

(一)繁荣会展经济

2021 年天津全年共举办国际汽车展、105 届糖酒会等展会共 63 场,展览面积 172. 66 万平方米,与“十四五”预期目标数量还有较大差距。天津应以国家会展中心核心区建设为主要载体,推进全产业链资源要素布局,加快促进会展服务、会展旅游、智能技术服务等会展产业集聚发展,持续推进天津国家会展经济核心区建设,完善基础配套设施建设与完善服务保障措施,推进关联功能板块开发建设,整合酒店、餐饮、广告等服务配套设施资源,为国家会展中心高效运营提供保障。持续增强津洽会、中国旅游产业博览会、中国国际矿业大会、北方自行车展、碧海钓具展、天津国际汽车展、冰淇淋产业博览会、智能建筑展等品牌展会的国际化水平,发挥展会对招商引资、贸易促进功能,打造会展经济新格局。

(二)集聚国内外知名消费品牌

天津应不断提升城市整体的消费影响力,大力发展首店经济,持续引进全球首店、全国首店、区域首店,鼓励国际国内知名品牌在津设立法人机构,形成更多品牌在津首发或新品同步上市。发展品牌消费,引进一批国内外知名品牌

企业进入天津,依托以滨江道步行街为代表的优势商业中心资源,扩大品牌商品和品牌店市场供给,加快培育一批龙头品牌,打响本地消费品牌的知名度,推动天津销售的国际品牌与发达国家市场在品质、定价、售后服务等方面同步接轨,推进国内本土品牌产品内外销“同线同标同质”。充分发挥商业互联网等媒体资源优势,引进特色餐饮、创意零售、智能科技等业态,联合多种形式商家,举办潮流文化节等国际消费活动,促进引领消费新平台的发展。

(三)建设新型国际消费商圈

建设国际化商业中心,打造天津国际消费新地标,构建新型国际消费商圈,重点打造集文化、旅游、商务及会展等于一体的线上线下联动发展的核心新型国际消费商圈。以海信广场、万象城、友谊商厦等地标性商业体为核心,通过跨区域赛事打造,搭建高端消费商圈,吸引国际游客。重点塑造五大道区域创意特色文化标签,打造体验式消费新经济,通过与 KOL(关键意见领袖)合作,搭建网红打卡地、5G 体验等特色项目,借力提高全网曝光量,快速形成话题讨论及口碑传播。以数字化科技为支撑,打造扫脸支付一条街,AR 消费体验区等,引领年轻消费新模式,打造天津科技服务生活的形象标签,塑造城市年轻化形象。通过 24 小时便利店、影院、酒吧、书店等,打造天津星光经济,同时激活小商业经济体活力,带动区域经济及消费扩展。

(四)推动消费与新技术融合

发展新型消费经济,加快推动云计算、5G 网络、人工智能等在商圈的应用,培育消费新业态与新模式,推出智能售卖、智能停车等应用,推广云消费模式。推动实体商业加快实现数字化、信息化转型,通过技术和商业模式等方面的创新与消费者构建新型服务关系,不断提高消费者的消费体验,为其提供更加舒适、便捷、满意的消费服务。加快推广依托数字化应用的新商业模式和业态,支持综合型和专业型交易平台发展,顺应智慧旅游、网络消费等新型数字消费新业态的发展趋势,丰富应用场景,完善信息网络设施和消费服务保障,激发消费需求。建设跨境电子商务消费市场,提升跨境电子商务综合试验区功能,引导传统出口经营企业拓展跨境电商模式。探索跨境电商零售进口分类监管、退货入区、简化备案等制度创新,促进跨境电子商务创新试验区建设,布局海外仓。

(五)打造文旅产业新高地

天津应当大力推动文旅产业建设,提升文化消费的比重,以文旅产业为依托,培育文旅产业消费。充分利用本地文化资源,培育文化旅游景点、“网红打卡地”等消费新地标,提升文旅产业的整体消费水平。培育引进电影节、服装节、旅游节、动漫节、文化节等具有国际影响力的文化展演活动,提升传媒影视、创意设计、原创音乐孵化等产业的发展水平,提高文化创意的国际影响力。推动文化产业高质量发展,打响天津“文化品牌”,加快发展新媒体、动漫游戏等新兴文化产业,谋划重点项目和配套政策。建设天津文化信息消费服务平台、文化电子商务平台,鼓励建设一批特色书店、24 小时书店,在商场、写字楼等各类场所嵌入文化消费内容。以天津文化中心为载体、市级文化院团为主体,积极参与国家文化“走出去”项目,培育具有国际竞争力的外向型文化企业和中介机构。

(六)营造优质消费环境

提升城市消费服务水平,营造一流的营商环境,不断提升天津市的消费舆论氛围。一是提升国际消费服务质量。建立国际化服务标准体系,制定、宣传、实施符合国际惯例的行业标准、地方标准和团体标准。开展国际化服务质量达标创建活动,推动行业企业开展标准化试点示范项目,评选发布优质服务典型代表企业。完善消费维权机制,推进诚信体系建设,严厉打击有关违法行为,营造诚实守信、服务至上、放心满意的消费环境。二是提升便利化水平,推进政务服务标准化、智能化、便利化。大力营造国际化语言标识环境,规范公共场所和道路的外语标识,建立多语种的服务标识系统,为国际游客来津生活提供便利。探索建立符合国际惯例的快捷消费纠纷处理、紧急医疗等救助机制。进一步提高出入境流程效率,积极扩围双边免签证国家,为境外游客入境旅游消费提供条件。

（七）加强基础设施建设

提升航空运输能力，增强天津与北京国际机场的互联互通功能，增加国内千万级吞吐量以上机场的航班密度，扩大机场通航数量。联通京津冀世界级机场群，加快建设京滨、京唐和津兴铁路，重点推动天津至北京大兴国际机场建设，将天津至北京新机场的时间缩短至30分钟，逐步构建京津冀“四纵四横一环”为骨架的城际铁路网络，为国际旅客来津提供交通便利。完善市内交通体系，加密重点片区交通线路和站点，提高轨道站点与周边商业网点的联系，推进公共交通导向的城市开发模式，围绕交通廊道和轨道交通站点构建15分钟生活圈，充分利用地下空间开发建设地铁商业。

创新驱动篇

天津制造业向智能制造转型升级的主要路径

——基于数字经济典型案例研究

天津财经大学课题组*

数字经济是对本轮新技术革命和新技术经济范式的一种统称，所依赖的产业基础是智能制造业。智能制造运用新一代信息技术，在信息空间中重建物理实体，形成具有感知、分析、决策、执行等能力的数字孪生体，从而实现物理世界和信息世界融合的制造系统。具体说来，智能制造主要由以下四个领域组成：一是智能制造前端的工业设计领域，包括产品组件设计的模块化、数字化、智能产品开放式研发平台等；二是智能制造方式方法的应用领域，通过人工智能生产线、物联网控制、数字化检测等技术，实现以局域网为主的物联网协同制造模式；三是智能装备领域，其中包括智能工厂、智能车间、智能设备、智能零部件等子领域；四是智能制造的外围衍生领域，包括以电子商务、网络协同开发、个性化定制等为代表的智能制造新业态，以智慧化能源管理和信息化物流为代表的智能化管理，以云服务、远程诊断和在线监测为代表的智能化服务等。

国内外学界的相关研究表明，智能制造具有平台化、生态化、软件化、共享化、去核化五个基本特征。下面结合天津数字经济发展现状，尤其在智能制造领域的相关典型案例，从这五个方面阐述推动天津制造业向智能制造转型升级的主要路径。

一、天津数字经济和智能制造业的发展现状

根据2021年中国信息通信研究院发布的《中国数字经济发展白皮书》，在全国

* 执笔人：马国旺；课题组其他成员包括：周彩云、王庆芳、郑瑞娜、刘洋、梁中珊、赵雨轩。

（不含港澳台地区）数字发展指数及平均指数排名中，2012—2020 年，天津数字发展平均指数为 7.38，位列第 20 名，低于云南、重庆、广西、江西、辽宁等省份；2020 年，天津数字发展指数为 12.80，位列第 16 名，超过了云南、广西、江西、重庆。从增速来看，2012—2020 年，天津居第 26 名，增长速度为 9.8%，远低于位列全国第一的安徽（18.8%），与第 25 名的黑龙江（9.8%）和第 27 名的辽宁（9.7%）持平。

2020 年，天津数字经济规模超过 5000 亿元，数字经济占 GDP 比重超过全国平均水平。数字产业化规模超过 1000 亿元，占 GDP 比重超过 10%；产业数字化占 GDP 比重超过 30%。2021 年，高技术产业（先进制造业）增加值比 2020 年增长 15.5%，快于全市规模以上工业增加值 7.3 个百分点；占比为 15.5%，比 2020 年提高 0.1 个百分点（如图 1 所示）。工业战略性新兴产业增加值增长 10.3%，快于全市规模以上工业增加值 2.1 个百分点，占比为 26.1%。规模以上服务业中，新服务营业收入增长 19.9%，战略性新兴服务业和高技术服务业营业收入分别增长 7.5% 和 10.1%。高技术产业投资增长 38.2%，其中高技术制造业投资增长 22.5%，高技术服务业投资增长 57.5%。新产品产量实现快速增长，服务机器人、新能源汽车、集成电路等产量分别增长 1.7 倍、54.3% 和 53.2%。高技术产业制造业企业个数和营业收入利润率稳中有增，而制造业固定资产投资增速和工业产能利用率呈现不稳定波动（如表 1、表 2 所示）。

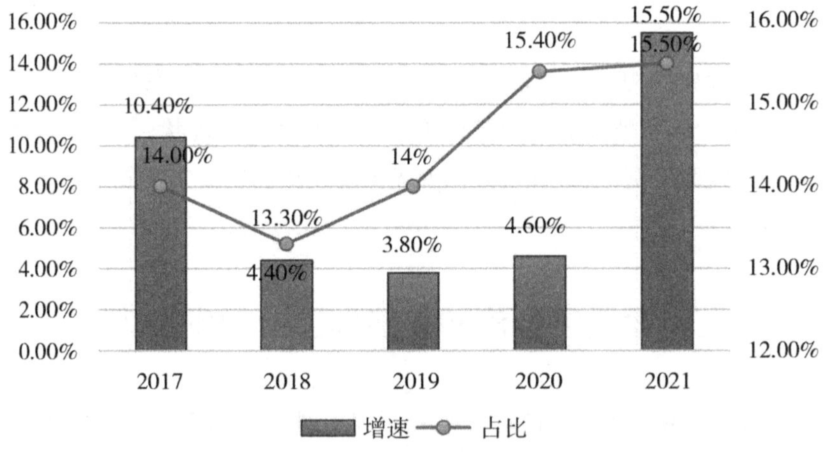

图 1　天津市高技术产业（制造业）增加值增速和占比情况

数据来源：2017—2021 年天津市国民经济和社会发展统计公报。

表1　高技术产业制造业企业个数和营业收入利润率

	企业个数(个)	营业收入利润率(%)
2017	456	6.1
2018	452	5.9
2019	481	5.8
2020	549	6.8

表2　制造业固定资产投资增速以及工业产能利用率

	固定资产投资增速(%)	工业产能利用率(%)
2017	1	76.3
2018	-22	78.3
2019	9.1	77.5
2020	0.6	72.2

资料来源:2018—2021 年天津市统计年鉴。

二、构建工业互联网平台

由天津市紫光云智能科技有限公司自主开发的紫光云通过多处理器的算力协同,满足用户的多样化业务需求,统一调度国产化的计算、存储、网络、安全、数据库和操作系统等产品,实现云、网、安的深度融合,解决了国产化软硬件的磨合问题,为天津市打造了安全可靠、功能完整、适配广泛和使用便捷的国产化云管理平台。此外,紫光云还打造了包含融合集成、数据运营、应用开发三大核心平台的绿洲平台。紫光云平台的核心价值在于帮助用户打通"用数"全流程,快速构建全域、敏捷、智能的"数据中枢",挖掘数据价值,满足用户提升现有业务和创造新业务等需求。目前,天津制造业以丹佛斯、海尔 5G 工厂、长荣科技等 200 多家智能工厂和数字化车间为代表,加快工业互联网平台的创新应用,重点打造了行业级、企业级工业互联网平台,培育了海尔"5G + 工业互联网”集成创新、空客5G智慧工程等26个试点示范或重大专项工程，同时海尔天津工厂入选全球“灯塔工厂”，天津港北疆港区C段智能化集装箱码头成为全球首个“智慧零碳”码头。

上述案例表明，工业互联网平台由实物、机器、人与计算机网络组成，是基于数据、硬件、软件与智能的交互系统，是拥有人工智能制造、过程控制与个体感知、数据整合与数据分析的全球开放式工业系统，是融合信息化制造、云计算、物联网技术的制造业云操作系统，是实现资源聚集和优化配置的云服务系统。工业互联网平台支撑着制造资源的泛在连接、弹性供给、高效配置，提供开放式、个性化、数据化和专业化的数据服务。

由传统制造业向工业互联网平台化转型是对传统市场时空边界的突破。在传统市场中，需求是碎片化的、琐碎的、多样的和难以琢磨的，因此在传统市场交易中，由于存在信息不对称性，交易的成功具有一定的偶然性，而需求的多样化更加剧了交易匹配的偶然性，生产者和消费者成功搜寻到彼此变得更加耗时和耗费成本，企业不可能为了满足不同的需求而随时改变商品生产。而在工业互联网平台上，一方面，消费者多样化、个性化的需求更容易被大数据技术获取，确保企业能够吸引稳定的客户群；另一方面，“平台化”让企业实现设计、生产、管理、服务等各个环节的智能化，具有信息自感知、自决策、精准控制和执行的特点，从而更便捷地获得合作企业的技术和生产要素等方面的信息，使得社会生产分工更加精细和精准。

实现制造业的平台化主要涉及如下方面：获得平台核心要素、平台搭建、形成连接渠道和吸引用户群。第一，获得平台核心要素是平台化的首要任务，核心要素既可以是技术、产品，也可以是服务，它必须能够为产业生态系统提供独一无二的优势，并依赖这种优势要素吸引众多用户的加入。第二，搭建平台，这需要一系列辅助技术，例如有能够使企业与用户更为便捷地参与平台活动的渠道与界面等。这一过程需要科技公司提供整合信息技术（IT）服务，如帮助企业成功搭建门户网站、应用软件、小程序等。第三，形成连接渠道，即通过用户间的实际使用，形成稳定的连接渠道，并进行推广。第四，吸引用户群，为其提供有价值的产品或服务。稳定的用户群是一个平台得以成功创建并真正使企业从中受益的基础和标志。

三、构建制造业生态链

天津智汇谷科技服务有限公司（以下简称“智汇谷”）利用技术支撑、企业孵化、产业培育、金融投资等方式孵化企业、培育产业，形成由众创空间、孵化器和加速器构成的全链条服务模式，成为天津制造业生态链中的重要一环。在这个生态链中，主线科技、鸣啸科技等10余家企业获得讯飞创投、海河产业基金等机构的投资支持，投资总额达2.5亿元。智汇谷充分发挥国家级科技企业孵化器的政策和资源优势以及自身的“科技引领+产业运营”的基因优势，搭建企业共享平台，有力支撑区域内大中小企业创新链、产业链、供应链的深度融合；优化园区产业结构，优化产业运营服务，为科技企业创新创业、高质量发展提供坚实的平台支撑；加快建设滨海新区“北方声谷”产业集群，推动区域数字产业化、产业数字化，全力助建“天津智港”。

从生态学角度看，工业互联网平台是整合生产、设计、研发、需求、消费等各个环节的数字信息的云数据中心，并由此形成网络虚拟集聚的生态系统。制造业生态化把消费者、设计师、制造商、服务商等各方参与者集聚到同一生态圈中，实现生产要素的顺畅流转，形成分工与协作过程中的联动优势，实现生产、分配、交换、消费各个环节的有机衔接。这种生态链一旦形成就可以依托海量数据进行协同演进、自我强化，进入生态链的企业可以通过平台经济得到培育和壮大。

制造业的生态链打破传统的技术边界、行业边界、知识边界、区域边界、产业边界、功能边界、责任边界、安全边界等，要求进行网络化共治和跨生态位互治。从企业自身角度来看，在生态圈中的企业可快速地学习智能制造的前沿知识，借鉴同行的实践经验，认识到自身的特点与优势，针对自身需求或异质性特征实现优化配置。例如，迅速缩小选型范围，缩短选型周期，减少试错成本；在系统实施的过程中引入专业服务机构，进行项目监理、验收、评测，保障项目实施效果达到预期目标。从多方合作角度来看，参与者可以选择专业的工业应用软件开发商合作,基于开放的接口标准实现集成;一个软件提供商可以将其他应用软件开发商、服务商发展为开发者、渠道商和合作伙伴。各地政府机构可以通过生态系统邀请智能制造厂商和专业服务机构为本地企业服务,不用重复建设“资源池”;可以通过智能制造在线评估平台,从多个维度分析本地企业的智能制造现状、需求和投资意向,从而制定出更适合本地的扶持政策,把有限的扶持资金用到刀刃上。

四、提升全流程的软件化程度

2020 年以来,天津福臻工业装备有限公司融合机器视觉、柔性定位单元、5G 通信等数十个创新科技,推出国内首台套机器人自动安装门盖及最佳匹配解决方案,可流畅完成车身上件、螺栓拾取、安装拧紧等操作,生产节拍仅 51 秒每车,且完全替代人工作业,自动化和智能化率达到 100%。在数字化转型的道路上,福臻集团通过引入鼎捷软件企业资源计划(ERP)项目和人工智能(AI)设计系统,陆续推出一系列软件创新产品,以数字化链条提升集团整体协作效率,实现流程的标准化、生产的透明化与运营的智能化。

丹佛斯(天津)有限公司的商用压缩机天津工厂形成了从产品设计、模拟仿真、样品 3D 打印到远程维护的全生命周期数字化产品开发流程。譬如在产品设计阶段,围绕结构、流体、电磁、振动噪声、疲劳等模块形成了完整的模拟计算流程,通过模拟计算,预知产品性能和可靠性,随时进行设计改进和优化,实现产品数据管理全球化;在产品的售后维护方面,主要应用 5G、云存储和物联网技术进行预测性维护。

相关案例表明,在数字经济时代,软件定义一切。数字产品制造业和智能制造业的软件化是对研发方式、生产流程、管理模式、销售模式、赢利模式等多个方面的规范化。

首先,业务流程的软件化使得生产流程可以自行完成适应、优化和升级迭代,通过工业软件实现设备之间的端到端集成,朝着无人工厂方向发展。其次,通过业务流程的软件化实现企业的信息化管理,做到每步工作流程都清晰透明,能够具体到部门和个人,实现权责明确,提高员工的责任心;使企业及时、准确、完整地获得相关业务、财务、生产、销售数据;通过减少中间管理层次,减少了决策执行和反馈环节,缩短了传统管理的烦琐流程时间及信息在各个环节的停留时间,使上下级的沟通更加便捷。最后,软件化具有去差异化和去感性化的特征,旨在使企业更好地去除各个流程中的人为干扰因素,精简不必要的环节或流程,提高劳动者的熟练程度,提高劳动生产效率,最终达到缩短个别劳动时间和社会必要劳动时间的目的。

五、构建资源共享平台

极美(天津)功能食品研究发展中心的极美共享工厂针对生产制造过程中的各环节,运用共享理念,将分散、闲置的生产资源集聚起来,采取弹性匹配、动态共享的模式提供给需求方。极美共享工厂模式有以下三个方面的创新:一是通过取消中间环节,减少管理成本,有效提高了利润率;二是除了承接代工生产业务外,还主动为合作伙伴提供新产品研发服务;三是把生产管理经验赋能给共享工厂,同时集团下的产品研发、营销策划、品牌设计、大数据、供应链管理和分发渠道也会陆续赋能到共享工厂中,最终实现集团为极美共享工厂赋能、工厂为合作伙伴赋能。随着更多合伙人加入共享工厂,共享工厂和合作伙伴之间将更好地相互赋能。

极美共享工厂案例表明,数字经济必然是资源共享经济。资源共享是指制造业企业把过剩的研发设计能力、生产制造能力、检验检测能力、物流配送能力等通过共享经济平台进行交易,使机器、设备、厂房、人力等闲置资源重新得到更大效率的利用。实现资源共享能够使需求方节约成本,让供给方增加利润。

构建资源共享平台应考虑如下三个方面因素:一是平台建设着眼于及时、有效的识别共享需求。共享对象既可以是产品、设备、厂房等实物资源,也可以是生产能力、知识和技术,如研发设计能力、生产制造能力、检验检测能力、物流配送能力等。通过资源共享平台,有闲置资源的企业能够及时发现有这方面需求的企业。二是做好对不同需求群体的分类管理。为提高闲置资源共享效率,不仅要发现有需求的单个企业，还要按照一定的标准对共享需求进行分类和规范化管理，譬如区分共享需求是对闲置厂房设备、物流配送等生产资本的需求，还是对设计制造、检测检验等人力资源的需求，并根据市场情况进行差异化定价。三是不断扩展需求群体的区域边界，从而实现更大范围内的资源共享，使得以前在小区域内提供共享资源的企业变成共享资源的需求者，从而在共享经济平台上拥有资源供给者和需求者的双重身份。

六、实现制造系统的去核化

海尔集团探索“人单合一”模式，把员工转变为平台主、小微主、小微成员，同时创新薪酬体系，加快组织结构和管理模式变革，激活了内部资源，激发了企业内部“大众创业万众创新”的热潮。海尔天津洗衣机互联工厂拥有一套直面客户需求的定制化的全流程智能制造方案，实现精准识别用户需求的快速研发。定制全过程包括接收用户订单，根据型号、容量来分配智能模块化生产，下线直接装车送货。用户在平台提出需求，平台化设计使得产品快速满足用户需求；网络化协同管理确保用户订单驱动制造、运维及供应链的全流程运作；数字化服务为用户提供远程升级、远程诊断、远程服务等售后服务。海尔天津洗衣机互联工厂实现5G、人工智能、大数据等工业4.0技术与先进制造技术深度融合，通过网络连接优化用户使用体验，驱动产品快速迭代，有效提升了产品质量水平和需求响应速度。

这种去中心化管理模式表明，以大数据和物联网为基础的智能制造业促进企业由传统的科层制、事业部制管理模式向“去中心化”组织模式转变，以满足生产过程中各方参与者的分散决策需求，进而整合企业内外部资源，实现行业供应链的自组织，把行业发展成本分摊到参与的每个企业。构建“去核化”的工业互联网需要关注如下三个主要运转机制。

一是构建制造资源的通畅的接入机制。在工业物联网中，相关数字技术能够根据消费者需求生成详细的订单，企业通过将制造资源接入该网络来获取订单。因此，制造资源的接入机制至关重要，广泛接入的真实有效的制造能力是去核化的前提条件。二是构建制造资源相互信任机制。在去核化的物联网中,所有过程都是自动运行的,不存在一个权威的第三方,用户的加入以及网络的顺畅运行靠的是用户之间的相互信任。因此,保证网络内部所有信息的真实有效性至关重要,这是去核化而又有凝聚力的基本保障。三是建立资源失效的预防机制。由于供应链的形成是自组织和去核化的,因此必须防止某一个制造资源的突然失效对相关的上下游生产造成的负面影响,这要求对接入网络的制造资源进行有效测试与维护,建立及时转移订单的备选方案。

参考文献

[1]陈武、陈建安、李燕萍:《工业互联网平台:内涵、演化与赋能》,《经济管理》2022 年第 5 期。

[2]赵西三:《数字经济驱动中国制造转型升级研究》,《中州学刊》2017 年第 12 期。

[3]杜勇、曹磊、谭畅:《平台化如何助力制造企业跨越转型升级的数字鸿沟——基于宗申集团的探索性案例研究》,《管理世界》2022 年第 6 期。

[4]吕铁、李载驰:《数字技术赋能制造业高质量发展——基于价值创造和价值获取的视角》,《学术月刊》2021 年第 4 期。

[5]向坤、杨庆育:《共享制造的驱动要素、制约因素和推动策略研究》,《宏观经济研究》2020 年第 11 期。

[6]李春发、李冬冬、周驰:《数字经济驱动制造业转型升级的作用机理——基于产业链视角的分析》,《商业研究》2020 年第 2 期。

天津中心城区数字经济发展的方向与路径

——基于天津新八大里数字经济产业主题园区的调查研究

郑　宇　天津市经济发展研究院正高级经济师
朱　鹏　天津市经济发展研究院高级经济师
李　李　天津市经济发展研究院高级经济师

天津经济发展当前及较长时期内将处于以创新能力提升为主题、总体蓄势待发的新动能孕育阶段和产业体系转型升级期。以5G、物联网、大数据、人工智能、云计算等为技术底座的数字经济，能够有效促进经济社会资源的优化配置和经济社会运行的整体协同，极大地突破时空制约和不确定性扰动，是新发展阶段天津再造发展新优势，实现更高效率、更高效益、更高质量发展的主要支撑和动力。

中心城区是京津冀城市群中具有国家中心性和世界影响力的多功能枢纽节点，宏观战略区位优越，人口和经济活动高度密集，科教文卫等优质公共资源集中，高素质专业人才丰富，服务业门类齐全，数字技术应用场景多样，创新潜力深厚，具备发展数字经济产业的优越综合条件。2021年，天津中心城区（本项研究指市内六区）信息传输、软件和信息技术服务业增加值为149.8亿元，占全市比重的28.3%，是天津发展数字经济、培育增长新动能的重要板块。

目前天津市数字经济处于发展的初期阶段，充分发挥中心城区发展数字经济的优势和潜力，加速形成规模化、多样化、创新性的数字经济产业体系，是天津市数字经济发展的重要任务。本项研究在对天津市重点建设的标志性数字经济产业聚集区——新八大里数字经济产业主题园区及企业进行调研的基础上，对中心城区数字经济发展提出相关思路与建议。

一、新八大里数字经济产业主题园区发展态势

（一）园区基本情况及调研对象

新八大里数字经济产业主题园区是天津市重点建设的标志性数字经济产业聚集区，2019 年 5 月园区建立以来，入驻企业已经超过 400 家，2021 年营业收入超过 40 亿元，其中数字经济企业 285 家，占企业总量的 64%。构成产业生态核心的头部企业主要来自北京、上海、杭州、武汉等数字经济发展领先城市，尤其北京是主要来源地。其中，京东科技是国内领先的云服务厂商，东方金信连续六年入选中国大数据企业 50 强，中交智运是国家级智慧运输网络业务平台及国家级智慧运输协同管理平台。这些头部企业以市场、渠道、技术、业务集成等优势成为新八大里数字产业集群的核心，并带动了相关企业和要素集聚。目前园区的影响力和知名度不断提升，是北方地区北京之外最优的数字经济产业聚集地。

企业是产业发展的主体，也是政策制定和聚焦的主要对象。本项研究从数字经济集聚因素、产业联动、产业发展趋势、产业发展重点、产业发展关键因素、行业平台、产业扶持政策七个方面，对 7 家企业进行了问卷调查，以深入了解数字经济产业的发展态势，企业基本情况如表 1 所示。

表 1　2021 年调查企业基本情况

企业	主营业务	企业来源地	员工数（人）	营业收入（万元）	税收（万元）
A	区块链、人工智能、大数据、智慧城市管理、工业互联网及相关解决方案服务与咨询	天津	69	1043.9	110.58

续表

企业	主营业务	企业来源地	员工数（人）	营业收入（万元）	税收（万元）
B	建设工程设计，各类工程建设活动，建筑智能化系统设计，建筑智能化工程，计算机信息系统安全专用产品销售	天津	293	41623	764
C	电力电子产品研发设计、制造、销售及相关技术服务	深圳	3922	529086	3109
D	水资源领域的技术开发、技术咨询、技术转让、技术服务	上海	50 人	—	—
E	智能家居、智能垂直绿化	天津	10	10	0.2
F	计算机软件开发和服务，企业流程管理 IT（信息服务）服务	北京	6	160	0.41
G	技术服务、技术咨询、技术转让、企业管理、数据处理服务	天津	3	—	—

资料来源：根据调查问卷整理所得。

（二）关于数字经济产业集聚的调查

关于数字经济产业集聚主要从影响集聚的因素、企业开发的主要应用场景、对新八大里数字经济产业主题园区的评价、企业和行业中存在的问题四方面进行了调研。

根据企业反馈，影响数字产业在新八大里集聚的因素，可分为四类，按照重要性依次是:①产业氛围,包括应用场景资源丰富,接近上下游企业或同业集聚的氛围。②政策,包括政府出台产业扶持政策,营商环境良好。③人才及社会配套,包括高素质专业人才易得,政府机构和公共资源集中及生活配套便利。④载体,主要是租金便宜,降低成本。

企业开发的应用场景比较广泛,涉及智能消费、智慧养老、智慧教育、智慧社区、智慧楼宇、智慧政务、数字创意、区块链应用、智能工厂等不同领域,但主要集中在消费、社会服务和政务领域,这与中心城区人口集中和服务业门类齐全的区域禀赋优势和产业特征是一致的。

企业对新八大里数字经济主题园区在产业氛围、生活配套、租金水平、载体功能和服务水平等方面均给予了优或良的评价,认为新八大里数字经济主题园区产业氛围浓厚、载体功能完善、租金水平适宜、生活配套和服务水平良好。

关于企业和行业中存在的突出问题,依次是:①行业内部及上下游行业之间缺乏整合协调,不能发挥整体优势;②研发能力不足;③市场开拓力量不足;④数据价值未充分发挥,数据资源综合利用与交换共享水平有待进一步提高;⑤高端、复合型人才缺乏。此外,存在的其他的问题有:①知识产权保护;②融资困难,不能满足业务发展需要;③收入分配、用人、职称评定等体制机制缺乏灵活性;④信息化建设顶层设计有待加强;⑤数字经济的管理机制尚未健全,相关政策保障不足。

(三)关于数字经济产业与其他行业和区域联动的情况调查

数字经济产业领域宽广,涉及国民经济的各个部门和行业。在数字经济产业与其他行业的联动发展中,着眼于中心城区服务业转型升级的趋势,重点考察了数字经济产业与法律、财务、知识产权、科技服务业等高端服务业的联动发展情况。

根据企业对调查问卷的反馈,调查企业总体上与河西区或天津市的法律、财务、知识产权、科技服务业等行业合作的紧密程度一般。从企业的合作意向看,所有调查企业都愿意或很愿意加强与河西区或天津市的法律、财务、知识产权、科技服务业合作。目前在合作开展中存在的问题主要有:①服务机构不够专业;②服务费用高;③不够方便;④缺少中介撮合。

在天津市内,数字经济企业的业务布局以市内六区为主,但与环城四区、滨海新区、远郊五区在制造业和服务业领域均有业务往来,而且有的企业有较多的业务合作。这表明天津作为综合性制造业基地和国际化城市,对吸引数字经济企业在中心城区集聚有较大的影响,中心城区与滨海新区及其他区域在天津数字经济的发展中具有互补性。

在天津市外,中心城区数字经济企业的业务在全国广有分布,仅调研企业就涉及北京、长三角、珠三角、内蒙古、河北、山西、云南、山东、河南、河北、山东、辽宁等省区市,业务拓展的主要区域是北京和长三角。中心城区数字经济产业的市场开拓格局是立足天津,服务京津冀,向全国拓展。调研企业均无国际业务,这也表明中心城区数字经济产业仍处于初期发展阶段。

(四)关于数字经济产业发展趋势的调查

1. 数字经济加速发展

传统行业加速互联网进程,并从移动互联网向智能时代转变。数字经济将继续快速发展、全面发力,新型数字消费、数字生产、数字化融合、数字化网链、数字化产业生态、数字化资源配置等都将有显著提升。

2. 智能化制造加速形成

云计算、大数据、人工智能等技术将在研发设计、生产制造、经营管理、销售服务等全流程综合集成应用,加速个性化定制、网络协同制造、远程运维服务等智能制造业模式形成。

3. 产业平台化和服务精细化

数字化经济将以平台为载体,以数据为驱动,与传统产业广泛融合,并在以人为本的理念下,通过大数据和算法深入开发业务场景,全面捕捉和刻画用户需求,提供个性化、定制化的精准服务。

4. 软件开发组件化

企业业务数字化转型的重要路径是“应用分层、方向专业、整体构架、全面融合”,因此满足多领域、多层次、灵活、可插拔的服务设施和应用组件是软件企业尤为重要的开发方向。

(五)关于数字经济产业发展关键因素的调查

根据调查企业的反馈,决定本企业和本行业发展的关键因素大致可分为两类,第一类主要涉及企业自身的实力和竞争力,包括:①领先的技术水平;②产品和服务的经济性和适用性;③高水平的专业人才队伍;④市场开拓能力。第二类主要涉及企业发展的外部环境包括:①场景和数据资源的开放;②良好的市场秩序;③政策支持;④高效协作的产业链和产业集群;⑤地理区位;⑥行业标准规范化;⑦便利低成本的融资体系。两类因素中,企业认为第一类因素和第二类因素中的场景和数据资源开放是最重要的。

(六)关于数字经济产业发展重点的调查

关于数字经济产业发展重点,从数字产业、数字经济业态、数字基础设施三方面进行了调研。结合天津和中心城区的禀赋优势、场景资源、市场需求和技术发展趋势,调查企业认为数字经济产业发展的重点是大数据产业、云计算产业、人工智能产业、工业互联网产业、信息安全产业和区块链产业;在数字技术与传统产业融合领域,需要重点发展的数字经济业态是新零售、共享经济、平台经济、智能制造、大数据交易中心;在数字基础设施方面需要重点促进大数据中心、5G 和车联网基础建设。

(七)关于行业平台功效的调查

新八大里数字经济产业主题园区集聚了天津市电子信息与大数据人才创新创业联盟、天津市大数据协会、天津市区块链技术创新中心、新八大里数字经济产业发展联盟等一批平台组织和行业协会。根据调查,企业主要通过同行企业或上下游关联企业引介,加入了一个或多个行业平台组织。企业加入各种行业平台组织的考虑因素主要有:开拓市场、扩大知名度、加强技术交流、获取与同行或上下游单位合作机会、提升创新能力、有利于多元化发展、便于招聘人才等。其中,开拓市场、扩大企业知名度、获取与同行业或上下游单位合作机会等与业务开展有关的因素是企业最看重的;其次,企业看重的是加强技术交流和提升创新能力,便于招聘人才。从调查企业的情况看,加入行业平台组织的企业,彼此之间业务交流的频繁程度有较大差异,有的较多,有的一般,部分企业对平台组织的功效给出了有效的评价,部分企业则没有给出评价。调查表明,平台组织的功能有待进一步加强,潜力有待进一步发挥。

(八)关于政策支持的调查

河西区围绕数字经济发展和新八大里数字经济聚集区建设,先后出台了《河西区加快数字经济产业发展的扶持办法(试行)》《河西区引进培育电子信息与大数据人才实施办法》《关于支持新八大里数字经济产业聚集区建设的若干措施》等政策。根据调查,调查企业基本都了解出台政策的相关内容。对购买办公载体补贴、办公房屋租赁补贴、企业税收减免、软硬件设备购买、租赁、托管、场景开放、重大课题揭榜制等具体政策支持都很满意或基本满意。企业最满意的政策是:①办公房用租赁补贴;②场景开放;③企业税收减免;④重大课题揭榜制;⑤信息沟通顺畅。总体看,河西区数字经济产业扶持政策是有效的,得到了企业的良好评价。关于政策的不足之处,有企业指出,人事关系调动、落户、子女入学便利化仍有不足之处,需要加强落实。

二、对中心城区数字经济发展的基本判断

(一)数字经济进入快速发展期

在当前经济发展预期转弱的主流氛围中,调查企业对数字经济发展的前景持乐观态度,对本行业的发展抱有充分的信心。从数字经济发展的总体趋势看,2012—2021 年,我国数字经济规模从 11 万亿元增长到45.5 万亿元,年平均递增 13.3%,远超同期 GDP(6.6%)的增速,数字经济占国内生产总值比重由 21.6% 提升至 39.8%。2021 年,天津数字产业营业收入为 6844.6 亿元,同比

增长28.8%，两年平均增长21.7%，增速超过全国平均水平。中国数字经济仍处于发展的初期，根据中国电子技术标准化研究院发布的报告，79%的中小企业处于数字化转型初步探索阶段，12%的企业处于应用践行阶段，达到深度应用阶段的企业仅占9%。在经济转型升级的内在驱动和规模巨大的市场需求拉动下，数字经济将持续纵深发展，中心城区数字经济仍将持续快速增长。

（二）数字经济产业发展的方向是突出重点，系统推进

数字经济可分为三部分：数字产业化、产业数字化、介于二者之间的数字技术应用部分。数字经济的三个部分在国民经济中的地位、功能、作用各不相同，发展的难易程度和条件也有显著差别，对于特定的区域，三个部分发展的适宜度和侧重点也有相应的差异。

一是数字产业化，即数字根技术或原创数字技术大规模商业化应用后形成的产业部门，如计算机、集成电路、数据库、操作系统等，形成新的价值创造的增量产业，是数字经济的核心和高端部门，具有很强的增长动能效应，构成区域的战略性增长极，但技术和市场壁垒极高，无论是硬件产业，还是软件产业，国内外都已形成若干头部企业寡头垄断市场的格局，作为后发者，天津在集成电路、数据库、操作系统等数字经济的核心领域已有一定的基础，但在短期内获得突破性的技术进展，改变已有的市场格局，难度还比较大，仍需长期的技术积累和市场开拓。

二是产业数字化，处于数字经济的下游，主要是传统产业接受数字技术改造和应用数字技术产品与服务，提升效率与效益，释放存量产业在传统技术条件下难以释放的价值潜力和可得利润，是各地区普遍的产业转型升级过程。这一部分在性质上不是新的独立的产业部门，不构成产业和区域功能意义上的增长极。

三是数字技术应用产业，即利用已经成熟的数字根技术或原创技术、产品和服务，结合传统产业数字化的大规模的、广泛的、差异化的需求，提供各种各样场景化的数字化解决方案、产品和服务的部分，是促进区域产业数字化的直接技术支撑和市场主体，在产业分工体系中具有明晰的独立性。由于涉及的行

业众多、场景复杂多样、具有高度的专业性，市场生态以人才、技术、知识密集、面广、量大、专业的中小微企业为主体，因此适宜在人口大规模集中、产业门类多样、社会基础设施完善、社会创造性、社会活力、经济高效性突出的中心城区发展。数字经济这一部分的交叉性和集成性强，创新点多、创新活跃，是孕育行业和区域头部企业的重要来源，具备成为支柱产业和区域增长极的潜力。

综合考虑数字经济产业三个部分在产业梯度上的位置、功能、作用、技术特征和市场壁垒、中心城区的综合优势，以及天津综合性制造业基地的功能等因素，中心城区在长期内应努力实现数字经济三个部分的均衡发展、协调发展。但从目前中心城区数字经济产业的发展基础和发展阶段看，应以产业数字化为底盘，重点发展数字技术应用产业，在数字技术应用产业积厚成势、做大做强的基础上，逐步向数字经济产业的上游和高端发展。

（三）数字经济产业园区是数字经济产业发展的加速器和倍增器

一系列技术、经济、社会因素决定了空间集聚是数字经济产业良性发展的重要条件，特别是数字技术应用行业，主要承担数字技术与传统产业的对接融合功能，业务内容覆盖的范围广阔、环节众多，企业主体多是专业性强的中小微企业，通过空间集聚，形成良好的服务生态，对产业的成长和发展尤为重要。这些因素包括以下方面。

一是数字经济产业跨行业跨领域的技术集成性。产业和企业的数字化转型是一个复杂的系统工程，而且不同产业领域的数字化解决方案千差万别，即使同一行业的数字化解决方案，由于企业的规模大小、产品的差异化、发展阶段的不同、服务对象和市场需求的差异等因素，也有种种不同的要求，应对这种需求的系统复杂性决定了数字化方案解决商交流和合作的必要性，进而空间上邻近的必要性。

二是数字经济产业细分行业空间集聚产生的范围经济。众多不同细分行业的数字化方案解决商在空间上集中，本身就意味着强大的、多样化的、相对低成本的、便利的数字化产品和服务供给能力，能够形成和创造更大的市场需求和商业机会，从而为供需双方均带来利益。

三是数字经济产业对高成熟度社会经济环境的依存性。众多的方案解决商,在规模上一般以轻资产的中小微企业为主,发展需要依托丰富的场景资源;员工以高技能、高素质、高收入的年轻人为主体,对交通、教育、医疗、商业、娱乐、环境、现代化办公条件等有较高要求。这类企业趋向于能够兼顾企业发展、工作和生活多方面需求的区位,一般是大都市的中心城区。依托中心城区打造数字经济产业园区,既有利于发挥中心城区的综合优势,又符合产业的技术经济规律和社会属性,能事半功倍较快地形成一定规模和功能结构的产业集群和生态体系,并且根植于产业技术经济社会属性和区域禀赋的紧密耦合,有利于形成扎实且持久的区域内生增长动力源。

(四)场景开放、数据流通与人才是数字经济产业做大做强的基础

在数字经济产业集聚和数字经济产业发展关键因素的调查中,应用场景均被列为最优先的因素。各类应用场景的开放开发是数字经济产业发展的必要条件。场景中蕴藏的数据资源是数字经济产业发展和运行的基本原料。应用场景又是数字技术、产品和服务的“试验场”和“孵化器”,通过在应用场景中不断迭代优化,企业的数字技术、产品和服务才能得到验证、趋向成熟、获得市场认可,进而做大做强。应用场景丰富且充分开放是吸引汇聚数字经济企业,特别是数字技术应用企业,培育数字经济产业集群的关键因素。

数据流通是数据利用、算法开发、算力建设的基本社会经济条件,也是衍生以数据开发为基础的数字技术、产品、服务,带动相关数字产业发展、形成新经济增长点的重要前提。我国每年全社会数据量增长约 40%,但真正被利用的数据增长率只有 5.4%。本次企业调查也表明,数据的整合和流通是企业和行业发展中的突出问题。加快培育数据要素市场,推进公共数据开放、社会数据流通、激活数据潜在价值,是数字经济产业发展的必然趋势。

数字技术产业化及与传统产业的融合过程中,既涉及 IT(信息技术)、CT(通信技术)、OT(工业技术)等不同领域技术的集成,还涉及服务业、制造业、农业等不同领域类型极其多样的应用场景及跨界融合,更涉及商务、营销等不

同产业化环节的系统整合，需要大量的项目管理型人才、软件产品开发管理和工业知识软件化人才、业务场景和知识人才、算法和人工智能人才、运营人才，以及复合型人才。高水平专业人才和复合型人才是数字经济产业高质量发展的首要保障。

（五）内外联动是数字经济产业发展的重要路径

一是在开放的环境中，充分利用国际先进技术、高端人才和优质要素仍然是促进天津数字经济产业发展的有效途径。数字经济是后工业化时代社会分工协作体系、流通、消费在全球尺度上拓展和深化的结果，与全球化紧密相关。作为复杂的技术经济和产业分工协作体系，没有任何国家能够垄断数字经济产业发展所需的一切人才、资金、技术和市场要素。在数字经济产业发展中，虽有一时一地的地缘政治经济干扰带来的不确定性，但其全球性合作和分工的本质、规律、趋势是确定且不可改变的，合作的必要性、可能性和机遇在数字经济产业各个领域、各环节都大量存在。天津作为深具潜力的数字经济产业发展优势地，在国内外激烈的竞争中，仍然可以从开放合作中汲取发展的动力。

二是沿海三大城市群地区是天津数字经济产业成长和发展的主要外部支持动力。本次关于新八大里数字经济产业主题园区头部企业（主要来源于北京、长三角和珠三角地区）的调查结果表明了这一点。2021 年全国有 16 个省区市的数字经济规模突破 1 万亿元，排名在前六位的是广东、江苏、山东、浙江、上海、北京；软件业务收入居前五位的是北京、广东、江苏、山东、浙江，软件业务收入分别为 9840 亿元、8329 亿元、6102 亿元、4144 亿元和 3737 亿元，五省区市的合计软件业务收入为 32152 亿元，占全国比重的 69.5%。这些地区，特别是北京是天津数字经济产业招商引资的重点。

三是双城联动是天津数字经济产业发展的基本格局。滨海新区是天津先进制造和研发基地的主要板块，制造业门类齐全、技术体系复杂、工艺流程多变、产品种类多样，实现整体数字化将是一个复杂而时长的浩大系统工程，滨海新区制造业在实现数字化、网络化、智能化的长期转型中，将为中心城区数字经济产业的发展创造出持久、广阔、多样的需求和发展空间。中心城区在包括数字技术应用产业在内的生产性服务业领域的综合优势，也将为滨海新区的制造业数字化转型提供支撑和助力。本次调研中，中心城区数字技术企业对智能工厂应用场景的关注及与滨海新区在此领域的业务合作，也表明天津作为综合性制造业基地对吸引数字经济企业在中心城区集聚有一定影响，中心城区与滨海新区在天津数字经济的发展中具有互补性。

（六）行业平台在数字经济产业发展中的功能地位趋于上升

同行业或上中下游相关行业和企业形成的产业联盟等平台，能够以更开放、更自由、更灵活的方式促进行业技术、人才、设备、市场等资源的集成和共用，满足不同技术能力、专业能力的企业共享行业发展机遇，是数字经济产业顺应跨界多元发展趋势，促进行业集成发展、提升行业价值的有效形式。加强横向联合，推进政产学研用金联动，使平台拥有更加切实和丰富的功能，满足行业和企业综合发展、多元发展、联动发展的需求，更好地适应快速变化、复杂多样的市场需求，实现市场主体间互利共赢是平台功能升级的基本方向。

（七）产业政策上补贴资金与完善产业发展环境并重

在河西区新八大里数字经济产业集群的形成中，企业税收减免、经营绩效奖励、办公用房与软硬件设备购买租赁补贴等各类资金政策起到了直接的促进作用。目前数字经济产业尚处于发展初期，一方面，在数字企业集聚和数字经济的规模、结构、功能水平发展到一定程度之前，降低企业经营成本为核心和导向的资金补贴政策，还需要继续发挥其积极作用；另一方面，企业调查所反映出的目前数字经济产业发展中存在的一系列问题（如行业内部及上下游行业之间缺乏整合协调，不能发挥整体优势；研发能力不足；市场开拓力量不足；数据资源的需要整合和开放；高端、复合型人才缺乏；知识产权保护；融资困难；收入分配、用人、职称评定等体制机制不活；人事关系调动、落户、子女入学便利化仍有不足之处；行业平台组织的功能有待进一步加强；法律、财务、知识产权、科技服务等不够专业、不够方便、服务费用高）也表明实现数字经济产业的良性发展是一个系统工程，在政策的引领和制定上，在资金支持之外，需要进一步提高政策的系统性和精准性，着力完善社会经济环境，以形成良好的产业发展生态，培育和激活企业和产业的内生增长动力。

三、促进中心城区数字经济产业发展的思路与建议

（一）重点发展数字技术应用产业体系

面向先进制造研发基地功能定位、天津创新驱动战略、产业转型升级任务和社会主义现代化大都市建设的目标，发挥天津中心城区数字经济产业发展的综合优势，以智慧城市建设和产业转型升级为引领，通过市场开放、数据资源开放、智慧城市建设开放，重点发展大数据产业、云计算产业、区块链产业、人工智能产业、工业互联网产业、信息安全产业。

1. 大数据产业

加强数据采集、清洗、挖掘、分析等技术创新，培育完整的数据采集、标注、存储、传输、管理、应用等产业体系，制定和完善大数据标准体系，推进数据资源的整合和开放，促进大数据与各行各业的融合创新发展。

2. 云计算产业

深入拓展公有云、私有云、混合云等多种服务模式，引导大型企业加快业务系统云化改造，推动中小企业业务向云端迁移，持续完善云计算基础设施，支持研发云平台基础软件、支撑软件产品，扩大云计算平台应用服务面，鼓励企业提供云计算综合解决方案。

3. 区块链产业

着力攻克区块链关键技术，加强共识机制、数据存储、网络协议、加密算法、隐私保护和智能合约等技术研发，推进区块链在金融、商贸、物流、数字产权交易、智慧城市等领域的应用示范。

4. 人工智能产业

重点支持企业突破人工智能算法、芯片等核心环节，发展无人驾驶、智能家

居、图像识别等人工智能产品，推动人工智能特色应用示范，促进技术攻关、产品应用和产业培育“三位一体”发展。

5. 工业互联网产业

推进工业互联网网络基础设施建设，部署低延时、高可靠、广覆盖的工业互联网。提升工业互联网平台产业关键支撑能力与综合集成水平，推动工业互联网平台整合汇聚基础制造资源，开展面向不同行业和场景的创新应用，引导工业互联网平台服务模式、商业模式、合作模式创新。

6. 信息安全产业

重点发展边界安全软件、监测管理软件、访问控制软件、工控安全软件、风险评估与安全测试软件，研发基于 5G、人工智能和物联网等泛在网络安全产品，完善网络信息安全咨询、培训、测试、认证、审计、应急、运维全体系等安全服务。

（二）加强数字经济产业园区建设

近期发挥现有楼宇潜力和闲置空间潜力，中远期以海河—柳林都市设计园区为重点，打造数字经济产业园区品牌和特色楼宇，培育良性循环和内生增长的产业生态体系。

拓展集聚空间，释放中心城区数字经济产业发展潜力。发挥中心城区楼宇载体优势，鼓励和支持投资机构、运营机构、科研机构等利用空置楼宇、废旧厂房、闲置场馆等打造数字经济产业创业中心、创新中心、孵化中心。按照“15 分钟生活圈 + 15 分钟工作圈”，配套高质量人才公寓，完善配套设施与公共服务，营造便捷、舒适、健康、有活力的生活环境，增强园区产业集聚效应。中远期以海河—柳林都市设计园区为重点，拓展数字经济产业发展空间。

建设头部企业引领、大中小企业深度协同、数字经济产业链上下游融通发展、互利共赢的产业生态。依据数字经济产业发展的技术经济规律，研究制定和完善产业图谱框架，重点引进数字产业各细分应用领域具有较高知名度的头部大数据企业、人工智能企业、互联网企业、软件企业、数字文创企业；依托面广、量大、专业、小微的数字经济中小企业，强化优质创新主体培育，加强数字领域国家高新技术企业遴选、入库、培育、认定工作，引导数字经济领域企业依托“雏鹰—瞪羚—领军”梯度培育机制创新发展，支持符合条件的企业申报国家专精特新“小巨人”企业，培育更多国家专精特新“小巨人”企业。

优化资源配置机制，建设特色数字经济楼宇。以“政府主导＋楼宇产权单位＋招商中介服务机构＋行业管理＋产业促进”的模式，突破楼宇独立招商模式的局限，统筹园区招商引资和运营服务，发挥政府、企业、中介服务机构各自的优势，在楼宇租用成本、产业配套政策、行业服务管理、招商引资渠道等方面合理分工，破解中心城区楼宇碎片化发展难题，实现载体资源与各招商中介服务机构、政府部门资源共享，为数字经济产业赋能联合发力。

加强宣传推介力度，打造数字经济产业园区品牌。加大对数字经济产业政策、招商政策、营商环境等宣传，支持企业组织举办各类产业峰会、论坛、专题沙龙活动、项目路演，策划开展各类创新创业大赛，促进招商线上线下资源互通，持续完善园区发展生态，树立数字经济产业园区创新、开放、包容、共赢的品牌形象，不断提升影响力和知名度，增强对周边乃至全国数字经济企业的吸引力。

（三）在开放合作中加速数字经济产业发展

顺应数字经济产业模块化、平台化、生态化的技术经济规律，立足中心城区社会性与消费性场景丰富、滨海新区综合制造业场景优势突出的基本格局，发挥中心城区生产性服务体系齐备、生活配套完善与数字经济产业发展需求深度契合的区位优势，在国际、国内和市域三个层面的开放合作中借势借力，促进数字经济产业快速发展。

1. 国际层面

在欧美数字经济总体优势暂时领先的既有产业和市场格局中，把握数字产品和服务模块化、组件化、集成化、供应链全球化的底层技术经济逻辑，充分利用现有的数字经济产业国际分工协作体系和市场资源，借势数字经济产业跨国巨头推进供给侧数字化、供给侧与需求侧资产数字化、连接消费者的发展战略和全球布局，发挥天津场景多样化优势，以应用为导向，发力细分市场领域，优化资源配置，支持企业优先发展专用软件、组件、插件，成为跨国巨头的认证开发合作伙伴，融入其产品和服务的销售渠道中，低成本进入国际市场，打造数字经济人才培养体系和具有竞争力的产品和服务体系。

2. 国内层面

紧抓数字经济产业进入加速发展阶段和头部企业广泛深入拓展应用场景的发展机遇，加强与北京、长三角、珠三角等数字经济先进区域合作交流，承接区域间数字经济产业转移。依托产业园区载体优势，完善项目引进渠道和机制建设，重点围绕大数据、云计算、区块链、人工智能、工业互联网、物联网、信息安全等数字经济产业，强化集群链条招商，推动引资、引技、引智有机结合，加快形成数字经济产业生态体系。

3. 中心城区和滨海新区层面

按照各自的产业基础和禀赋优势合理分工，滨海新区重点发展基础硬件、操作系统软件、数据库等数字经济产业的核心和高端部分，中心城区重点发展面向消费、社会场景及制造业场景的数字技术应用产业。对于产业链上面广、量大、专业、知识、技术、人才密集、轻资产、构成数字经济产业生态主体的中小微企业，在企业培育、企业成长、研发投入、应用示范、投资基金、专业人才、生态营造等方面，在顺应数字经济产业技术、经济、市场规律的同时，加强政府层面的协调组织，切实深入推进资源整合，尽量避免政策损耗、减少企业无序游动，在优势互补、错位发展、协同联动中，共同做大做强。

（四）提升行业平台服务能力

围绕促进数字经济产业链条化、集群化、生态化、高质量发展的核心任务，进一步完善和提升行业组织平台的交流、整合、服务功能。

1. 加强综合服务功能

一是加强现有的多个联盟和协会之间的联系，扩大和深化行业平台的社会基础和合作范围，在不同的行业协会之间形成有效的互动机制，创造更多的交流机会，在更大的范围内盘活人才、技术、渠道和市场资源。二是多方拓展合作生态链，促进政府、企业、高校、科研、金融、人才服务机构联合，高效开展政企对接、校企对接、银企对接、科企对接、会员企业项目推介等活动和服务，切实发挥交流、整合、服务功能。

2. 深化专项服务功能

一是依托行业组织、科研机构、相关高校和头部企业，建设科技创新服务平台，加强数字技术基础研究、应用研究合作、行业标准制定，促进高校和科研机构技术成果商业应用、促进行业规范发展。二是搭建和推广“工业云”平台，为中小企业提供仿真设计和计算机辅助设计、辅助工程、辅助工艺设计、辅助制造等服务。三是促进金融服务功能平台建设，开展银企对接会和相关政策推介会，在银行贷款、创业基金、孵化器和战略咨询等方面为会员企业，特别是中小微会员企业提供帮助。四是推动法律咨询、知识产权服务平台建设，倡导诚信价值准则、促进行业公平竞争、保护知识产权和创新活力。五是把握和适应数字经济产业的技术、需求、行业变化趋势，依托各专业协会、社团组织、企业，及时推动新的专业子平台建设，促进数字经济技术资源的动态整合和优化配置。

3. 提升窗口宣传功能

加强宣传推广、技术交流、学术论坛、创新大赛等活动的组织开展，营造浓厚的产业发展氛围，提升产业园区的知名度和吸引力。

（五）进一步完善产业发展环境

针对应用场景开放、数据流通、人才储备等关键、基础、长远问题，创新体制机制，完善社会经济环境，助力数字经济产业生态打造，激发企业发展活力，培育产业内生增长动力。

1. 开放应用场景

一是制定场景开放总体规划，面向产业转型升级、城市公共服务与治理、民生服务，形成分级分类场景供给。二是规划建设一批应用场景试点项目，在产业园区、商贸消费、金融服务、道路交通、电力水务、智慧城管、市政建设、医疗健康、教育培训、养老服务和文化传媒等领域，优选一批项目，提供真实场景的应用示范条件，打造创新应用标杆。三是精简审批流程，加速成熟技术场景落地。

四是探索市场化场景合作机制，根据场景项目的技术经济性质，因“景”制宜采取政府投资建设、企业建设运营、政府购买服务、政府和社会资本合作等多种建设运营形式，形成具有内在发展动力的长效机制。五是鼓励大中小企业结成应用场景“联合体”，由行业龙头企业牵头加强场景组织设计，搭建场景平台，开放技术、标准、渠道等资源，运用众智、众包、众扶、众筹等新模式吸引中小企业参与，共同推进场景建设。六是建立常态化数字技术应用场景清单征集、遴选、发布机制，推动数字技术应用场景培育从“给政策”“给项目”到“给机会”转变。

2. 促进数据流通

一是培育要素市场，区别公共数据、个人数据、企业社会数据，完善数据资源确权和数据资产登记制度，探索建立数据定价和计价机制，制定数据交易管理办法，奠定数据流通交易基础。二是建立数据标准和统计标准体系，推进数据采集、指标口径、分类目录、交换接口、访问接口、数据质量、数据交易、技术产品、安全保密等关键共性标准的制定。三是完善数据流通服务体系，构建数据清洗、数据挖掘、产权界定、价格评估、流转交易等配套服务，建立数据交易中心，培育规范的数据交易平台。四是加强安全保障，探索建立政府部门、平台企业、数据市场主体和个人多方参与、协同共治的新型监管机制，为数据要素市场健康发展构建法制保障。

3. 加强人才储备

一是加强高层次人才引进，依托“海河英才”计划、“项目 + 团队”等政策，有针对性地引进国内外数字经济产业相关研发、管理、应用、服务与营销推广人才。二是深化校企合作育才和协同创新体制机制，鼓励共建联合实验室、实训基地，重点培养大数据、算法和人工智能、网络技术、虚拟现实等紧缺技能人才和数字经济复合型人才。三是创新和落实人才引进优惠政策，对优秀创业人才给予天使投资、政务服务等支持，对高端技术和管理人才实行技术、管理要素参与分配的中长期激励政策，在职业资格认证和职称评聘上予以倾斜，推行“以赛代评、竞技比拼”高端人才评定方式，打开人才多元化晋升渠道，切实做好子女就学、医疗、住房等公共服务，落实税收、奖励、津贴等优惠措施。

4. 加强财政金融保障

一是加大政府采购力度，对于数字经济相关创新成果，特别是“0—1”创新产品和创新服务优先纳入政府采购目录，促进创新产品研发和推广应用。二是建立多元化政府资金投入机制，综合运用专项资金、股权投资、贷款贴息、事前审核事后补助等方式，建立无偿与有偿并行、事前与事后结合，覆盖创新链、产业链的投入机制。三是创新融资和保险模式，鼓励金融机构创新金融产品和服务，发展知识产权质押融资、数据资产质押等融资服务，鼓励政策性担保机构加大对数字经济领域知识产权、数据资产质押贷款的担保支持力度，对为相关企业提供信用担保的机构给予补贴。四是落实各项税收优惠政策，对国家高新技术企业、软件企业、小微企业等各项税收优惠政策落实到位。

天津传统制造业数字化转型路径探析

秦晓璇　天津市经济发展研究院经济师
尹晓丹　天津市经济发展研究院经济师

制造业是国民经济的命脉，是立国之本、强国之基、兴国之器。推进制造业数字化转型有利于优化产业资源配置、转变生产方式、促进可持续发展，是制造业高质量发展的必经之路。当下，加快以制造业为主体的传统经济与互联网、大数据、人工智能相融合，加快产业优化升级和技术变革，推动产业形式和平台模式系统性革新已成为实现经济高质量发展的关键课题。

习近平总书记强调："加快推进新一代信息技术和制造业融合发展，加快工业互联网创新发展，加快制造业生产方式和企业形态根本性变革，提升制造业数字化、网络化、智能化发展水平。"天津工业历史悠久、基础深厚、类型多样。当前，中国正处于新旧动能快速转换、经济结构升级的重要时期。制造业数字化升级是推动制造业立市的根本。

一、传统制造业数字化变革的定义与运行发展

（一）数字经济的定义

数字经济，是把知识和信息进行数字化，以现代信息网络为关键承载平台，合理利用信息通信技术作为经济活动提高效率、升级经济结构的重要动力。

数字经济，是伴随着全球数字化浪潮，在新一轮科技革命和产业变革中孕育兴起的经济模式。具体而言，数字经济的特征体现在以下几个方面：

一是数据成为关键生产要素。数字经济首先是数据经济，数据是数字经济

的第一要素。现代社会通过实时获取的大量数据参与社会生产、销售、流通、消费、融资、投资等活动，这些数据由主体数据、行为数据和交易数据组成。各种数据已成为现代经济的关键生产要素。

二是生产关系通过互联网进行了革新。数字经济本质为网络经济，互联网是网络经济的重要承载平台。数字经济的关键环节由各类数据采集、传送、处理、统计、运用、储存、设施和装备，涵盖以物联网、移动互联网为主的互联网，以及将其连接在一起的软件平台。

三是人工智能极大提升了生产力。数字经济是智能经济，通过“人工智能+算法”驱动，实现了各领域应用的数字仿真、知识模型、物理模型等和数据模型融合，实现跨界创新和智能服务，极大提升了社会生产力。

近些年，我国数字经济欣欣向荣，产业规模持续增速迅猛，已经多年稳居世界第二。数据统计显示，我国数字经济规模产值从 2012 年的 11 万亿元增长到 2021 年超 45 万亿元，数字经济占我国国内生产总值比重由 21.6% 提升至 39.8%。互联网、大数据、人工智能快速融和到能源、制造业、交通等行业。① 截至 2021 年底，工业互联网应用已覆盖 45 个国民经济大类，工业互联网高质量外网覆盖 300 多个城市。

（二）数字经济促进制造业升级的运行发展

数字经济作为制造业升级改造的关键动能，将以一种全新的内在作用机制驱使传统制造业转型升级。总的来看，包括以下几个方面：

一是扩大劳动分工边界。在数字经济活动下，数字信息技术的转化和应用可以推动个体企业突破生产制造活动的技术可及性和经济可行性的约束，使产业链分工大大拓宽，产业结构的组织形式发生深刻变化。可以说，以互联网、大数据、人工智能为代表的数字信息技术以高速的计算和信息传递打破了时间和空间、生产活动要素对制造生产方式和产业链组织形式的数字化转型的同时，极大地拓宽了航天产业链，加快产业链形态由原来的线性模型向复杂的网络组

---

① 数据来源:《携手构建网络空间命运共同体》白皮书。

织动态更新。高度互联协作的组织结构,使得分工主体之间的信息共享和生产协作水平显著提高,从而带动更大空间上的个体参与与组织分工,推动产业链重构与制造企业转型升级。

二是重构价值分配。一般而言,制造业产业价值链分布呈“微笑曲线”的结构,也可以理解为产业链上的价值分配在上游的开发和下游的经营销售两侧最多,曲线中间的制造和装配量最少,数值分布范围从曲线两侧向中间逐渐减少。相比之下,数字经济下的产业价值是一种以数字驱动、平台功能、互联网增值为重要内涵的新型生产组织和管理形式,必然转型升级制造业产业链组织价值分配方式。其一,在价值增值差异方面,制造装配步骤因为需要较高技术水平的生产作业程序,以至于生产效能与资源管理受信息技术与装备水平影响相比产品开发与经营管理环节要更加明显。其二,在组织形态方面,依靠数字经济的背景下,平台经济结构的发展未来更深度革新产业链上价值配置方式与组织管理模式。得益于互联网企业价值分配的系统提升和资源统筹升级,分工步骤中相互竞争的企业会引向以关键重要经济体或互联网平台体为中心,逐步形成具备高度融合的价值共同体。

三是促进需求转型。随着数字经济的发展,大型互联网平台的崛起为数字化技术的产业发展提供了广阔的市场空间,新技术与新商业模式的创新随着数字化经济不断涌现,同时社会消费的需求随意不断革新。例如电子商务,就是把信息网络技术作为重要手段,改变了产业链终端的供需分配模式,同时引领了新的消费浪潮。与此同时,利用数据分析技术,互联网企业可以对消费者行为数据进行多维度的信息分析和统计,制作消费者画像,帮助互联网企业实现精准推送。可以说,既能够做到精准、同时、快速地了解消费者需求风向,还可以统筹安排和组织运营环节,对消费者需求做出快速响应,是现代数字经济下制造业产业链的核心竞争力。供给侧的制造业的作业管理模式和产业链组织形式在消费者需求快速更新的背景下也必须做出改变。制造业产业链管理将向以一家或几家核心企业和互联网公司为中心的高度专业化、灵活性和抗风险的发散性网络结构转变,生产管理和运营水平也将大幅提升。

二、天津制造业数字化升级改造现状与现实困难

(一)传统制造业数字化升级改造现状

天津积极探索实践数字经济发展和产业转型升级的路径模式,取得了一定成效,具体表现在以下几个方面:

一是数字化转型政策体系不断完善。近年来,天津大力引育新动能,加快制造业专业化、人工智能化、可持续发展化、服务化发展完成中国先进制造业研发中心的宏大目标,制定系统化和专业化相融合的相关政策制度。中国首部智能制造发展条例制定发布,以制造业数字化改造推动各产业全面升级。同时,发布实施了《天津市制造业数字化转型三年行动方案(2021—2023 年)》《天津市贯彻落实数字经济发展战略纲要的实施意见》《天津市促进数字经济发展行动方案(2019—2023 年)》等政策文件,构建天津市推动大数据发展联席会议制度。此外,整合了 35 个市级信息服务机构组建天津市大数据管理中心,具体推进大数据产业等数字经济发展。

二是新型基础设施建设稳步开展。加快 5G 网络、千兆网络、工业互联网等新型通信基础设施建设,积极拓宽重点行业集成应用环境,为数字化革新提供关键技术支持。现在天津已建成 4 万多座 5G 基站,城市户用千兆光纤网络覆盖、城市 10G-PON 端口占比、500Mbps 及以上用户比例在 31 个省级行政区中位居榜首。5G 基站普及率达到全国第三的水平,而且被评为第一批国家“千兆光纤”示范城市。位于天津的腾讯数据中心、中国电信京津冀大数据中心等一批高标准、高规格的数据中心迅速建成,天津市 4 个数据中心入选第一批国家绿色数据中心名单。

三是加快重点关键技术突破。研发了飞腾 CPU、麒麟操作系统、天河超级计算、曙光服务器等一批国家级装备。飞腾 CPU + 麒麟操作系统的“PK”系统市场占有率达到八成,成为平稳可信的“中国解决方案”。神州通用和南大通用的国内数据库市场份额占国内市场份额的近一半。为北斗卫星导航系统、

“嫦娥五号”探月返程、“天人一号”火控探测任务等国家重大工程提供综合支撑和数据支撑。天河三号使用自主可控的核心技术，成为世界上第一台峰值性能超过两百亿亿次的超级计算机。加快建设产业创新平台载体、高性能计算机工程技术研究中心、国火“核心”双代基地等一批信与场国家创新平台落地，信创海河实验室、市级运营体系加快建设制造创新中心，形成了生产、学习、研究、运用的“大装置 + 平台”的创新承载平台。

四是制造业产业结构不断升级。建成丹佛斯 5G 工厂、海尔 5G 工厂等 102 家智能工厂、数字工坊，培育了紫光云、中国汽车研究院等一批工业互联网企业，上云工业公司达到 6000 余家，创造了 158 个“5G + 工业互联网”应用场景环境，平台数字化的创新效果显著。开展网络协同和服务型制造的企业比重分别达到 40.6% 和 31.3%。规模以上工业企业关键工艺数控率和数字化开发设计工具普及率分别达到 58.4% 和 85.1%，居我国前列。进一步引领企业上云，推动产业设备和业务系统上云，培育上云示范项目 105 个，全市上云工业企业达 7000 多家。

五是数字化企业集聚效应逐步突显。围绕建设国家新一代人工智能创新发展试验区、国家数字服务出口基地、网络信息安全产品与服务产业集群、国家数字农村试点，吸引微医、360、安恒等企业到天津投资发展，培育云账户、零氪、恒银等细分区域中的“隐性冠军”。华为鲲鹏生态创新中心、科大讯飞北方声谷网信大厦等运营商引领产业集聚能力不断增强，形成了覆盖芯片、操作系统、应用软件的完整创新产业链，“PKS”生态体系基本建立。同时，培育和确定了西青集成电路、滨海新区新创谷、武清区高村云数据中心、河西区数字经济中心等数字产业主题园区，为天津市数字化经济发展注入了崭新的活力。

（二）传统制造业数字化转型面临问题

在数字经济快速发展的同时，我们也要清醒地认识到，与先进地区相比，天津市传统制造业数字化转型仍有较大差距，推进过程中仍存在许多亟待解决的问题。总的来看，主要有以下几个方面：

一是推动制造业数字化转型的体制机制有待完善。天津虽然围绕智能制造、大数据、通信基础设施建设等方面出台了一系列政策措施，但政策体系关联性不强，系统性不够，缺乏有机衔接。且政策特色、亮点和有效性不足，对企业的吸引力较弱。同时，数字经济与实体经济融合深入不够，特别是没有充分赋能航运物流、金融贸易、先进制造等优势项目，没有发展出数字化推动发展新动能的形势。市场主体不够规模，缺少类似阿里巴巴、携程、拼多多等行业龙头企业，用场景培育本地企业的措施不足。

二是关键核心数字技术的原始创新能力有待提高。一方面，随着 5G、物联网、新能源汽车等智能产业的发展，制造业对芯片、新型显示器等产品的需求增强，但目前各企业原始创新能力有待进一步加强，存在着对外依存度较高的问题；另一方面，制造业企业设备设施的联网率不高，设备网络化改造以及线上服务改进亟待进一步夯实，对新技术的应用和更迭推进较慢。此外，由于制造业不同领域之间存在行业壁垒，现有数字技术在制造业不同领域的使用存在标准差异，数字技术和业务相结合的创新能力不足。

三是数据开放共享和安全问题亟待解决。制造业数字化的成功转型需要以海量数据资源为基础，也就是说在转型过程中，汇总梳理企业生产的数据、监督管理的数据等工作十分重要且必要。但是当前数据管理面临着许多问题，一方面，数据产权归属、数据使用规范以及数据所有者、应用者、监管者之间的全责划定问题等仍没有十分明确，企业面临着有效获取数据以及内外数据共享的困难，导致对于数据不敢用与过度用的情况并存；另一方面，数据在采集、存储和应用的过程中，涵盖设备、产品、用户等多个方面，一旦发生泄露，将导致个人隐私、商业秘密等数据暴露，影响整个社会秩序。同时，数据监管手段也有待进一步完善，在提高违法违规成本，提高数据安全性。

四是传统制造业生产装备的数字化升级有着很多现实问题。制造业在数字化升级改造中，必不可少的一环就是升级改造传统设备，一方面有利于节约成本，减轻企业转型压力；另一方面有利于提升效率，助力企业加快数字化转型步伐。但是在实际操作过程中，许多企业的设备不同，接入不同的通信接口后，会导致网络互联互通难度增大，难以实现一体化发展；同时，有些设备对外是封闭的，缺少数据连通，以至于难以实现数据共享应用。此外，传统设备在设计应用时，没有长远考虑数字化、网络化改造的问题，致使在当前进行数字化改造时难以找到突破口，难以较为迅速地实现网络的互联与互通。

五是复合型数字人才较为缺乏。传统制造业在数字化转型过程中，具有专业科技知识的复合型人才扮演着十分重要的角色。但是在企业实际发展中，面临着人才资源不足的问题，降低了企业数字化转型的效率与质量。具体而言，一方面，传统制造业转型升级对人才结构提出新的要求，数字化人才既包括数据分析师等传统意义上的技术精英，还包括贯通工业和 ICT① 的复合型人才。但目前适应数字经济深度融合发展的复合型人才、应用型人才面临着较大缺口。另一方面，制造业转型过程中，暴露出产业结构与劳动力素质结构不匹配、人才教育和培训与市场需求不适应等问题，出现结构性失业与劳动者就业难问题共存的局面，同时在一定程度上，也会增加企业的生产成本，降低企业的生产效率。

三、天津传统制造业数字化转型路径与建议

（一）完善政策体系助力数字化转型

政府应该借鉴先进省市数字化转型的经验，结合天津市制造业企业的实际情况，制定更全面、更具体的传统制造业数字化转型发展规划，引导企业逐步推进转型。一是加大专项资金支持力度，完善互联网宽带、互联网平台、大数据中心等制造业企业数字化转型所需的基础设施和载体平台。二是创新支持和鼓励方式，如为企业开展新技术改造提供低息贷款，充分利用产业引导资金为企业提供更多支持，促进传统制造企业转型。三是鼓励企业拓展合作对象和合作方式，积极与各大互联网平台合作，加大新模式、新业态的推广应用，提高企业自身信息化水平和数字化转型能力。四是构建综合服务平台，主要用于数据资

① ICT 是信息、通信和技术三个英文单词的词头组合。它是信息技术与通信技术相融合而形成的一个新的概念和新的技术领域。

源的收集和应用。因此，要加强高校、企业、科研机构之间的联通互动，进一步推动数字化技术创新的实现，为产业链上下游企业提供更完整的数据资源，提供更专业化的数据服务，为传统制造企业的数字化转型奠定更坚实的技术基础，促进企业数字化转型的质量效应。

（二）加强新技术形式推广应用促进数字化升级改造

积极完善互联网、大数据、人工智能等技术应用环境，促进产品研发、制造操作、经销管理、供应链合作等方面的创新发展，培育发展新技术新模式。探索共享制造新形式，创新资源分配模式，实现平台间产品设计开发能力共享，工业软件、生产设备、专用工具、生产线等制造资源共享，设备和实验能力共享，发展按需使用的共享服务模式。共享供应链协同组织环境，提升平台业务水平、制造资源、物流、仓储、商务等信息要素，集中规定包括货物、供应商、物流、配送数据等基础数据，实现信息流和现金流的协作，实现供应链上下游企业更好的分工协作。

此外，积极促进传统工业装备数字化创新。一是加快推进工业网络建设，深化5G、工业 Wi-Fi 等技术在工业场景中的应用，完善工业网络布局，提升工业网络网关能力，拓展不同领域最大限度地实现科技设备的网络接入。二是加快机床改造，深化工业传感器、伺服电机、数字控制器、数字仪表对传统机床的升级改造应用，满足数据采集和反馈控制的需要，机床提高机械的数字化、网络化、智能化控制能力。

（三）加强数据价值整合与信息流通

在制造业中，许多企业的核心竞争力普遍集中在生产效率和生产质量这两个核心方面，可是这两个方面还远远不能满足数字化升级改造的实际发展需求，会明显降低这类平台企业的生产组织管理效率。促进企业内外部数据资源的整合与共享，是实现数字化转型升级发展目标的重点任务，同时能够实现更安全稳定、更绿色的可持续建设与发展目标。特别是对于天津制造业企业来说，不可以把单一指标、经济增长率固定在促进数据价值整合共享的流通组织环节中,各部门与基层员工的合作意识非常重要,而且能明显提升企业中标准化、数字化作业质量和管理效率。大多数制造业企业对工业生产有很强的信息需求意识,推动企业关键驱动力进行资源整合和数据共享的流通,很多工业制造模式产品和服务差异较大的管理模式,但也有很多共同点,可以准确衔接各种高科技产品和配套服务模式。所以,在有序推动企业数据资源整合共享的过程中,需要对各种生产技术资源和人力管理资源进行更新整合,最大限度地提升用户的使用体验,保证实现以人为本的管理目标,从企业的角度提高企业在市场经济体系中的核心竞争力。

与此同时,我们应该增强对制造业企业数据隐私的保护。提高数字监管水平,有关部门应依据对数字技术价值的认识基本原则,制定相关政策、法律法规,建立完善的安全保护体系,保护和完善数字信息的监管,保证数据安全,重点对一些数字和代码等数字技术加强保护。同时,在自愿的基础上,积极宣传和促进行业内企业和平台明确数据使用范围和使用过程中应注意的事项,促进制造数字化。并对提供信息安全的企业给予必要支持,鼓励平台创新和技术研发,通过第三方平台保护企业数据安全。

(四)培养全面型数字人才

制造业的数字化转型,说到底就是对相关技术人员进行改造,不仅要引进人才,还要加强人才培养。政府发挥着积极的桥梁作用,紧跟企业发展,按照企业对相关专业技术人才的具体需求,制定整体人才引进规划,对可以为天津服务的人才给予相应的经济补贴,吸引专业人才来天津发展。与此同时,我们还应该加大对人力资本的投资。高新技术人才是制造业发展的核心资源,也是制造业企业核心竞争力的重要组成部分。在制造业数字化转型过程中,技术创新与员工素质之间的矛盾尤为突出,企业人力资本与数字化设备之间呈现不平衡。因此,要把握数字经济的发展方向,培育数字经济的人力资本,培养创新型、全面型人才,增强员工的实际操作能力,建立技术与人才连通的桥梁,提高先进设备的使用效率,通过产学研结合的模式,实现技术与人力资本的协同发展。

同时,大力吸引高级技术人才。高级技术人才在数字经济中发挥着至关重要的作用。人力资源的规模与制造业企业的竞争力息息相关。大型制造业企业可以通过扩大规模来提升人才虹吸能力,中小微企业可以通过校企联合培养等方式吸引高级技术人才。中小微企业凭借自身机制灵活的优势,可以实现“一人多用途”“一职多能力”,逐步向数字化升级改造。并且,可以把吸引技术人才纳入长期发展规划,运用信息科技“开拓”人才市场,根据实际需求招聘专业人才,充分利用人力资源。制定优惠政策,向国内外知名高校、科研机构和企业抛出橄榄枝,引进领军人才甚至创业团队到天津创业或开展制造业企业数字化人才培训与合作。

天津市新材料产业现状及发展对策

韩　璐　天津市经济发展研究院经济师

新材料产业是当今世界产业中发展势头强劲、产业关联度高、经济效益显著、上下游产业带动力强的一项新兴产业。在产业发展之初，新材料主要用于国防军工领域，在军民融合快速发展背景下，具有高技术含量、高附加值的新材料产业逐渐发展成为推动传统产业升级、助力新兴产业发展的重要力量，对天津推动技术创新、建设制造强市具有重要意义。

一、天津新材料产业发展现状

天津立足全国先进制造研发基地功能定位，将新材料产业作为全市重点领域谋划、优先发展，形成了以高品质特殊钢、新型轻合金、半导体材料、化工新材料等先进基础材料为支撑，以特种橡胶、工程塑料、新型功能材料等关键战略材料为先导，以纳米材料、生物材料、超导材料等前沿新材料为引领的特色新材料产业体系。2020 年天津新材料产业规模以上工业企业完成产值达 1652 亿元，产值占规模以上工业比重达 9.7%。

（一）先进基础材料不断优化提升

钢铁材料、有色金属材料、化工材料等传统领域不断提升，加快布局高附加值高技术产品，汇集一批行业龙头企业。钢铁材料领域，汇集一批行业龙头企业，天钢集团完成国有企业混合所有制改革，荣程钢铁、银龙预应力等智慧工厂建设深入推进，油套管、无缝钢管、特种焊材等高端产品性能显著提升。有色金属材料领域，覆盖了铝材、铜材、钛材、稀有金属材料、稀土新材料等方面，新型铝合金、镁合金及钨钼、钽铌材料领域形成较强优势。化工新材料领域，南港工业区从世界级重化工产业基地向世界一流化工新材料基地转型，传统石化企业转型生产绿色化工新材料。

（二）关键战略材料产业化持续推进

半导体材料、新能源电池材料、高性能纤维及复合材料齐头并进，支撑战略性新兴产业创新发展。半导体材料领域，依托中环半导体、中电科四十六所等领军企业和院所形成较强竞争优势，区熔硅单晶国内市场占有率达 80%，4 英寸 N 型锗抛光片批量化生产。新能源电池材料领域，形成了从研发生产到应用回收的完整产业链，集聚力神、巴莫科技、盟固利、猛狮等领军企业。高性能纤维及复合材料领域，国内市场竞争力不断提升，围绕石墨纤维、玻璃纤维、陶瓷纤维、有机纤维等重点领域，集聚了一批创新型企业。

（三）前沿新材料创新企业不断涌现

积极承接北京新材料产业创新成果，形成石墨烯、增材制造、纳米材料等标志性创新成果，拥有环欧半导体、金发新材料、银龙预应力、立中合金、久日新材料、鹏翎胶管、利安隆新材料等将近 40 家领军企业，石墨烯领域，石墨烯功能面料、低温锂电石墨烯保温等项目落地，中航装甲、烯航等创新型企业蓬勃发展。3D 打印领域，孵育天大银泰、清研智束等打印设备和配套服务企业，初步形成集 3D 打印材料、打印设备及服务于一体的产业链。超导材料领域，超导线缆和高温超导薄膜研发水平国内领先，海泰超导拥有世界一流的高温超导薄膜和芯片生产线。纳米材料领域，依托高校院所培育了天津南化催化、海赛纳米、宝兴威等科技型企业。

（四）集群集聚发展态势初步形成

依托现有产业基础，通过战略指导、市场引导和定向招商，持续推动产业联动、特色集聚，培育形成多个新材料产业集聚区。东丽区依托工业中心东移战略形成钢铁材料基地，汇集天钢集团、钢管集团、金桥焊材等大型企业，激发产业集群发展活力。南港工业区内中沙新材料园、亨斯迈聚氨酯、金牛电解液多个化工新材料重大项目开工建设，逐步形成化工新材料产业集聚区。滨海高新区汇集中环领先、环欧半导体等龙头企业，落地中科院微电子所天津分所，布局半导体新材料研发生产。宝坻区聚焦新能源电池材料，集聚国安盟固利、贝特瑞新能源等领军企业，形成新能源电池材料产业集群。蓟州区集聚京磁、三环奥纳等稀土永磁材料领军企业，面向材料电镀应用需求推进电镀园建设，延伸稀土永磁材料产业链条。

（五）科技研发综合实力居国内前列

技术创新体系逐渐完善，形成企业—高校—院所多方协同、产学研用结合的技术创新体系，截至“十三五”末，累计拥有市级以上重点实验室近 50 家，其中国家及部委级重点实验室 8 家，拥有企业技术中心、工程技术中心 32 家，其中国家级企业技术中心和工程技术中心 17 家。重点实验室建设深入推进，天津工业大学分离膜与膜过程国家重点实验室突破膜材料关键制备技术。科研院所加速突破核心领域关键技术，中电科四十六所半导体材料、特种光纤、电子功能基板等领域不断实现技术突破。企业技术中心创新能力不断提升，中环半导体实现 12 英寸半导体级硅单晶体技术突破；天津钢管打破了发达国家对油井管及特殊扣产品垄断，聚集了涉及纳米触摸屏、纳米颜料墨水、纳米石油催化剂等众多创新型企业。加速建设高水平科研团队，拥有院士 8 名以及 973 首席科学家等一批高端人才，在金属材料、碳纳米材料和激光等领域拥有来自河北工业大学、南开大学、欧泰激光等具有国内先进水平专业创新团队。

（六）产业发展生态不断优化

天津市委、市政府明确提出重点发展新材料产业，不断加大政策倾斜，形成政府、行业、企业多方参与的新材料产业服务体系。天津市政府统筹资金加大对新材料产业的支持力度，60 余家企业、百余个新材料项目获得资金支持，重点新材料首批次保险补偿试点工作深入推进。组建天津市新材料产业联盟，成立天津市新材料产业专家指导委员会，加速新材料领域产学研用紧密结合。公共技术服务平台建设不断推进，国家级材料基因工程高通量计算平台上线；中汽研成立高强塑汽车钢工作组，支撑服务国家新材料测试评价平台钢铁行业中心建设，天津包钢稀土院测试评价平台累计开展了数十项稀土新材料及应用产品开发。

二、天津新材料产业发展中存在的问题

天津市新材料产业发展取得了一定成就，但与未来支撑区域高质量发展、加速引育壮大新动能的使命要求相比，还存在一定差距。

一是科技创新资源偏基础研究，产业化应用的科研机构偏少。目前，天津市在新材料领域拥有市级以上重点实验室近 50 家，其中国家及部委级重点实验室 8 家，但国家级产业化基地和市级生产力促进中心数量不多，导致天津市新材料科技成果转化效率较低。如天津市多所高校开展了石墨烯研究，但产业化成果偏少。

二是领军企业匮乏且产业带动作用不明显。目前全市从事新材料产业的企业规模普遍偏小，缺少在全国乃至全球有影响力的本土化行业领军企业。上下游产业链创新链缺少关键环节，企业间同质化竞争明显，“小而全”的企业生产研发模式不利于新材料产业链整体竞争力的提升，联系紧密、依存度高的专业化分工协作模式尚未形成。

三是产品结构有待调整，初级加工材和低附加值产品占比高。先进有色金属材料、先进石化化工新材料等产品多集中在产业链前端，石化化工新材料领域以基础化学原料为主，产业链后端高端新材料所占比例较低。新型建材产品结构有待完善，特别是轻型建材方面出现缺位，矿物功能材料缺乏节能、密封、保温材料以及新能源材料等产品。应用于航空航天领域的特种玻璃产品有待开发或引进，需积极拓展高端应用市场。碳纤维、芳纶纤维及其复合材料产品方面关键技术还未掌握，缺乏核心竞争力，产品应用于高强高模、耐高温等特殊用途的高性能纤维产品生产能力不足。

三、国内新材料产业发展经验借鉴

（一）浙江省新材料产业经验借鉴

新材料产业是浙江省九大战略性新兴产业和七大万亿产业之一，2021 年浙江战略新兴产业增加值增长 17%，占比 29.6%。浙江最具全国市场竞争力的产业为磁性材料，其中铝镍钴永磁、永磁铁氧体、软磁铁氧体、稀土永磁在全国产量中分别占到 50%、30%、26.67% 和 42.1%，以宁波、杭州、金华东阳为主要产业聚集区，拥有英洛华、宁波招宝、杭州永磁集团等大型磁性材料企业。在氟硅新材料方面则是主要应用于光伏新能源领域的多晶硅材料、集成电路领域的单晶硅片、新能源电池领域的碳硅复合负极材料，衢州、嘉兴、金华等地的有机硅单体产量居全国前列，占全国总产量的 25% 左右。绍兴市、杭州萧山、嘉兴桐乡是高性能纤维及复合材料的主要产业集聚地。研发机构中科院宁波材料所在永磁材料领域国内领先，助力了浙江省永磁材料的发展。

浙江省新材料产业在产业聚集、研发平台、政策实施以及成品转化等方面形成了较为完整和先进的产业发展理念，全省新材料产业发展质量和效益位于全国前列。一是在顶层设计方面采取“政府引导搭台、企业主体运作”的方式，切实发挥试点示范的行业引领作用和创新平台的主导作用。积极打造宁波新材料科技城千亿级新材料产业创新引擎，搭建众创空间、产业加速器等一批创新创业空间载体，引育中科院宁波材料所、北方材料科学与工程研究院等一批重点研发机构，汇集了一批高端创新创业人才，逐步形成了以光电薄膜材料、高性能永磁材料、生物医用材料等行业为代表的特色产业集群。二是在产业配套发展方面，发挥市场在资源配置中的作用，积极引导中小型企业围绕行业龙头企业上下游产业开展业务。以绍兴杭州湾上虞经济技术开发区为例，区内规模以上新材料企业 60 余家，上下游配套企业超过 200 家。三是在要素保障方面，积极引进社会资本，设立产业创投基金，注重提升资本使用效率。同时为企业降低用地成本，对研发出自主创新产品的企业给予最高 400 万的购买补助，激发了企业的创新活力。

(二)山东省新材料产业经验借鉴

新材料产业是山东省工业转型升级四大新兴产业之一,经过近两年的发展,山东省新材料产业板块实现提速、提质、提效发展,产业区域发展特色鲜明,在高性能铝合金、新型隔热保温材料、高性能氟硅材料、高端金属结构材料、高性能纤维及复合材料等细分领域行业规模优势显著,稀土新材料、石墨烯、特种工程塑料等领域创新成果全国领先,发展前景广阔。重大技术研发及成果转化能力突出,拥有省级以上新材料产业园区 25 个、国家级高新技术产业化基地 7 个、国家级企业技术中心 15 个以及众多产业技术创新战略联盟和研究中心,新材料产业总体规模在全国名列前茅。

山东在新材料领域取得的骄人成绩得益于政策引领、产业集聚、示范引领和人才引育四方面。一是在顶层设计和政策引导方面先后出台了《新材料产业发展专项规划》《山东省新材料产业"1351"工程实施方案》以及《促进新材料产业发展的若干政策》等一系列指导性文件,同时配套出台集研发创新、企业能力提升、人才要素保障等"一揽子"相关政策,营造新材料产业发展的良好氛围。二是在加速细分产业集聚方面积极建设包括新能源材料、石墨烯、高性能碳纤维、稀土、生物医用材料、有色金属在内的十大特色产业基地,为打造现代化济南都市圈、引领山东半岛城市群做大做强提供产业支撑。三是在完善产业链创新链、强化示范项目引领作用方面切实发挥政府服务市场主体作用,助力企业发展。积极开展自主创新试点示范项目建设,编制新材料推荐应用目录,同时用科技服务搭建科技创新生态体系,充分利用山东工业云创新服务平台、好品山东网络营销管理服务平台,为企业提供精准、个性化服务,推动产业链上下游优势互补。四是在人才引育方面相继出台《山东省重点产业链尖端技术人才奖励办法》等奖励政策,实施"泰山产业领军人才工程""外专双百计划"等重大引才工程,着力打造新材料产业一流人才队伍。以烟台市为例,政府采取"一事一议"方式对引进的高端人才给予最高 1 亿元的资助或 1.5 亿元的直投股权投资支持,强化人才对产业发展的支撑保障。

（三）四川省新材料产业经验借鉴

近年来，四川省高度重视新材料产业发展，先后出台《中国制造 2025 四川行动计划》《新材料产业培育方案》《四川省新材料产业技术攻关路线图（2019—2022）》等指导性文件。2021 年，四川省地区生产总值突破 5 万亿元，新材料产业主营业务收入同比增长 21.9%，达到 7674.2 亿元，利润同比增长 98%，位居全省五大支柱产业之首。四川省依托自身独特优势，重点发展先进基础材料、关键战略材料和前沿新材料三大细分领域，现已建成以成都国家高性能纤维基地、攀枝花国家钒钛新材料基地为代表的多个特色材料工业园区，新材料产业转型升级成效显著。

四川始终坚持“阶梯培育”的总体思路，结合自身原材料资源优势，确定先进基础材料、关键战略材料和前沿新材料三大产业为重点发展方向，在产业政策制定中对省内新材料企业项目储备情况、细分行业发展特点等进行实地考察，在全面掌握企业需求和行业发展情况基础上制定差异化政策、优化产业布局、实施精准招商，为提升产业链整体竞争力、推动制造业高质量发展提供依据和保障。同时在政策实施中以省工信局为主体，设立产业园区处和材料工业处，专人专岗负责全省新材料产业园区的筹建和新材料行业发展规划的编制，完善的组织结构有效推动了新材料产业的平稳发展和产业政策的顺利落地。除此之外，为提升政策制定的科学性、合理性，省工信局定期组织行业专家学者开展业务培训和产业联盟研讨会，极大提升了企业和政府部门在新材料领域的业务能力，同时也为专业性高科技人才的培养奠定了基础。

四、对策建议

（一）优化发展思路

全面贯彻落实新发展理念，科学加强顶层设计和组织领导保障，依托新动能引育领导机构建立协作联动机制，紧密联系各区、重点产业园区和龙头企业等主体,协同推进全市新材料产业发展,打造具有战略性和全局性的产业链。着力夯实产业基础能力,以自主可控、安全高效为着力点,推进产业基础高级化、产业链现代化;以满足市场需求和应用为发展目标,以支撑传统产业转型升级和满足重大技术装备急需为主攻方向,促进产学研用紧密结合,逐步构建起以企业为主体、以高校和科研机构为支撑、产学研用协同促进的新材料产业发展体系。依托产业园区、经济开发区、高新区等载体,强化重点项目支撑,实行分批次管理,做到"规划一批、储备一批、建设一批、投产一批",积极构建"龙头企业 + 研发机构 + 配套企业"的新材料产业集群发展新模式。

(二)优化空间布局

打造先进制造业集群。坚持世界眼光、国际标准,高标准、高质量推进新材料产业逐步向产业链价值链中高端迈进。依托中国信创谷大力培育超导材料产业发展,推进新一代信息技术材料创新发展高地建设。鼓励南港工业园区大力发展化工新材料,加速推动化工新材料转型升级,积极打造世界一流化工新材料基地。鼓励宝坻区依托九园工业园,重点发展新能源电池材料,大力培育打造国内一流的新能源材料产业生态。武清区积极打造高端装备材料高附加值产业集群,重点发展航空航天装备材料、汽车轻量化材料。

打造一批有特色、有"灵魂"的新材料产业主题园区。依托特定载体空间,聚焦特色细分领域,打造若干新材料领域特色主题园区。支持宝坻九园工业园聚焦新能源电池材料产业,加速创新型企业集聚,深化技术创新平台产学研合作,建设宝坻新能源电池材料产业主题园区。鼓励蓟州经济开发区围绕稀土永磁材料,引入上下游配套企业,延伸稀土永磁材料产业链,搭建稀土永磁材料专业技术服务平台,建设蓟州稀土永磁材料产业主题园区。发挥生物谷高能级创新平台优势,以生物医用材料为核心,打造空港生物医用材料产业主题园区。持续优化高端半导体材料创新发展环境,依托中环高端半导体产业园积极引育高水平研发机构,打造滨海高新区高端半导体材料产业主题园区。

(三)拓展重点领域

科学规划行业发展重点领域。大力发展先进化工新材料、先进钢铁材料、先进有色金属材料、高性能纤维及制品和复合材料和前沿新材料，建成国内一流的新材料产业基地。大力发展高端润滑油脂等先进化工新材料产品，重点发展超高强板等先进钢铁材料新产品，重点发展高性能芳纶纤维、碳纤维等产品，突破碳纤维与陶瓷、高分子等材料的复合关键技术，重点发展稀土永磁、储氢、催化、光功能等材料，着力推进原始创新和颠覆性技术创新，重点突破三维碳纳米管、集成电路器件等领域材料技术。

打造新材料标志性产业链和创新链。转型升级先进化工新材料、高端金属材料、新型无机非金属材料等先进基础材料细分领域，发挥重点实验室研发优势，着力提升科研、金融及中介服务机构对产业的支撑能力，鼓励企业联合研究院所等机构开展协同攻关，重点研发高附加值塑料、高性能合成橡胶、先进制造基础零部件用钢、先进有色金属材料、特种玻璃等。重点突破新一代信息技术材料、生物医用材料、新能源材料、高端装备材料以及节能环保材料等关键战略材料领域，鼓励企业加强应用基础研究，培育一批拥有自主知识产权、核心竞争力强、产业辐射带动作用明显的本土化龙头企业，打造一批具有全国乃至世界影响力的名企、名品。前瞻性布局石墨烯材料、超导材料、增材制造材料等前沿新材料，鼓励企业对接国际先进技术和渠道资源，依托平台型企业及科研院所等载体探索建设专业数据库、研究中心和实验平台，着力提升新材料产业资源共享服务水平，进而提高研发效率。

（四）引育优质企业

加大新材料中小企业和科技型企业培育力度。培育专注于细分市场、创新能力强、市场占有率高、掌握关键核心技术的新材料“专精特新”中小企业和产品，推荐新材料企业入选“专精特新”中小企业种子库、天津市“专精特新”中小企业库、国家专精特新“小巨人”企业库，对新材料“专精特新”企业和产品给予专项资金支持，推动企业专业化、精细化、特色化、新颖化发展。积极引育新材料产业高新技术企业，重点承接和吸引北京、长三角、珠三角高新技术企业资源，探索建立产业转移利益分享机制，支持并协助重点企业申报国家级高新技术企业。

大力培育新材料“单项冠军”。支持企业专注细分市场，突出主业，深耕细作，培育发展前景好、市场占有率高、拥有自主知识产权的“单项冠军”。积极推荐天津市新材料骨干企业参评国家级“单项冠军”企业、产品，形成梯次培育、跟进发展的企业成长体系。加强示范引领，鼓励“单项冠军”企业申报国家级工业设计中心、技术创新示范企业。强化政策支持，优先支持“单项冠军”企业申报国家技术改造、工业强基工程、重大专项、节能减排等资金支持项目。

强化骨干企业引领作用。遴选一批创新能力强、引领作用大、研发水平高、发展潜力好的新材料骨干企业，建立新材料行业骨干企业库，委托第三方机构对入库企业发展情况进行综合评估。鼓励和引导骨干企业参与战略性基础设施、战略性主导产业、战略性发展平台建设。吸引集聚一批国际性、全国性、区域性的央企和总部型企业，在天津市设立企业总部、二级公司，建设研发转化中心和高附加值生产基地。

（五）提升创新能力

强化新材料中试基地建设。依托重点企业和科研院所，加快天津市化工高分子材料、膜材料等新材料中试基地建设。推进化工高分子材料中试平台建设，整合化工高分子材料技术和生产管理方面资源、化工高分子材料领域公共信息服务资源，提升化工高分子材料产品工艺开发、生产放大、工艺验证与优化、产品数据与可靠性验证等中试能力。推进海水淡化与综合利用中试实验区建设，密切产学研合作，汇集膜法海水淡化及相关产业中试资源，建立中试平台对外服务市场推广机制，加大平台开放共享力度。

培育新材料制造业创新中心。推进先进钢铁材料、先进半导体材料、稀土磁性材料、先进化工材料制造业创新中心建设。培育天津先进钢铁材料制造业创新中心，支持建设钢铁材料技术创新和科研开发平台，推进高端钢铁材料产业化。培育高端半导体材料制造业创新中心，开展先进半导体材料前沿技术和共性关键技术研发，推动技术成果转移和产业化。培育天津市稀土磁性材料制造业创新中心，推进稀土材料共性技术研发，解决关键工艺、关键设备等工程难题，加速稀土产业创新链与产业链紧密结合。培育先进化工新材料制造业创新中心，搭建科技研发平台、成果产业化平台、公共服务平台，提升科技创新力和科技资源共享力度，促进化工新材料科技成果产业化。

推进新材料领域新型研发机构升级。提升前沿新兴产业领域协同创新平台研发转化效能，承接北京等创新高地新材料科技成果和加速转化和落地。石墨烯材料方面，增强产业研究院资源集聚能力，推进创新中心建设，支持搭建石墨烯协同创新与产业化公共服务平台，鼓励吸纳国内外高校溢出创新资源，推进石墨烯技术成果转化和示范应用。3D 打印材料方面，强化产学研协同创新体系，深化金属 3D 打印材料性能研究和材料开发，加快电子束选区熔化金属增材制造装备研发，面向航空航天、医疗领域提供高端金属 3D 打印服务，推进 3D 打印制件应用，孵育更多初创企业，推动增材制造技术的发展。

天津市新一代信息技术产业布局及发展路径研究

辛　宇　天津市经济发展研究院经济师

“十四五”时期是我国全面建成小康社会后的新起点，是实现第二个百年奋斗目标的新阶段，也是天津落实“一基地三区”定位、建设“五个现代化天津”的关键期。当前，全球制造业正进入新一轮变革浪潮，大数据、云计算、物联网等新一代信息技术正加速向工业领域深度融合渗透，这势必将带来制造模式、生产组织方式和产业形态的深刻变革。加快新一代信息技术布局，推动天津市高质量发展迫在眉睫、势在必行。在此背景下，深入分析天津市新一代信息技术产业发展的总体现状、重点产业链发展情况和产业布局情况，详细对比天津市与其他城市在企业数量、融资规模、人才投入、平台创新能力等方面的优势与差距，寻找影响天津市新一代信息技术产业发展的主要问题，并基于国内外新一代信息技术产业的发展趋势与热点，有针对性地提出发展思路与重点，对于加快推动天津市打造新一代信息技术产业集群，助力天津市培育新经济增长点具有十分重要的意义。

一、天津市新一代信息技术产业现状

新一代信息技术主要包括：人工智能，下一代信息网络，电子核心产业，新兴软件和新型信息技术服务，互联网与云计算，大数据服务五大类产业。天津市新一代信息技术产业布局较早，产业发展方兴未艾。

（一）产业发展主要成绩

1. 产业发展基础不断夯实

2017 年，天津提出“重点打造自主可控信息系统产业链”行动计划，2020

年成立信息技术应用创新工作委员会、信息技术应用创新产业(人才)联盟等。当前,天津市新一代信息技术产业集群式发展初见成效,拥有产业链上下游关联企事业单位4200余家,聚集了飞腾、展讯通信、瑞发科、华海清科、中芯国际、恩智浦、唯捷创芯等多家龙头企业。2021年,天津市新一代信息技术产业工业增加值达276.61亿元,占全市规模以上工业增加值的6.0%,对规模以上工业增加值的贡献率为8.9%;新一代信息技术产业工业增加值比2020年同期增长11.3%,高于全市八大战略性新兴产业增长平均值1个百分点。总体看,天津市新一代信息技术产业发展迅速,对全市工业增长贡献较大。

2. 重大科技成果不断涌现

近年来,天津市新一代信息技术产业重大科技成果不断涌现。在硬件领域,打造了飞腾64核通用处理器、华海清科12英寸"干进干出"铜制程抛光机、中芯国际世界上单体规模最大的8英寸集成电路生产线、唯捷创芯5G射频前端模组等一大批具有国际水平的关键技术和产品;在人工智能领域,清智科技研发的智能网联车、天地伟业公司的智能监控设备、九安医疗借助图像识别、数据分析等智能技术开展的在线诊疗业务、信鸿医疗应用大数据分析和GIS等技术开发的医疗器械供应链智能一体化服务系统等均达到国内先进水平,并得到广泛应用。总体来看,天津在集成电路、智能芯片、视觉显著性计算、智能机器人产业等方面创新潜力较大。

3. 产业发展环境不断优化

天津市新一代信息技术产业聚集了一些细分领域龙头企业,在政策环境、市场条件、智力资源及科技创新能力、投融资环境等要素上不断优化,初步搭建起产业发展支撑体系。

表1 天津市新一代信息技术产业发展要素分析

产业发展影响因素	天津市发展优势
政策环境	制定出台《天津市关于加快推进智能科技产业发展的若干政策》及十大专项行动计划,明确提出大力发展智能科技产业并制定系列扶持政策

续表

产业发展影响因素	天津市发展优势
产业发展基础	初步形成自主可控信息、智能安防、大数据、先进通信、智能网联车、工业机器人和智能终端等七条产业链，搭建了以行业组织、创新平台、新型研发机构、人才团队和产业集聚区于一体的创新体系
市场条件	作为全国先进制造研发基地，对新一代信息技术产业发展的需求大
人才及科研创新资源	拥有国家超算中心、清华大学高端装备研究院、中科智能识别研究院、中国汽车技术研究中心等一批从事新一代信息技术产业研发的高水平科研机构 20 余家。天津与新一代信息技术产业相关的科技创新平台共有 285 家，其中国家级 19 家、市级 266 家
投融资环境	成立了总规模 1000 亿元的新一代人工智能科技产业基金

（二）重点产业链发展情况

从产业链来看，目前天津市已建成自主可控、智能安防、大数据、智能网联车、工业机器人、行业智能终端等新一代信息技术产业链。

1. 自主可控产业链

天津市自主可控产业链主要分布在输入设备、CPU（中央处理器）、操作系统、数据库、服务器和超算应用等重点领域，汇集了国家高性能计算机工程技术研究中心、国家基础软硬件适配平台，智能计算及软件新技术、集成光电子技术与器件市级重点实验室，信息安全等级保护技术等 3 家市级工程技术中心。产业链内集聚了军民融合院、军民融合人工智能创新中心、清华电子院等研发机构，以及 10 余家企业。重点企业包括 CPU 领域的飞腾、曙光，操作系统领域的麒麟、军民融合人工智能创新中心，数据库领域的南大通用、神舟通用，服务器领域的曙光、英信，超算领域的超算中心等。

2. 智能安防产业链

天津市智能安防产业链主要分布在智能传感器、数据传输芯片、特征识别、可视分析、安防产品及整体解决方案等重点领域，汇集了精密测试技术及仪器国家重点实验室、计算机视觉与系统重点实验室、安防视频监控技术国家地方联合工程实验室，以及成像与传感微电子技术等4家市级重点实验室，红外线成像技术等3家市级工程技术中心。产业链内集聚了中科智能识别院、智慧物联院等研发机构，以及24家企业。重点企业包括智能传感器领域的安泰微、慧微电子，数据传输芯片领域的瑞发科、安普德，特征识别领域的汉柏科技、中科智能识别研究院，可视分析领域的汉华易美、大海云科技，安防产品及整体解决方案领域的天地伟业、中星电子。

3. 大数据产业链

天津市大数据产业链主要分布在数据规模采集、数据存储、数据存储、数据清洗、数据分析与挖掘、数据安全及智能应用等重点领域，汇集了计算机病毒防治技术国家工程实验室、天津市认知计算与应用重点实验室、天津市综合交通大数据实验室，以及天津市空间地理信息技术等3家市级工程技术中心。产业链内集聚了中科智能识别院、北大滨海信息院等研发机构，以及60余家企业。重点企业包括规模数据采集领域的五八同城、今日头条，数据存储领域的易华录、中科蓝鲸，数据清洗领域的九次方，数据分析与挖掘领域的南大通用、海量信息，智能应用领域的天津忆云、安捷。

4. 智能网联车产业链

天津市智能网联车产业链主要分布在定位导航、环境感知、车载芯片、决策算法安全辅助驾驶、无人驾驶、整车应用、智能车载平台与云控平台，汇集了智能车路协同与安全技术国家地方联合工程研究中心，智能网联车测试技术、能效优化技术2家市级工程技术研究中心。产业链内集聚了中汽中心、智能网联车研究院等研发机构，以及近30家企业。重点企业包括定位导航领域的天津北斗、北辰北斗，车载芯片领域的恩智浦、三安光电，决策算法领域的天瞳威视、锋时互动，安全辅助驾驶领域的清智科技、博顿电子，无人驾驶领域的奥特贝睿,整车应用领域的清源电动车、比亚迪,智能车载平台与云控平台领域的汽研中心、天津智研院等。

5. 工业机器人产业链

天津市工业机器人产业链主要分布在减速器、感知系统、控制器、伺服系统、软件、机器人本体、工业机器人集成等重点领域,汇集了精密测试技术及仪器国家重点实验室、天津市智能机器人技术重点实验室、天津市车身智能焊接技术工程中心。产业链内集聚了清华高端院、浙大滨海院等研发机构,以及 70 余家企业。重点企业包括减速器领域的七所精密、国人机器人,感知系统领域的天远三维、微深科技,控制器领域的泰华宏业、宜科电子,伺服系统领域的电气研究院、深蓝电气,软件领域的普达软件、爱科维申,机器人本体领域的新松、扬天、辰星,机器人集成领域的中汽工程、福臻等。

6. 行业智能终端产业链

天津市智能终端产业链主要分布在线路板、感知系统、控制器、软件、智能终端等重点领域,汇集了精密测试技术及仪器国家重点实验室、天津市智能机器人技术重点实验室、天津市车身智能焊接技术工程中心。产业链内集聚了 40 余家企业,重点企业包括线路板领域的卓达科技、津亚电子,感知系统领域的易思维、爱科维申,控制器领域的宜科电子、一飞智控,软件领域的天津讯飞、深思维,以深之蓝、海之星的水下机器人,以纳思博、智汇时代的地面服务机器人,以一飞智控的智能无人机等整机、以九安医疗为代表的智能穿戴、以京东海荣为代表的智能物流车、以华来科技为代表的智能家居于一体的智能终端产业链。

(三)产业布局情况

天津市新一代信息技术产业主要以产业园的形式分布在滨海新区、环城四区、武清区、北辰区等,初步形成了以国家级经济技术开发区和高新区为龙头、以市级示范工业园区为支撑、以其他园区(聚集区)为补充的产业空间发展格局。

表2　天津市新一代信息技术产业布局情况

产业链	产业集聚区
自主可控产业链	滨海新区信息安全产业园、西青信息安全特色产业基地
智能安防产业链	滨海高新区、东丽区安防科技特色产业园
大数据产业链	京津电子商务产业园、科大讯飞智汇谷等产业集聚区，以及滨海“工业云”、高新区“紫光云”、开发区“腾讯数据中心”、津南“易华录数据湖”、东丽“华为云”等数据中心
智能网联车产业链	东丽区、滨海新区两个智能网联车示范运营和产业基地，西青区国家智能网联汽车质量监督检验中心试验场
工业机器人产业链	武清汽车园、东丽区华明镇、开发区智能产业园等
行业智能终端产业链	武清汽车园、东丽区华明镇、开发区智能产业园等

二、天津市新一代信息技术产业发展存在的问题

天津具备了发展新一代信息技术的产业基础，但与北京、上海等重点城市相比还存在一些差距，这些问题严重制约了天津市新一代信息技术产业的发展。

1. 人工智能科技的发展和竞争力处于中游

人工智能科技是新一代信息技术产业的重要组成部分，智能网联车、工业机器人、行业智能终端等天津市比较成熟的产业链都属于这一领域。根据《中国新一代人工智能科技产业区域竞争力评价指数(2021)》，在全国各省份人工智能科技区域产业发展和竞争力的排名中，天津分值为11.90，位列第11位，处于全国中游水平，与北京市(82.37分)、广东省(65.50分)、上海市(36.05分)、浙江省(27.62分)等省市差距明显。

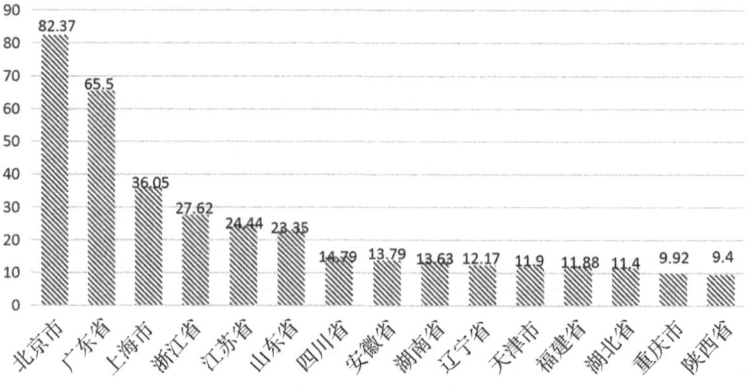

图1　人工智能科技产业区域竞争力评价指数综合排名情况

数据来源:《中国新一代人工智能科技产业区域竞争力评价指数(2021)》。

2. 企业规模不大、数量不多

尽管天津市新一代信息技术产业起步早、产业链全、定位高,但发展并不是最快的。以人工智能企业为例,规模普遍偏小,还未产生引领行业发展的龙头企业,对本地产业发展的带动效应不够强。此外,企业数量仍存在差距。人工智能企业分布密集的城市是北京市、上海市、深圳市和广州市,占比分别为29.73%、14.07%、13.99%和8.14%,是中国人工智能科技产业发展的前沿城市,而天津占比不到1%,明显低于长三角、珠三角各省区市。

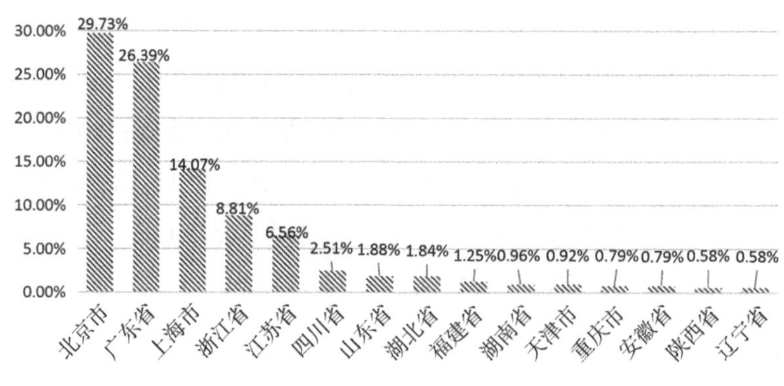

图2　中国主要省市人工智能企业数量(占比)

数据来源:《中国新一代人工智能科技产业发展报告(2021)》。

西部地区的成都市和中部地区的武汉市同样是人工智能企业数量排名靠前的城市，天津在企业数量方面与部分区域中心城市也存在一定差距。

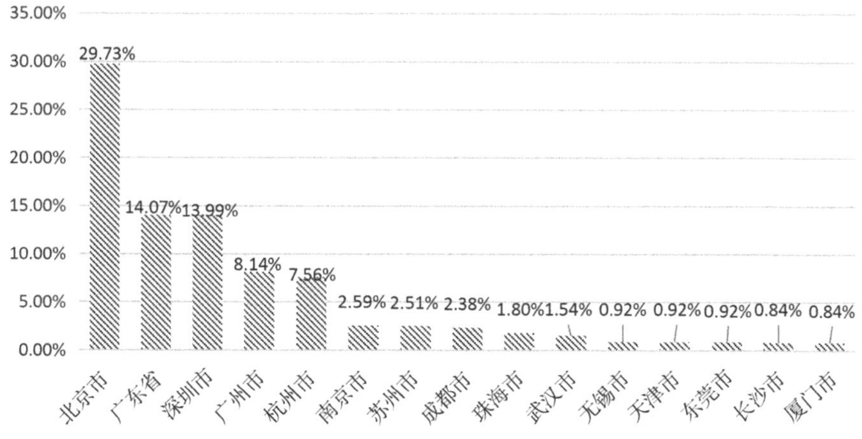

图3　中国主要城市人工智能企业数量（占比）

数据来源：《中国新一代人工智能科技产业发展报告（2021）》。

3. 基础软硬件仍存在短板

目前天津具有覆盖集成电路、高性能计算机、服务器、数据库、操作系统等较为完整的国产自主可控产业链，然而与北京、深圳、上海等城市相比，天津基础软硬件短板问题仍较突出。在基础硬件领域，天津集成电路产业以设计业为主，在制造、装备、材料、封测等环节较为薄弱。比如目前中芯国际制造工艺水平仍处在28纳米阶段，据世界领先水平（10纳米以内）尚有不小差距。在基础软件领域，南大通用数据库、麒麟操作系统等自主产品市场普及率仍然较低，对天津软件产业的整体带动作用不强；在互联网与信息技术服务领域，天津缺乏类似阿里巴巴、腾讯、百度等的领军企业，在当前国内互联网产业发展大潮中没有占据优势地位，落后于北京、深圳、杭州等地。

4. 新一代信息技术与传统优势产业融合不够

天津市具有强大的制造业基础，可以为新一代信息技术产业发展提供强大助力。但部分传统制造业企业对新一代信息技术认识不足，认为其就是提升生产的自动化水平，缺乏对智能制造的本质——提升个性化定制生产水平的认识。此外，制造业生产过程与新一代信息技术结合技术非常复杂，新一代信息技术企业难以独立完成制造业智能化转型的技术突破，技术结合遭遇瓶颈。这些都导致天津新一代信息技术与传统优势产业融合不够。

5. 科技金融服务支撑力不强

与北京、上海、深圳、杭州等城市相比，天津科技金融服务水平整体不强，无法形成对新一代信息技术产业发展的有效支撑。以人工智能领域为例，截至2020年底，全国1566家人工智能企业融资总额排名前五的省区市分别是北京市、上海市、浙江省、广东省、江苏省，融资总额分别为12613亿元、3608亿元、2414亿元、1645亿元、1130亿元，天津仅为93亿元。企业平均融资额排名前五的省区市分别是北京市、福建省、海南省、浙江省和上海市，企业平均融资额分别为24亿元、19亿元、18亿元、17亿元、15亿元。无论是融资总额还是企业平均融资额，天津企业距离领先城市都还具有不小差距。

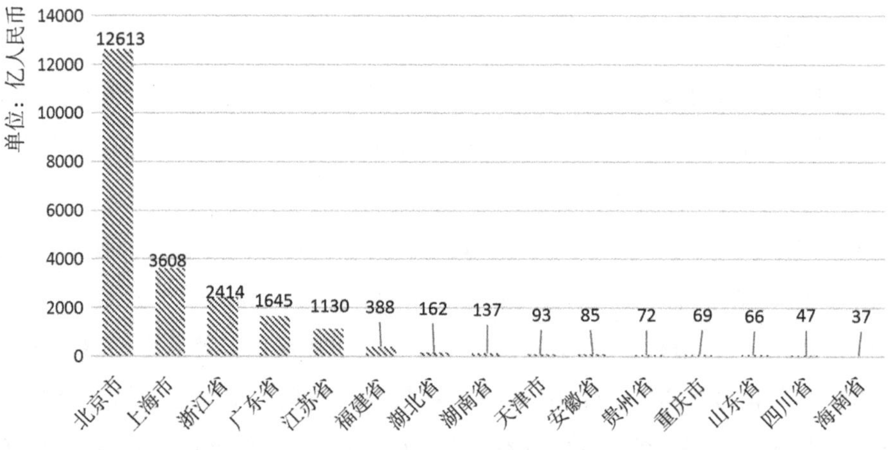

图4　1566家人工智能样本企业所在省市融资额

数据来源：《中国新一代人工智能科技产业发展报告（2021）》。

6. 产业布局空间分离

当前，天津新一代信息技术产业布局空间分离主要体现在两个方面。

一是产业园区之间的空间分离。目前,天津新一代信息技术产业园区主要依托西青经济技术开发区(电子信息)、滨海高新技术产业开发区(软件和信息服务)两家国家新型工业化产业示范基地,以及国家集成电路设计产业化基地、国家火炬计划软件产业基地等国家级产业发展为载体,资源、人才和资金还需要进一步整合,需要进一步加快建设主业优势鲜明、配套功能完善、综合效益突出的产业园区,引导资源定向聚集,促进产业合理分工,推动新一代信息技术产业规模化发展。

二是园区和城市空间分离。天津新一代技术产业园主要依托中心城市为园区输送人力、技术等要素,园区功能以产业功能为主,缺乏居住、商业、创新等功能。但产业的发展需要城市功能的同步提升,提供产业发展所需要的各类要素;城市的发展也需要产业功能的支撑,进而获得可持续发展的动力。天津新一代信息技术产业园建设应该注重满足人的工作和生活需求,实现科技、产业、城市、人文等多功能融通发展。

三、国内外新一代信息技术产业的发展趋势与热点

以人工智能、大数据、物联网为特征的第四次工业革命的到来,为各国提供了发展和转型的机遇,也给世界竞争力格局的变化带来了新的挑战,这使得新一代信息技术开始成为各国竞争的新战场。目前,国内外新一代信息技术产业的发展热点方向主要有以下四个方面。

(一)人工智能对传统制造业的改造

目前,全球人工智能产业发展迅速,成为各国发展的重点。从技术角度看,人机混合智能是重要研究方向,智能芯片、智能机器人、智能驾驶等应用成为关注热点。在智能制造产业链中将人工技术成果集成化、产品化,制造出如智能手机、工业机器人、服务机器人、自动驾驶汽车及无人机等新一代智能产品。在生产制造和管理流程中,运用人工智能提高产品质量和生产效率。人工智能技术在制造业的应用可以借助机器视觉识别,快速扫描产品质量,提高质检效率。

（二）以工业机器人为代表的智能制造

工业机器人是智能制造业最具代表性的装备。随着人工智能技术、新材料技术以及信息存储、传输和处理技术的快速发展，工业机器人逐渐呈现出智能化发展态势。全球对工业机器人的需求已明显增多。汽车、电子电气、金属和机械、化工和食品和饮料行业是目前工业机器人重要的应用行业，IFR 预计到 2024 年全球工业机器人产量将达到 85 万台，销售额达到 355 亿美元。

（三）以工业互联网为代表的基础设施

工业互联网是实现智能制造的关键基础设施。随着智能制造的快速发展，全球工业互联网平台总体市场高速增长，预计 2023 年全球工业互联网平台市场规模将增长至 138.2 亿美元，预期年均复合增长率达 33.4%。为了抢夺智能制造发展先机，美国、德国、日本等国均从政策支持、经费资助、企业实践等多维度持续深化工业互联网发展，全球工业互联网领域竞争日趋激烈，形成了以美国、欧洲、亚太地区为主的三大聚集区，其中美国和德国占据领跑地位，亚太地区需求强劲，实力不容小觑。美国“未来工业发展计划”将先进制造业、人工智能、量子信息和 5G 列为政府支持重点。通用电气、思科等大企业主导发展，美国 IIC 联盟不断吸纳各类企业巨头和顶尖机构加盟。德国出台了《数字化战略 2025》《德国工业战略 2030》等，提出将机器与互联网互联（工业 4.0）作为数字化发展的颠覆性创新技术加速推动。日本的《日本制造业白皮书（2018）》明确将互联工业作为制造业发展的战略目标，即通过灵活运用物联网、大数据、人工智能等数字化工具连接人、设备、系统、技术，实现自动化与数字化融合的解决方案，创造新的附加价值。

（四）制造业生产模式向按需生产转变

随着 5G、大数据、人工智能等新技术在各行业的应用，催生了一系列新产业，推动传统生产方式和商业模式变革，加快传统产业转型升级。新一代信息技术和智能制造技术融入传统制造业的产品研发、设计、制造过程，将推动传统制造业由大批量标准化生产转变为以互联网为支撑的智能化个性化定制生产，大幅提升传统产业发展能级和发展空间。供应系统的反应能力不断提升，有效提高了库存管理效率，也使得上游企业面临效率升级的压力，倒逼供应商更加积极地服务下游客户，而带动整个产业链经营管理效率提升。

四、天津市新一代信息技术产业的发展思路与重点

在新工业革命历史机遇下，天津应当依托自身产业优势，特别是充分发挥强大的制造业优势，深入实施京津冀协同发展战略，加强与北京等新一代信息技术产业创新高地的合作联系，加快推进天津市新一代信息技术产业的发展。

（一）加快推动5G等信息基础设施投资

支持和鼓励在津运营商加大、加快5G基础设施投资，支持运营商通过股权合作等方式进入5G商用下游领域，形成新的增长点，提升5G投资动力和能力。加快打造高速宽带、融合、泛在的信息基础设施，构建全覆盖、高效能的人工智能信息基础设施体系。支持以智能发展需求为导向，向集融合感知、传输、存储、计算、处理于一体的新一代智能化信息基础设施优化提升，实现全市互联网接入无缝覆盖。完善物联网基础设施，建设为人工智能企业服务的大数据中心，为产业发展提供海量数据支撑。

（二）加强与北京等新一代信息技术产业创新高地合作

支持本地人工智能重点园区、重点企业与北京中关村等人工智能产业高地相关主体建设人工智能产业化产业联盟，促进北京等地区的人工智能技术来天津快速转化和落地，促进人工智能技术改造传统产业。吸引中国科学院、清华大学、南京大学、西安交通大学等国内一流高校院所来津设立人工智能学院或研究生院，建设院士工作站、飞地实验室，重点开展深度学习算法、跨媒体感知技术、混合增强智能等核心应用基础技术研究。

（三）创建新一代信息技术改造传统产业示范区

支持一批掌握新一代信息技术的优势平台企业推进传统产业智能改造服务，促进这些企业以服务商的身份加快场景应用，并提供具有针对性的相关服务，推进智能制造向石化、机械等本地传统优势产业渗透。加快推进新一代信息技术在医疗、教育、家居、零售等领域创新应用，提高民生服务的智能化水平，为公众提供个性化、多元化、专业化、精准化、高品质服务，打造智能宜居示范区。培育智能经济体系，打造“天津智港”，着力推进智能政务、智能交通、智能安防、智能城市管理等，推动建设智慧城市、智慧社区和智慧家庭，打造数字车间和智能工厂，打造具有世界影响力的产业智能化基地。

（四）建设新一代信息技术产业创新载体

鼓励天津大学、南开大学等本地高校加强人工智能、大数据、物联网等学科建设，增加人工智能相关学科方向的博士、硕士招生名额，鼓励在原有学科专业基础上拓宽人工智能专业教育内容，加强人工智能与化工、机械工程等专业的交叉融合，形成“人工智能＋X”复合专业培养新模式。依托天津大学、南开大学等本地重点高校和科研院所，建设人工智能制造业创新中心及一批国家、省、市级重点实验室、工程研究中心和技术创新中心等创新载体。支持高校联合建设人工智能研发中心、工业设计中心、技术及标准推广中心、检验检测认证服务中心等。

天津市信创产业高质量发展研究

李　李　天津市经济发展研究院高级经济师

一、信创产业的概念与发展背景

（一）信创产业的概念

从产业概念角度看，信创产业即信息技术应用创新产业，是数据安全、网络安全的基础，也是新基建的重要组成部分。信创产业庞大，涉及基础硬件（芯片、服务器等）、基础软件（操作系统、数据库、中间体等）、应用软件（OA、ERP、办公软件等）、信息安全（边界安全产品、终端安全产品）四个主要领域，其中：CPU（中央处理器）芯片、整机、操作系统、数据库、中间件是最重要的产业链环节，CPU 和操作系统位处于信创生态核心地位，伴随新一代信息技术创新的发展，云服务、系统集成也成为信创产业的重要组成部分。

从产业链角度看，信息产业信息技术设施是国家产业体系高级化发展的关键所在，信息技术作为产业数字化发展的基础和重要动力，是国家产业发展能力的重要组成部分。信息供应链的安全稳定目前已超过了信息产业自身代表的范畴，既与上下游产业发展密切相关，更与整体经济社会的稳定密切相关，信息产业链的自主可控已经超出了网络自身的安全问题。充分发挥国产技术架构优势，有助于我国形成良好的信创应用生态圈，构建自主可控、安全可靠的信创产业体系，解决核心技术和关键环节的“卡脖子”问题。

从国家战略层面来看，信创产业是构建新型基础设施建设的重要内容，是促进未来核心科技竞争力、促进经济社会发展的重要产业。信创产业的发展是产业数字化发展、提升产业链能级的抓手。建设科技强国是我国未来五年发展的关键举措,建设科技强国的前提是科技立国,而科技立国的前提是关键核心技术与信息技术的安全自主可控。

从信息基础设施国产化程度来看,国内重要信息基础设施快速发展,关键信息技术产品与相关服务的国产化进程也在不断加快。目前我国使用的关键信息系统与信息基础设施中使用的关键信息技术产品与相关服务,仍然在较大程度上依赖国外厂商。信创产业有效解决了信息技术发展中带来安全问题,打造我们可掌控、研究、发展和生产的基础设施。

从信创用户使用角度看,依托稳定、规模化的用户群体,通过软硬件版本迭代更新、技术支持和服务持续完善,以提升产品性能和使用体验,加快推进信创产品从"能用"向"好用"转变。引导各类信息技术行业内的市场主体主动参与信创产业建设,促进技术与产品创新发展,积极营造良好的创新生态,打造"政、产、学、研、用"共建共享的应用格局。

(二)信创产业发展的政策背景

信创产业发展的本质在于从无到有建立属于我国的信息技术底层框架、技术标准与产业生态,不断提升 CPU 芯片、整机等重要基础软硬件的稳定性和创新性。当前,世界信息技术发生深刻变革,包括 CUP 芯片、操作系统等基础软硬件的整个信创产业正在面临一场广泛而深刻的科技变革、产业变革和创新变革。我国信创产业以 2020 年为产业发展元年,而后进入黄金发展期。2020 年,我国开始了党政信创产品的规模化推广和信创产业的大规模试点,相关产业链条发展加快提速,信创产业进入发展元年。2021 年大量信创产业案例应用在我国落地实践。2020 年,我国信创产业开始规模化推广,信创产业规模在 2020 年突破万亿元。这由于政府和企业的共同努力,我国信创产业规模才得以不断壮大,信创市场不断释放了前所未有的活力。

2021 年以来各行业各地区信创政策呈爆发式增长,地域特色明显。随着信创产业的不断深入发展,国家以及各行业主管部门分别从各自管理的视角出发,从政务信息化、数字经济、财务、金融、交通、建筑、教育、气象等诸多领域提出了对信创产业发展的政策性支持。

2021 年 12 月 12 日，国务院发布《“十四五”数字经济发展规划》提出，要补齐关键技术短板，集中突破高端芯片、操作系统、工业软件。国务院、国资委发布《中央企业加快建设世界一流财务管理体系》，提出要建立基于自主可控体系的数字化、智能化财务。

在金融领域，中国人民银行发布《金融科技发展规划(2022—2025)》，提出深化数字技术金融领域应用，健全安全与效率并重的科技成果应用体制机制，打通科技成果转化最后一公里。《中国银联金融信息技术应用创新产品能力评估指引》提出要对金融信息技术应用创新产品在事前产品选型把关、强化关键技术提供方资质能力审核，同时在前瞻性、可扩展性、稳定性等方面给予在技术应用适配测试和安全评估指导，确保技术路径与需求高度匹配。

在交通领域，交通运输部、科技部联合印发的《交通领域科技创新中长期发展规划纲要》提出，加快突破核心基础软件，高端控制芯片、发动机、核心零部件等关键核心技术，深化交通运输科技创新体制机制改革，持续提升交通运输自主创新能力。交通运输部、科技部联合印发《“十四五”交通领域科技创新规划》提出，到 2025 年，交通运输技术研发应用将取得新突破，科技创新能力将全面增强，创新环境将显著优化，初步建成适应加快建设交通强国需要的科技创新体系，创新驱动交通运输高质量发展取得显著成效。

在建筑、教育、气象领域，住建部《“十四五”建筑业发展规划》提出，推进自主可控 BIM 软件研发。教育部《义务教育信息科技课程标准(2022 年版)》提出，从信息技术调整为信息科技，其中 25 次提及“自主可控”，5 次提到“原始创新”，4 次提到“原创精神”。2022 年 5 月，国务院《气象高质量发展纲要(2022—2035 年)》明确提出，到 2025 年气象关键核心技术实现自主可控，要发展高精度、智能化气象探测装备，推进国产化和迭代更新，完善气象探测装备计量检定和试验验证体系，发展自主可控的地球系统数值预报模式，适度超前升级迭代气象超级计算机系统。

二、天津信创产业发展现状

大力发展信创产业是天津抢抓产业发展机遇、积极融入国内国际双循环、打造新发展格局的重大战略任务，是打造自主创新和原始创新策源地、促进新旧动能转换的重要动力。天津发展信创产业具备了很好的产业优势和大量的创新资源，加快培育信创产业集群，促进产业链向高端环节提升，有利于提升天津产业的竞争力，促进京津冀产业协同发展。

1. 产业战略定位不断凸显

首先，发展信创产业符合天津市建设全国先进制造研发基地的功能定位。在“一基地三区”城市定位中，“全国先进制造研发基地”是天津产业发展的关键，体现了国家对天津创新发展的要求，希望天津能够提升发展和创新发展包括信创产业在内的先进制造产业，持续促进京津冀产业协同发展。

其次，发展信创产业符合天津“制造业立市”的战略目标。“制造业立市”需提升产业链整体能级，锻长板、补短板，信创是天津重点打造的 12 条产业链之一，更是天津实现“制造业立市”目标的主攻方向。

最后，天津拥有丰富的创新资源。国家自主创新示范区、国家会展中心、自由贸易试验区为天津提供了良好的制度平台和展示平台，将对信创技术与服务的发展形成强劲的发展动力。

2. 政策红利持续释放

天津信创产业已布局多年，目前呈现规模增速较快、产业结构日趋完善等特点，总体水平处于全国前列。仅滨海新区已聚集信创产业上下游企业千家，形成了全国领先的产业链布局和全市信创产业发展核心区域。在“十三五”规划时期，天津市政府将信息产业纳入全市八大重点支柱产业，出台了一系列关于促进科技智能产业发展的规划与行动计划。2020 年是信创产业全面推广的起点，《天津科技创新三年行动计划（2020—2022 年）》明确提出，以信创产业为突破口、以生物产业和高端装备制造等为重点，加快提升天津的产业创新能力。编制“十四五”信创产业发展规划，围绕基础软件、应用软件、CPU 芯片和集成电路、终端设备等领域，开展技术攻关，绘制产业、技术、生态图谱，加快引进信创龙头企业、国家级大院大所和创新型人才，促进信创领域创新学科建设。截至2021年，连续五届世界智能大会在天津成功举办。2021年是信创产业发展承前启后的战略机遇年。《天津市制造业高质量发展"十四五"规划》出台，其中明确提出信创产业以实现全国率先突破为目标，做大做强基础软件、CPU芯片、集成电路、应用软件、外设终端为重点发展的五条产业链。

3. 产业规模实现快速增长

2021年天津电子信息制造业产值达到1847亿元，电子信息制造业产值占全市工业总产值比重超过10%；电子信息制造业增加值累计增长9.1%，高于工业增加值增速。在规模以上服务业15个重点行业中，2021年全市规模以上软件和信息技术服务业营业收入达到537.32亿元，占规模以上服务业15个重点行业营业收入比重的11.5%。在16个规模以上主要工业行业中，2021年全市计算机、通信和其他电子设备制造业规模较大、增速较快，其中：增加值占比为7.4%，增加值规模排在第三位，仅次于石油和天然气开采业和汽车制造业；增加值增速达到13.1%，排在行业第五位。当前，全球集成电路制造产能缩减，2020—2021年集成电路方面的投资活动较为活跃，促进电子信息制造业固定资产投资增长较快，2021年天津计算机、通信和其他电子设备制造业投资额达到127.47亿元，同比增长23.0%，高于制造业投资水平（13.8%），该行业投资规模占制造业投资总额比重达到18.1%，位居制造业行业投资比重第一位。

4. 骨干企业不断发展壮大

天津集聚了一批信创领域骨干企业，企业发展势头良好。汇聚了飞腾、海光、南大通用、神州通用、麒麟软件等一批行业头部企业，全国六大CPU（中央处理器）厂商、四大数据库企业、两家操作系统企业，天津分别占据四家、两家和一家。天津集聚了一批信创行业100强企业，中环半导体、中科曙光入围中国电子信息百强企业名录。天地伟业被列入中国软件业务收入100强企业名录。奇安信与360共同入围中国网络安全能力100强企业名录。华海清科的相关产品在国内市场占有率达到较高水平。

5. 产业创新生态加速形成

天津集成电路先进生产线迅速发展，拥有 8 英寸晶圆线、6 英寸 0.35 微米特色工艺产线以及射频微机电系统工艺产线，12 英寸单晶硅片打破国际垄断。芯片设计能力取得突破性进展，紫光展锐参与 12 纳米 5G 基带芯片研发，滨海新区信息技术创新中心取得交换芯片以及内生安全交换芯片等多项具有国际影响力的创新成果。突破高端 CPU 芯片、自主可控操作系统等关键核心技术环节，打亮了“PKGS”信创品牌。软件定义深入发展，共享经济智能综合服务平台、虚拟仿真再生资源系统在人力资源、再生资源领域实现特色应用。人工智能应用场景更加丰富，在风电领域大型设备物流运输场景中重载自动导引货运车成功试验并应用，在中新天津生态城虎鲸工业级无人机提供了高效的智能交通巡逻检查服务。

6. 创新创业平台加速集聚

天津拥有众多信创产学研平台，拥有众创空间、孵化器百余家，“芯火”双创基地加快建设，“众创空间 + 孵化器 + 加速器 + 双创基地”的孵化链条逐步形成。依托校地合作等多种方式加速产业创新平台建设，云集了清华大学天津电子信息研究院、北京大学新一代信息技术研究院、天津国家信息安全工程技术研究中心、先进操作系统创新中心以及国家先进计算产业创新中心等国家级科研机构与平台。2021 年 11 月，在中国信创谷信创海河实验室正式挂牌运营，实验室聚焦微处理器设计、高性能计算、基础软件以及工业软件四个研究方向，以通过技术突破重塑产业链为发展目标。截至 2021 年，天津拥有市级以上研发机构 43 家，其中国家级研发机构 5 家。滨海—中关村科技园等“1 + 16”产业承接平台的创新促进作用得到充分发挥，利用北京中关村与天津创新政策叠加的优势，加快促进了高科技信息技术企业的承接以及关键科技成果转化。

7. 产业创新成果大量涌现

天津信创产业核心技术处于国内领跑地位，建立了“飞腾 CPU + 麒麟操作系统”为代表品牌体系，南大通用、神舟通用的国产数据库市场份额约占我国数据库市场的一半，是国家重大工程的数据支撑。近年来，天津信创领域涌现了一批关键核心技术，新一代超级计算机、内生安全交换芯片等关键技术实现重大突破，中科曙光分布式存储系统成为国内海量存储系统第一，一大批具有国内外行业领军性的创新成果不断涌现。在芯片领域，国内领先的自主核心芯片企业飞腾在2021年的科技研发投入超过了7亿元，完成芯片交付超200万片。天津鲲鹏信息自主研发的射频识别核心技术被专家团队评为关键技术与整体水平居于世界领先地位。在软件领域，麒麟软件在通用与专用双领域提供了安全创新操作系统服务与相关解决方案，形成了服务器操作系统、桌面操作系统、嵌入式操作系统、麒麟云等丰富的产品与服务，先后申报专利400余项。此外，曙光开展的“高性能通用微处理器及深度计算处理器研发产业化”项目已通过国家发改委预验收。

8. 产业链条不断强化

天津信创产业聚集了以超算、曙光、飞腾、麒麟、360为代表的信创领域产业链上下游企业1000多家，率先实现CPU、操作系统、数据库、服务器、整机终端等自主可控的全产业链条，截至2021年，天津信创产业链上在建项目达96个，在建项目总投资达787.55亿元，新一代麒麟操作系统研制推广项目、奇虎360天津创业平台项目等一批重点项目正在加快建设当中，为产业发展提供了强劲动力。腾讯天津数据中心、太平洋电信天津数据中心、华录光存储大数据中心项目落地投产，空港数据中心等4个数据中心入选首批国家绿色数据中心。

三、天津市信创产业发展存在的主要问题

（一）产业总体规模偏小，人工智能核心产业占比偏低

信创产业作为天津重点做强的产业之一，主要包括软件开发、信息安全设备制造、通信终端设备制造、信息处理和存储支持服务、信息技术咨询服务、电子器件制造等。从当前产业发展的整体情况分析，呈现出细分行业发展不平衡的问题，产品服务主要集中在应用软件开发、信息处理和存储支持服务等少数

几个行业中，语言识别、搜索服务、图像处理、数据服务等人工智能核心产业占比较小。

（二）自主创新能力不足，创新成果转化的“最后一公里”有待打通

从技术成熟度与全球对比的差距来看，天津信创领域仍需加大技术攻关力度，尤其是在芯片、操作系统、中间体、工业软件、LaaS 等方面技术落差仍然较大，高端 CPU 芯片、智慧传感器、闪存、高精密减速器、智慧终端等关键领域的核心技术环节仍需加快突破，核心基础元器件、先进基础工艺、关键基础材料和产业基础装备等研发创新能力有待提升。

（三）龙头企业带动不足，尚未形成大中小企业共同发展的格局

从今年“中国信创企业排行榜 TOP100”主要地区分布情况看，行业龙头企业主要分布在北京、深圳、上海，三地企业数量位居三甲，分别占 37%、14% 和 9%。天津上榜企业有中科曙光、麒麟软件、三六零。在今年“中国信创企业 IT 基础设施排行榜 TOP50”中，天津上榜企业包括曙光云、中科曙光。在“基础软件 TOP50 排行榜”中，天津上榜企业包括南大通用、神舟通用、麒麟软件、中标软件。在“应用软件 TOP50 排行榜”中，天津的中科曙光上榜。

（四）高端生产要素缺乏，资金短缺及人才外流问题明显

信创企业从成立到达产速度较慢，而且各项配套建设及市场拓展均需要大量资金的支持，容易造成资金紧张和融资困难。目前天津信创企业中软件研发领域人才缺口较大，部分龙头企业如麒麟、飞腾等业务扩展与产品研发的关键时期仍然面临高端技术人才短缺与不足的问题，特别是在操作系统等新兴行业技术人才数量较少，与行业发展匹配度不高，严重制约相关行业和企业的壮大与技术研发。

四、天津市信创产业高质量发展的对策建议

(一)树立鲜明的主攻方向,打造新一代信息技术产业体系

密切对接“十四五”规划,以信创产业发展为主攻方向,明确产业发展的目标路径,在基础和应用前沿领域加快促进创新资源的布局与产业项目的布局,加快谋划一批信创产业的特色园区和高水平科技创新平台,打亮天津信创产业的品牌。打造新一代信息技术产业发展新体系,发挥电子信息制造优势,以智能终端为突破口,重点发展集成电路、基础软件硬件、信息安全、智能传感器、汽车电子等关键领域,打造一批产业增长极。围绕新技术新趋势,依托中国信创谷建设,以信息安全为特色,发展信创软件、工业软件、大数据云计算、工业互联网、区块链领域,打造一批拳头产品和特色品牌。发挥人工智能作为赋能体的重要作用,丰富智能场景应用,积极促进智能制造、智能物流、智能医疗、智能交通、智能家居等“智慧 + ”应用场景落地实施,在全国形成试点示范作用。

(二)系统研究梳理产业发展图谱,推动源头技术创新

聚焦 CPU 芯片、基础软硬件、国产软件、集成电路等关键领域与环节,主动对接国家级科研院所,推动“政、产、学、研、用”加快融合,补齐产业发展短板劣势,集中力量突破一批“卡脖子”关键技术,提升天津信创产业的核心竞争能力。围绕信创产业链部署创新链,利用原始创新、集成创新、引进吸收再创新等科技手段,运用“揭榜挂帅”“首席制”等新型科研组织模式,加快突破一批核心关键技术。制定信创产业关机核心领域发展堵点、痛点目录,集中力量突破高端芯片、智能高端传感器、闪存、计算机操作系统、智慧终端等重点领域的核心关键技术产品与服务。重点突破智能深度学习、神经网络学习、智能决策、人机交互等科技难点。运用区块链、5G、人工智能、物联网等新型技术框架,突破分布式存储、数据存储与交换标准化以及可信执行环境等重点领域。

（三）着力构建信创产业生态，提高企业发展活力

紧紧围绕产业创新需求，加强资源整合与协调，以天津市科技创新平台为载体，充分吸收集聚创新资源，营造良好的创新生态，提升协同研发能力。着力培育一批行业龙头企业。瞄准全国电子百强与软件百强企业榜单，加快引进和集聚一批具有品牌影响力和国内外竞争力的先进企业。鼓励信创高新技术企业通过各种方式实施产业吸纳，促进知识产权、技术资源的加快集聚，以国内领先、国际一流为目标，培育一批具有较强品牌影响力的龙头企业。鼓励企业引进国内外先进工艺技术和生产设备，促进对设备进行智能改造升级，提高信创产品和服务的价值。加强龙头企业辐射带动作用，打造上下游企业紧密合作、产业链相互支撑的发展格局。

（四）坚持以用立业，畅通产业内外循环

大力推动信创产业联盟建设，提高信创产业配套服务水平，打造丰富的信创应用场景，充分发挥各类生产要素的效能，提升产业竞争力。融入国内国际双循环发展格局，积极融入京津冀产业协同，以新一代信息技术产业需求为基本导向，打造京津冀信创产业发展合作链条，在产业分工、产业协同、投资落地等方面加强统筹协调，支持京津冀在创新资源方面形成共享、互补、错位的发展合力，加快促进三地技术合作、科技成果落地与信创产业标准化认定等举措，推动信创产业发展深度融合。充分发挥自由贸易试验区、国家自主创新示范区的创新引领作用，积极开拓多元化国际合作与项目推荐。推动企业积极拓展海外用户，构建跨境产业链体系。依托世界智能大会，打造产品展示、项目对接、峰会交流平台，提升新一代信息技术产业的国际竞争力。

（五）深化改革创新，强化项目、人才、资金支撑力度

采取个性化、多元化的措施持续完善人才引进和激励机制，积极发展科技金融、风险投资，为创新人才能更好地发挥作用营造良好氛围。建设信创产业项目库，围绕信创产业重点推进的项目，制订项目推进计划。实施重大项目领

导责任制，完善重点项目储备机制，围绕产品研发、平台建设、产线扩增等方面储备一批重大项目，形成动态有序的项目储备制度。建立健全重大项目协调、项目监测的工作体系，组织开展项目实施跟踪评估。经常性征集企业需要的重要人才类别，定期发布信创产业人才需求计划，向全国发布。积极拓宽信创产业融资渠道，支持企业通过银行信贷、挂牌上市等方式融资，充分发挥智能制造专项资金激励作用，支持新一代信息技术产品及应用研发。完善投融资机制，鼓励政策性银行、产业投资机构和担保机构加大对新一代信息技术产业的支持力度。

参考文献

[1]石菲：《以项目带动生态，构建信创产业良性循环》，《中国信息化》2021年第3期。

[2]翟艳芬：《信创产业发展与大数据应用创新》，《软件和集成电路》2021年第8期。

[3]周琳、魏劲松：《山西省信创产业创新发展策略研究》，《科技咨询》2022年第1期。

[4]艾瑞咨询：《2021年中国信创产业研究报告》。

天津市新能源产业发展研究

袁进阁　天津市经济发展研究院经济师
王　刚　天津市经济发展研究院高级经济师
丁绪晨　天津市经济发展研究院经济师

随着环境问题的日益突出以及常规能源的有限性，以环保和节能减排为特质的新能源越来越受到各国的重视。特别是新冠肺炎疫情反复叠加国际冲突爆发，对全球能源供需体系造成巨大冲击，各国对能源独立性和安全性的需求更加迫切，将加快全球能源转型进程。大力发展新能源，不仅能够降低碳排放，而且可有效降低对传统能源的过分依赖。作为能源进口大国，我国制定了以安全降碳为主线的能源绿色低碳转型战略，“十四五”规划纲要提出，要推进能源革命，建设清洁低碳、安全高效的能源体系，提高能源供给保障能力。新能源当前正处于大有可为的战略机遇期，在当下这个关键的历史节点，研究如何加快推进天津新能源产业发展具有重要的现实意义。

一、国内外新能源产业发展现状及趋势

（一）世界各国高度重视

放眼世界，大力发展新能源产业是积极应对气候变化和能源危机的重要抓手，各国纷纷制定新能源产业发展战略、行动计划和政策措施，抢占国际产业竞争制高点、增强国家竞争力。美国重点聚焦氢能、生物燃料、储能技术攻关，通过了总规模 1 万亿美元的基础设施投资和就业法案，用于开发、补贴和加强新能源相关技术和产业。欧盟先后发布《欧盟甲烷战略》《海上可再生能源战略》

《国家氢能战略》等计划，力图保持欧盟地区的能源技术地位，激发更大潜力。日本则先后发布《绿色增长战略》《2050 碳中和绿色增长战略》，重点发展海上风电、太阳能、地热、氨燃料和氢能产业，积极向"零排放"时代迈进。韩国方面，积极实行"绿色新政"，制定《氢能经济发展及氢能安全管理法》等一系列法案，扩大太阳能、风能、氢能等新能源的利用，并提出到 2025 年在韩国打造 25 座智能绿色城市，实现 113 万辆电动汽车和 20 万辆氢燃料电池车上路。在各国的大力支持下，新能源产业在全球范围内大幅增长。据统计，2021 年全球新能源企业 500 强总营业收入实现逆势增长，达 4.41 万亿元，比 2020 年增加 1845 亿元，同比增长 4.50%。特别值得一提的是，风电三巨头维斯塔斯风力技术公司、西门子股份公司和通用电气公司的营业收入均超过了 1000 亿元，创造了新的历史纪录。

（二）国内实现跨越式发展

近年来，我国新能源产业实现跨越式发展，呈现技术水平快速提高、经济性持续提升、应用规模加速扩张态势。

1. 技术研究加速发展

近年来，我国新能源产业通过技术引进、消化吸收和再创新，水平快速提高，已呈现技术赶超态势。全球单位千瓦扫风面积最高的 10 兆瓦级海上风电机组完成吊装，晶硅电池、薄膜电池最高转换效率多次创造世界纪录，麒麟电池、钒电池、钠电池等新技术不断涌现，储能技术总体达到世界先进水平。能源基础设施智能化、多能互补、电动汽车应用等领域创新也十分活跃，各类新技术、新模式、新业态持续涌现。随着技术进步和产业链整体不断发展，我国新能源产业的龙头企业的全球竞争力凸显，2021 年，我国有 214 家企业入围"2021 全球新能源企业 500 强榜单"，数量位列全球第一。其中协鑫（集团）控股、中国电力建设集团有限公司、隆基股份、明阳新能源等多家企业更是位居前列。

2. 经济性持续提升

风电、光伏、氢能等新能源应用成本快速下降。以光伏和风电为例，国内光伏系统成本在过去 10 多年间持续下降，由 2007 年的近 60 元/瓦降至 2020 年的 4 元/瓦左右。对应 LCOE 成本(平准化电力成本)由 2 元/千瓦时逐步下降至0.3～0.4 元/千瓦时左右,相比煤电0.2～0.4 元/千瓦时的 LCOE 成本,已经在部分地区具备成本优势,后续随着光伏发电成本进一步下降,装机需求增长动力强劲。除光伏之外,风电在过去 10 年也实现了较为有效的降本。根据国际可再生能源署(IRENA)发布的最新版可再生能源成本报告,2010—2020 年光伏、陆上风电、海上风电的成本分别下降了 85%、56% 和 48%,新能源在经济性层面上持续提升。

3. 应用规模快速提升

在能源转型背景下,国内新能源发电装机快速发展,占比大幅提升。中国电力企业联合会数据显示,截至 2021 年底,我国全口径非化石能源发电装机容量达到 11.2 亿千瓦、占总发电装机容量的比重为 47%,首次超过煤电。发电方面,全口径并网太阳能发电、风电发电量同比增长分别为 25.2% 和 40.5%。全口径非化石能源发电量达 2.90 万亿千瓦时,同比增长 12.0%;占全口径总发电量的比重为34.6%,同比提高0.7 个百分点。据不完全统计,全国20 多个省区市新能源是第一、第二大电源,目前,新能源已经成为国内电力供应中不可忽视的电源。

二、天津发展新能源产业的基础条件

(一)资源较为丰富

作为石化产业强市,天津拥有中石化、中海油、渤海化工等多家石化能源企业,具有较强的工业副产氢生产能力,氢气资源较为丰富,为氢能发展提供了有力保障。同时在发展光伏、风电的自然资源方面,禀赋也较为丰富。光伏方面,天津年日照时数为 2500～2900 小时,属太阳能资源丰富带,Ⅱ类光资源区,具备较好的光伏发电开发条件。风电方面,天津位于中纬度欧亚大陆东岸,是东亚季风盛行的地区,属温带季风气候,Ⅳ类风资源区,年均风速 2～4 米/秒。风能资源的技术可开发面积达为 209 平方千米,可装机密度系数达 4 兆瓦/平方千米～5 兆瓦/平方千米之间。天津的光伏和风能产业均适合规模化开发。这些都为天津发展新能源产业，提供了较为广阔的市场前景。

（二）上下游产业配套完善

天津以制造业立市，拥有雄厚的制造业基础和完善的产业配套能力，在新能源产品开发、生产工艺和后期服务方面有较强的实力，为天津实现新能源产业集聚以及新能源产品的应用提供了较好前景。特别是在电动汽车产业链上，中环半导体智慧工厂三期、力神电池六期甲工厂、一汽丰田新能源工厂、恒大新能源汽车等一大批项目加快落户滨海新区。已形成从锂离子动力电池、电机电控、汽车零部件到整车制造以及汽车金融、汽车后服务等配套领域的全产业链布局，在纯电驱动系统、动力电池、电磁兼容试验等方面达到国际领先水平，滨海新区已成为我国重要的新能源车基地。

（三）相关科技与人才初步集聚

目前坐落在天津的天津大学、南开大学、天津工业大学等一大批国内顶尖高等院校和相关科研院所都在进行新能源产业的相关教育和研发，并成立专门的研究团队进行相关领域的研究工作。在促进校企合作项目建设方面，天津积极成立多家专门研究基地，如英利新能源有限公司、歌美飒风电有限公司等企业联合天津轻工职业技术学院、新能源行业协会共同建立的“京津冀新能源协同创新中心”正进行前沿研究，力争取得突破性和创新性的成果。

三、天津新能源产业发展现状及存在的问题

（一）天津新能源产业发展现状

近年来，天津积极统筹利用新能源资源和开发条件，坚持技术引领、项目带动，推动新能源产业发展不断取得新突破。

1. 产业规模不断壮大

2020 年天津新能源产业规模达到 800 亿元，占规模以上工业增加值比重为 3. 1%，分别比 2015 年提高 300 亿元和 2. 4 个百分点，形成了锂离子电池、太阳能光伏等优势领域。其中锂离子电池市场占有率及产业规模居全国第六位，具备 30 吉瓦时年产能力。光伏领域形成总计超过 40 吉瓦的光伏切片、太阳能电池片年生产能力。风电产业坚持陆上风电和海上风电并举，带动风机制造业快速发展，自主研发的大功率风机产品在国内外市场占有重要位置。氢能产业链雏形基本形成，制氢能力位居全国前列，氢气“产—储—运—充”、燃料电池系统、燃料电池车辆等产业链关键环节均已开始布局。

2. 技术水平加快提升

锂离子电池领域，正负极材料、隔膜材料和电解液等领域多种关键材料、关键技术先后研发成功，共拥有超 2000 项发明技术专利。光伏领域拥有国家级新型光伏发电技术国际科技合作基地，形成从单晶硅、多晶硅到非晶薄膜、聚光电池等较为完整的产品类别，研发能力和技术水平全国领先，产品光电转化效率处于国际领先水平。风电领域，在大功率风机关键技术上不断创新，具有完全自主知识产权的 6 兆瓦陆上风机研发成功，复合材料风电叶片、齿轮箱、控制系统等关键部件的自主化生产水平和配套能力不断提升。氢能领域制氢技术持续改善，工业制氢的氢气纯度达到 99. 999% 以上。

3. 集聚效应逐步显现

锂离子电池领域拥有力神电池、荣盛盟固利、巴莫科技、贝特瑞等一批龙头企业，成为全国重要的锂离子电池生产基地。光伏领域拥有中环半导体、爱旭太阳能等公司，在相关技术的研发和应用中处国际、国内领先水平。风电领域，拥有维斯塔斯、歌美飒、东方电气等公司，在国内外市场占有重要位置。氢能领域，拥有新氢动力、氢璞创能、东莞氢宇等一批优势特色企业。这些企业分别集聚在静海区及宝坻区锂离子电池产业基地、北辰区光伏产业示范园、滨海新区国家风力发电高新技术产业化基地、天津港保税区氢能示范产业园等特色产业园区，总体上形成了骨干企业带动、重大项目支撑、上下游企业集聚发展的态势。

(二)天津新能源产业发展存在的问题

1. 缺乏龙头企业

天津新能源产业产值占全市工业总产值比重较低,对全市经济发展的贡献度不明显。整体的品牌效应也尚未形成,除力神电池外,缺少带动力和控制力强的本地龙头企业,各领域的核心企业多为外地或外资品牌,技术水平与发达地区相比存在一定差距,偏重扩大产能,轻科技研发,整体竞争力不强。

2. 发展成本较高

天津新能源产业发展成本较高。在日常运营上,供水、供电价格均高于周边的河北、山东等省份。在用地方面,工业地价也远高于周边的唐山、保定等城市,是其价格的 2 倍甚至更高,这些都造成企业的经营资金压力较大。政府部门对于新能源产业发展虽出台了许多补贴措施和优惠政策,但在实施效率上有待进一步加强。

3. 人才供给不足

随着天津新能源产业的快速发展,人才缺口在扩大。虽然天津大学和天津商业大学、天津理工大学三所高校先后开设新能源科学与工程专业,但培养的学生数量太少,人才供给严重不足。而各大新能源企业招聘的员工主要是其他相关专业毕业生和从别的电力企业挖掘的有工作经验的职工,多数人不具备新能源产业相关的理论知识,缺乏相关经验,因而很难胜任岗位要求,无论现有人才技能的提升,还是后续人才的培养,都亟待加强。

四、天津新能源产业发展的机遇与挑战

(一)天津新能源产业发展的机遇

1. 京津冀城市群的带动

京津冀城市群位于我国环渤海的“心脏”地带,也是我国北方经济规模最

大、最具活力的地区。其集聚效应为天津新能源产业的发展提供了丰富的资源。京津冀城市群具备强大的科技资源优势，占比超过全国三分之一的科研机构为天津新能源发展的科技研发提供了很好的软、硬件资源支撑。同时，京津冀城市群内聚集的优秀能源企业，为新能源科研创新提供了合适的孵化基地和生产力转化条件。

2. 先进制造研发基地的建设发展

天津适应新一轮科技革命与产业变革要求，提出制造业立市、建设制造强市战略，加快建设先进制造研发基地。以完善产业链为目标，先后出台《天津市新能源产业发展三年行动计划》《天津市新能源汽车产业发展三年行动方案》《天津市可再生能源发展“十四五”规划》等一系列文件，进一步明确了天津新能源产业的发展路径和模式。

3. 清洁低碳转型带来新的机遇

党的十九大报告提出把发展清洁能源作为推动生态文明建设的重要内容，强调推进能源生产和消费革命，构建清洁低碳、安全高效的现代能源体系。2020 年 9 月，习近平总书记进一步提出了“碳达峰、碳中和”目标和愿景，这是我国在《巴黎协定》承诺的基础上，对碳排放达峰时间和长期碳中和问题设立的更高目标。目前，受国际严峻局势等因素的影响，世界范围内食品、燃料和化肥贸易中断，加剧了能源价格冲击，各国纷纷加大能源转型力度，世界范围内能源清洁低碳转型发展的总基调已经确立，未来新能源发展将迎来新的历史机遇。

4. 绿色金融提供资金支持

在“碳达峰、碳中和”目标的指引下，各大金融机构积极发展绿色金融，有序推进绿色低碳金融产品和服务开发。在绿色金融创新方面，天津更是走在全国前列，“首创性”成色十足。2021 年以来，天津在生态保护、新能源与清洁能源装备制造等领域的绿色贷款余额较年初增长均超 100%，全国首单“碳中和”资产支持票据、全国首单租赁企业可持续发展挂钩债券等绿色金融创新的多个首单也相继落地。绿色租赁特色优势不断强化，金融租赁公司绿色贷款余额占比达 27. 28% ,绿色债券发行规模不断扩大,为新能源产业发展提供了有力的资金支持。

(二)天津新能源产业发展的挑战

1. 国内同行业竞争激烈

各省为了本地区经济发展的需要,都利用振兴政策,积极扶持本省的新能源企业。根据公布的全国31个省区市"十四五"发展规划,有25个省区市明确提出了"十四五"期间新能源发展计划,16个省区市强化风电产业链、大基地建设。由于部分光伏、风电等新能源企业处于生产加工领域,进入技术门槛较低,所以在很短的时间内国内涌现出大量生产企业。这种低端的过热投资很容易在短期内形成产能过剩,在行业内形成激烈的竞争,国内新能源产业将面临巨大的发展压力。

2. 国际产业分工格局不利

目前天津在新能源发展方面虽取得骄人成绩,但是在部分上游材料、关键设备和核心技术方面仍然依赖进口。以光伏及风电领域所应用的芯片为例,国产 IGBT、IGCT 及 SiC 芯片的主要工艺设备、衬底材料均需从国外采购;风电轴承作为风电核心零部件,市场几乎被德国、日本、美国以及瑞典四国企业主导,国产化率仍然处于较低水平;隔膜是锂离子电池的重要核心组件,由于隔膜技术与日本等国差距明显,高端隔膜大多依靠进口。这些都对天津新能源产业的发展产生一定制约。

3. 产品市场开拓不足

新能源产业面临着产品市场开拓不足的挑战。因应用过程中缺乏智能电站、充电桩、特高压输电线路等相应基础设施,新能源相对煤炭石油等传统能源竞争力较差。2020 年,在天津的能源结构中,煤炭消费占能源消费总量的比重为 34. 1% ,包括风电、光伏等在内的非化石能源消费占比仅为 7. 7% 。氢能也尚处于示范应用阶段,工业副产氢尚未充分利用,未形成稳定、成熟、广泛的市场。

五、天津新能源产业发展的对策建议

（一）天津新能源产业发展的重点方向

结合上述分析，我市新能源产业已具备一定的产业基础和发展经验，下一步应加快发展锂离子电池产业，巩固风电和光伏产业优势，积极培育氢能源燃料电池产业。

1. 着力提升锂离子动力电池、风电、光伏等现有优势领域

锂离子动力电池、风电、光伏等领域，天津已形成了较好的产业基础，应充分发挥现有大型企业龙头带动作用，大力引进高端项目、技术、人才等战略资源，提升核心技术竞争力，形成行业优势产能，推动产业链向高端化、智能化、绿色化发展。

锂离子动力电池领域，依托天津力神电池股份有限公司、天津银隆新能源有限公司、天津捷威动力工业有限公司等重点企业，加快三元电池、钛酸锂电池批量化生产和应用，不断提高电池性能，扩大电池产业规模。依托国家轿车质量监督检验中心，建立涵盖动力电池电芯、模组和系统的创新测试评价方法，完善验证服务体系，推进电池检测与回收。

风电、光伏领域，依托维斯塔斯风力技术（中国）有限公司、天津明阳风电设备有限公司等重点企业，加强风力发电整机研发。加快发展大功率发电机、齿轮箱、叶片、偏航变桨系统、冷却系统，以及大型铸锻件等关键部件开发。积极推动天津英利新能源有限公司、天津中环半导体股份有限公司等龙头企业，研发太阳能电池组件，加强对产业链的高利润环节控制，提升产品附加值。依托中电科十八所、南开大学等具有国内较高水平的科研院所和高校，联合重点企业，开展低能耗、高效率、环保型生产工艺研发，实现光伏逆变器、配电箱等系统部件的技术和工艺突破，提高光伏电池性能。

2. 积极培育氢能及氢燃料电池等新兴领域

就国内市场来看，氢能正处于开拓阶段，为天津占据产业链关键位置提供

了机会。应聚焦核心技术研发和先进装备制造，打造资源生产供给基地、技术协同创新平台、氢能应用示范中心，构建技术、产业、应用融合发展的氢能产业生态圈。

下一步建议首先引导和支持中石化、渤化集团等大型化工、能源企业开展技术改造，进一步提升工业副产品安全制氢能力，继续加大加氢站的建设力度。其次依托南开大学等高校开展质子交换膜、膜电极、新型催化剂等关键零部件研究，促进关键材料技术国产化，降低成本。再次，依托新氢动力、氢璞创能、华清能源、银隆燃料电池研究院等重点企业，开展高性能氢能燃料电池及其关键材料、燃料电池发动机等核心部件技术研发和产品开发，加快推进燃料电池动力系统的产品开发。最后，重点在交通领域推广应用，利用物流车、叉车、公交车等车型开展示范运营，为氢能及相关产业培育稳定、成熟的市场。

（二）天津新能源产业发展的政策建议

在配套政策方面，建议采取以下措施：

1. 着力加强关键技术攻关

以企业为主体，大力推进高比能量动力锂离子电池开发与产业化技术，研发风力发电控制变流器、高品质多晶硅碇、航天器太阳能电池等关键技术产品。同时推动大规模新型储能技术、绿色氢能产业技术、碳捕集利用与封存技术、动力电池智能拆解技术等绿色低碳技术攻关，推动数字化信息化技术在新能源领域的创新融合，加快前沿技术产业化进程。

2. 全力打造新能源产业集群

做大做强本地龙头企业，快速建成一批具有一定影响力的新能源产业集群和产业聚集区，以滨海新区国家风力发电高新技术产业化基地、北辰区光伏产业示范园、天津港保税区氢能示范产业园等产业园区为重点，优化产业发展空间布局，通过推动天津市新能源企业的兼并与联合，促进产业的集聚发展，发展一批有核心竞争力、主导产品优势突出的大型企业集团。推动新能源企业与上下游企业之间组成战略联盟，实施优势互补，增强产业整体竞争力。

3. 积极建设产业创新合作平台

有效整合全市高等学校、科研院所、科技中介服务机构以及骨干企业等优势单位资源，围绕太阳能、储能、氢能等关键领域培育创新载体，搭建一批对全市新能源产业发展具有引领带动作用的高层次公共技术创新服务平台，加速技术成果产业化。打破行政壁垒，与京冀合作创立新能源产业技术创新战略联盟，充分发挥北京科技创新和河北制造成本的优势，开展产业发展战略研究和共性、关键技术联合研发，合力建设京津冀清洁电力外送基地，示范应用推广特高压智能电网、大规模储能等前沿技术，促进京津冀新能源产业不断整合。

4. 加快新型基础设施建设

加快新型基础设施建设，培育稳定的新能源领域市场。健全全市电网主干网架，加快推进智能变电站、多能互补综合能源网络建设，构建适应大规模新能源接入并满足分布式能源“即插即用”要求的全市智能化电网，保障风电、光电等新能源的并网消纳。探索削峰填谷的氢电综合调峰站建设。强化充电保障能力，优化完善电动汽车充电设施布局，实现车、桩与智能电网灵活互动。稳步推进加氢站、氢油综合能源补给站和液氢站建设，初步建成与氢能应用相适应的供氢网络。推动储能技术应用，推广“可再生能源 + 储能”模式，为新增集中式风电、光伏发电项目配套建设一定比例储能设施，促进新能源多方式灵活消纳。

5. 优化产业发展环境

积极吸引新能源领域的国内外龙头企业来津投资，对重点企业实行“一企一策”政策，精准服务企业发展需求，扶植本地新能源骨干企业做大做强。充分利用“海河英才”行动计划，加大对海内外高层次新能源领域创新人才的引进力度，为来津创新创业的高层次人才提供启动资金和完善的生活保障。注重发挥工商联及所属商会桥梁纽带和助手作用，推动企业与企业之间、企业与政府之间开展广泛交流，健全完善政企联系沟通“四个机制”，及时研究提出推动新能源产业发展的对策、措施和建议，营造新能源产业创新发展的良好氛围。

参考文献

［1］赵勇强、钟财富:《碳达峰碳中和目标下的新能源产业发展与升级》,《中国能源》2022 年第 3 期。

［2］何建坤、解振华:《中国长期低碳发展战略与转型路径研究综合报告》,《中国人口 · 资源与环境》2020 年第 11 期。

［3］张侃:《碳中和背景下光伏新能源产业发展研究》,《现代商业》2021 年第 9 期。

［4］白龙:《浅谈“双碳”目标下新能源产业发展的思考》,《中国战略新兴产业》2021 年第 20 期。

［5］陈成立、黄金荣:《低碳经济背景下新能源产业的发展》,《知识经济》2018 年第 5 期。

产业升级篇

天津市传统制造业优化升级研究

天津财经大学课题组*

一、研究背景与思路

天津市是中国北方重要的工业基地，在传统制造业领域具有深厚的产业基础。2018 年，天津市工业总产值达 16597.75 亿元，其中制造业总产值为 14176.35 亿元，占工业总产值的 85%，以食品、纺织、石油化工、钢铁为代表的天津传统制造业占天津市制造业总产值的 40%。可以看出制造业仍是天津工业的支柱产业，且传统制造业占有较大比重。随着全球价值链分工的日益深化和全球经济、政治格局的重大变化，我国提升国际价值链分工地位、破解核心技术“卡脖子”问题的需要越来越紧迫。2015 年，《京津冀协同发展规划纲要》对天津做出了“全国先进制造研发基地”的功能定位，提出了加快传统产业技术改造，支持企业运用新信息技术改造传统制造业。中共天津市委十一届九次全会提出“坚持制造业立市、建设制造强市”，为落实制造业立市战略，进一步贯彻京津冀协同发展重大国家战略，在着力发展新兴产业的同时，加快天津市传统制造业的转型升级成为促进天津经济发展的重要任务。在上述背景下，作为我国传统制造业的重镇，天津市传统制造业的优化升级具有重要的战略意义。

针对天津市传统制造业优化升级问题，本课题研究的基本思路如下：首先对天津市传统制造业的发展现状进行深入调研，把握其优化升级面临的关键问

---

* 执笔人：陆建明；课题组其他成员包括：王娟、刘欣、曹健、许姑姑、尹晖、李祎、岳欢、王雨文、甄诚、徐林香、白鑫运。

题。在此基础上对天津市传统制造业发展面临的国际、国内环境进行全面分析,梳理其优势、劣势及其面对的机遇和挑战。其次,借鉴国际经验,结合天津市传统制造业的实际情况,对天津市传统制造业优化升级的路径和模式选择进行有针对性的研究。最后,基于天津市传统制造业优化升级的最优路径和模式,对天津市应采取的相关支持性政策进行系统性研究,提出整体的发展战略及具体政策方案。

二、天津市传统制造业的发展现状

长期以来,制造业在天津工业中占据首要地位,钢铁、石油化工等传统制造业更是在天津制造业中占有相当高的比重。根据国民经济行业分类(2002 年)中的制造业大类分类标准,本研究选取九项具有天津传统制造业典型特征的行业,并进一步归纳为四类行业(食品行业、纺织行业、石油化工行业、钢铁行业),如表 1。本节通过对关键指标的描述性分析及其典型企业的案例分析,对天津市传统制造业的发展现状进行综合性评估。

表 1　传统制造业构成

传统制造业	制造业大类
食品行业	农副食品加工业
	食品制造业
	饮料制造业
纺织行业	纺织业
	纺织服装、鞋、帽制造业
	皮革、毛皮、羽毛(绒)及其制品
石油化工行业	化学原料及化学制品制造业
	石油加工、炼焦及核燃料加工业
钢铁行业	黑色金属冶炼及压延加工业

1. 描述性分析

为了更好地分析天津市传统制造业的发展概况，本研究从传统制造业的就业、产量、出口、利润率四个角度，通过对数据进行可视化分析，对食品、纺织、石油化工、钢铁四类传统制造业行业的发展现状进行评估。

图 1 展示了天津市 2010 年与 2020 年制造业吸收人员就业情况。2010 年天津市制造业吸收就业人数为 118.97 万人，其中四类传统制造业吸收就业人数为 38.17 万人，占制造业全行业吸收就业人数的 32.08%；2020 年天津市制造业吸收就业人数为 97.69 万人，其中四类传统制造业吸收就业人数为 18.16 万人，占制造业全行业就业人数的 18.59%。与 2010 年相比，2020 年制造业全行业吸收就业人数减少了 21.28 万人，其中四类传统制造业共吸收就业人数占制造业全行业的比重也下降了 13.49%。纺织行业吸收就业人数降幅最大，占比从 10.42% 下降到 1.64%，与此同时，其他三类传统制造业吸收就业人数占比都有所下滑。可以看出，天津市传统制造业的从业人员在这十年间流失严重。因此，加快对天津市传统制造业的转型升级，提升传统制造业的竞争优势，对天津市稳就业、保民生、促发展具有积极的作用。

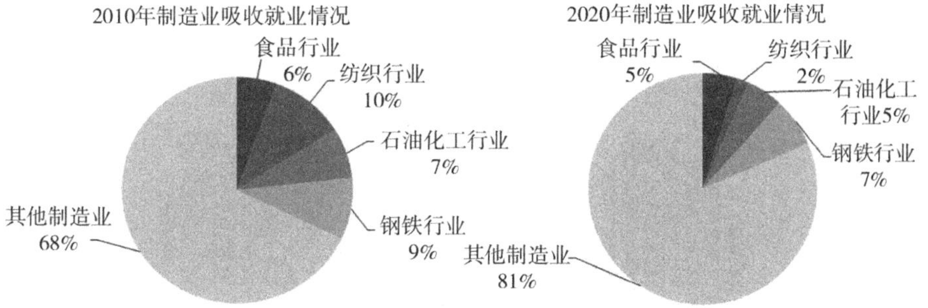

图 1　天津市 2010 年与 2020 年制造业吸收就业人数对比

数据来源:《中国工业统计年鉴》。

图 2 展示了天津市传统制造业工业总产值(柱状图)及其与制造业全行业占比(折线图)的变化趋势。从柱状图的变化趋势可以发现，天津市四类传统制造业各自的工业总产值在样本初期都呈现增长态势，但 2015 年之后

产值开始下降,这一特征与我国的经济增速放缓相吻合。产值的降低使得天津传统制造业无法再在“量”上获得优势,因此,当前应加快产业转型升级,促使天津传统制造业在“质”上迈出重要一步。从折线图可以看出,到 2018 年末,除石油化工行业外,食品、纺织、钢铁三类传统制造业工业增加值占制造业全行业的比重都有所下降。从整个样本区间来看,食品、纺织、石油化工、钢铁四类行业的工业总产值在这段时间占制造业工业总产值的平均比重分别为 7.39%、1.91%、11.66%、18.11%,可以看出,天津市以石油化工和钢铁为代表的重工业在过去的产值上远高于以食品和纺织行业为代表的轻工业。因此,天津市重工业存在较为严重的生产端产能过剩和消费端需求不足问题。在此背景下,天津市重工业的产业转型升级具有重要意义。

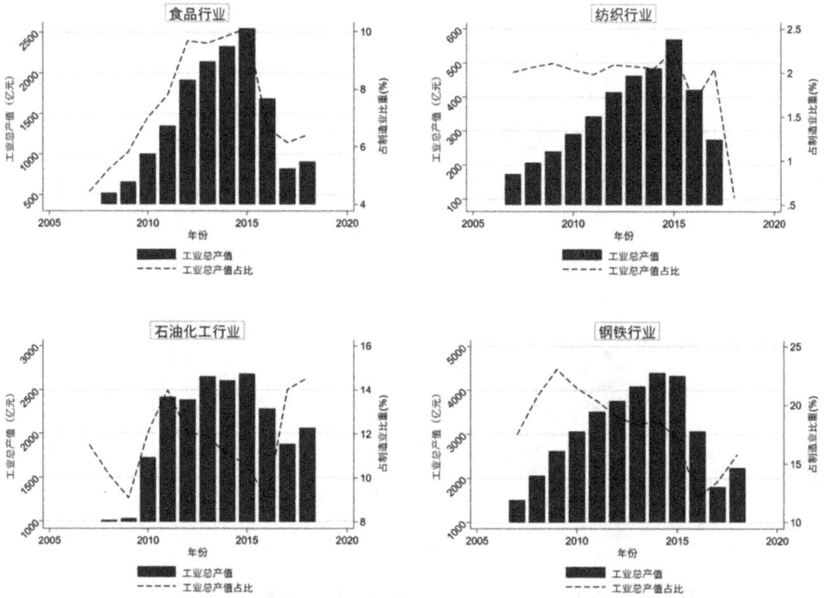

图 2　天津市传统制造业工业总产值及占制造业比重

数据来源:《天津科技统计年鉴》,样本区间:2007 年至 2018 年。

图 3 展示了四类天津市传统制造业出口交货值的变化趋势。与工业增加值指标相似,天津市传统制造业的出口额在 2016 年之后明显下降。出现这种

现象的可能原因为：一方面近年来全球经济增长疲弱，对传统制造业行业的商品需求不足；另一方面由于我国人口红利优势逐渐消失，一些低附加值的商品出口逐渐被具有人口红利优势的东南亚国家取代。据统计，四类行业的出口额在样本期间占制造业出口额的平均比重分别为 1.57%、4.26%、3.15%、3.52%，四类行业的加总占比也只有 12.5%，相比于工业总产值的 39%，可以看出天津市传统制造业开拓海外市场业务的能力需进一步提高。

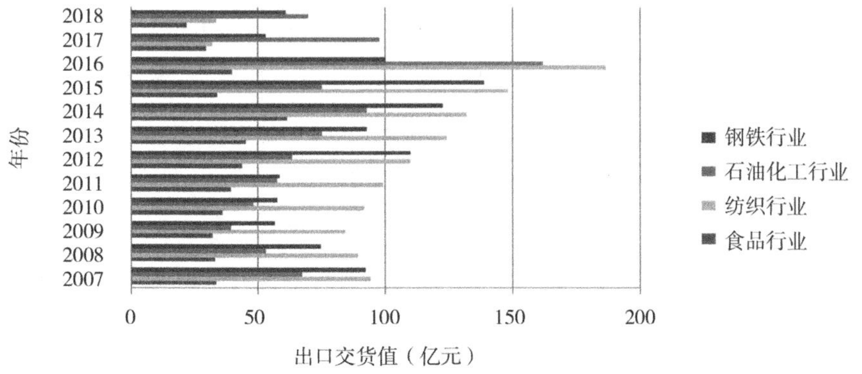

图 3　天津市传统制造业出口交货值

数据来源：《天津科技统计年鉴》，样本区间：2007 年至 2018 年。

图 4 描述了天津市四类传统制造业及其制造业全行业产值利润率的变化趋势。天津市食品、纺织、石油化工、钢铁四类传统制造业在样本区间内的平均产值利润率分别为 7.82%、8.59%、4.45%、3.74%，天津市制造业全行业在样本区间内的平均产值利润率为 5.83%。可以发现，食品、纺织行业的平均产值利润率要高于制造业的平均水平，而石油化工、钢铁行业的平均产值利润率要低于制造业的平均水平。从折线图的变化趋势可以发现，2016 年后，除石油化工行业的产值利润率有所上升，食品、纺织、钢铁行业的产值利润率都出现明显的下降态势，钢铁行业的产值利润率降到了负值，纺织行业的产值利润率降到了制造业的平均水平之下，食品行业的产值利润率也降到了制造业的平均水平附近。

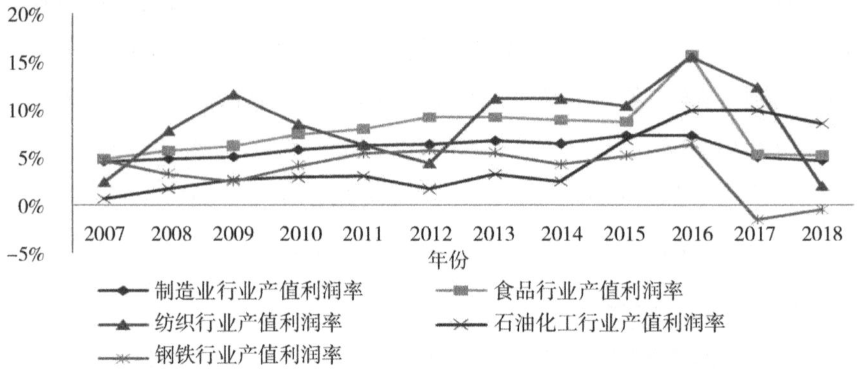

图4 天津市四类传统制造业及其制造业全行业产值利润率

数据来源:《天津科技统计年鉴》;样本区间:2007年至2018年。

2. 案例分析

天津市深厚的产业基础孕育出许多老牌传统制造业企业。天津久日新材料股份有限公司(以下简称久日新材)便是一家从事“先进石化化工新材料”的传统制造业企业,公司始建于1998年,经过了长达20多年的发展于2019年在科创板成功上市。

近年来,久日新材主要研发的光固化材料是传统溶剂型涂料、油墨、胶粘剂的重要替代产品,是实现国家减排战略、治理大气污染的重要用品。随着世界各国对环保要求的不断提高和技术的进步,光固化材料的应用范围不断拓展,市场需求持续扩大。久日新材通过自主研发,已具备十余种光引发剂的规模化生产能力,较之竞争对手,公司的产品线更为齐全,拥有为下游优质客户提供一站式原料供应的能力,竞争优势十分明显。如图5所示,公司的营业收入和营业利润在近些年都有明显的上升,但2020年与2021年的业绩较2019年略有下降。与2020年相比,2021年公司的业绩显著上升,一方面得益于国内疫情的好转,市场需求端有了较大的恢复;另一方面,企业继续加大研发投入力度,运用灵活的销售策略和产品技术创新加强市场开拓,加大市场占有率。

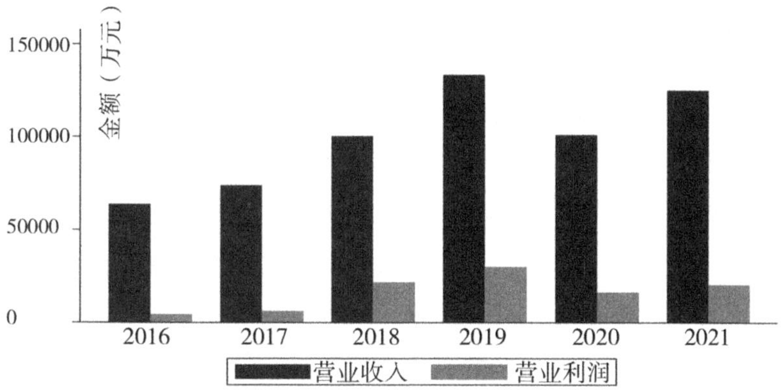

图5　久日新材基本业绩状况

数据来源：上市公司年报。

如图6所示，久日新材每年在研发投入上注入了大量经费，长期致力于通过自主研发创新，为大气污染防治及下游各行业的产业升级提供环保、节能、高效的光固化产品、技术与服务。所以在光固化领域久日新材积累了大量专利与非专利技术，并构建了成熟高效的研发和成果转化体系，形成了较强的持续研发创新能力。主要体现在：第一，有强大的研发队伍和高水平的核心技术人员；第二，自主研发创新产品生产工艺；第三，产品逐个进行工艺革新和提升，提高自动化水平，实现绿色化新工艺。与此同时，企业利润率也随着研发投入经费的增加而上升。

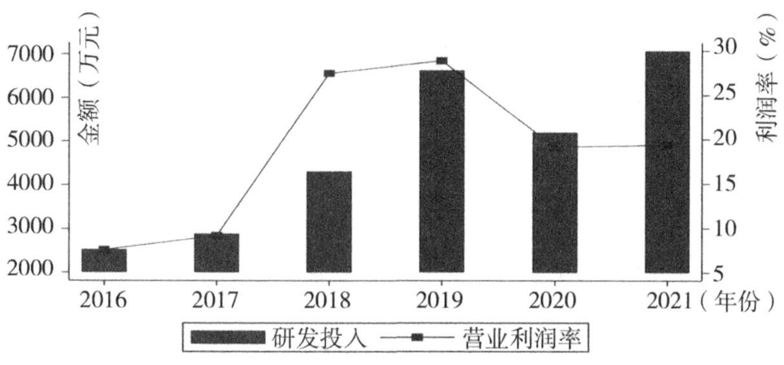

图6　久日新材研发投入与企业利润率

数据来源：上市公司年报。

久日新材公司在急速发展的同时也面临着众多风险与挑战。在核心竞争力方面，随着下游产业市场需求的不断变化，产业技术水平的持续提升以及市场竞争的加剧，公司的研发和持续创新能力面临着严峻挑战。如果公司不能准确把握行业未来发展方向、研发创新机制不能适应行业发展需要、技术水平无法满足市场要求，则公司的市场竞争力和盈利能力将受到很大影响。从环保角度看，随着国家出台一系列与公司治理有关的环境保护法规，公司需要增加购置环保设备、加大环保技术工艺研发投入或采取其他环保措施，以满足监管部门对环保的要求，这将导致公司经营成本增加，进而对公司经营业绩造成一定影响。从行业风险角度来看，光固化材料和电子化学材料发展前景良好，公司在光引发剂市场规模迅速扩大，新的竞争者可能随之出现，行业竞争日趋激烈，公司极有可能面临市场竞争不断加剧所带来的产品价格下滑、利润下降的风险。

基于以上方面的考虑，久日新材更应该依托完善的生产基地，继续提升自有产品的生产能力，尤其在保障客户供应方面做好布局，并继续加强国家企业技术中心和天津市光引发剂技术工程中心的建设，提升公司知识产权的建设力度，完善公司的专利体系。在技术方面，加大对公司核心产品工艺和流程的优化力度，通过全流程自动化、连续化改造，提高生产效率，节能降耗，以进一步降低成本。同时，在降低“三废”方面投入大量精力，努力实现清洁和精益生产，以适应未来的环保要求和发展趋势。

三、天津市传统制造业的发展环境研究

（一）基于“钻石模型”的发展环境评估

波特的“钻石模型”用于分析一个国家某种产业为什么会在国际上有较强的竞争力。波特认为，决定一个国家的某种产业竞争力的条件涵盖四种因素：生产要素、需求条件、相关产业和支柱产业以及企业、战略、同行业竞争。以下将通过“钻石模型”中的四种因素对天津市传统制造业的发展环境做进一步研究。

1. 生产要素

天津地处华北平原，东临渤海，北依燕山，西靠首都北京，地理条件优越，自近代以来便成为中国重要的工业基地和交通枢纽，为制造业的发展提供了坚实的工业基础和极为便利的运输条件。但是天津自然资源相对匮乏，对外依赖性强，能源资源方面供需存在较大缺口，2020 年可供本市消费的能源量年末库存量为 -438. 51 万吨标准煤，能源从外省（区、市）调入量和进口量相当于本市一次能源生产量的 2. 78 倍，而这严重阻碍了天津传统制造业的发展。从目前天津传统制造业的发展情况看，高端创新人才严重短缺，技术创新投入少，技术创新水平不高，天津传统制造业 R&D（研究与开发）人员数量占传统制造业全部就业人数的比重仅为 6. 60%。资本投入是决定天津传统制造业尤其是石油化工、钢铁等重工业行业能否成功实现转型升级的一大重要因素。2014 年以来，天津在传统制造业行业实收资本呈递增状态，2020 年实收资本总额为 949. 38 亿元，是 2014 年实收资本总额的 2. 23 倍。具体来看，2020 年黑色金属冶炼和压延加工业的实收资本占比最大，达到 19. 40%，其次是石油化工行业，然后是汽车制造业和计算机、通信和其他电子设备制造业，食品和纺织行业占比较小。

2. 需求条件

钻石模型认为市场需求会激发产业生产规模扩张和生产效率的提升以及企业自主创新，而这又有利于充分吸收财政资金、外资投入以及创新型技术人才的注入，所以市场需求的大小在一定程度上决定了天津传统制造业能否在激烈的市场竞争下实现长足稳定的发展。随着共建“一带一路”国家和地区基础设施投资的加大，钢铁行业面临着广阔的市场前景，国内生产经营实现高平稳增长态势，同时作为国民支柱性产业，钢铁应用广泛，建筑、机械、汽车是最主要的三大用钢行业，对钢铁有极大的需求量，因此短期内钢铁行业的需求量不会改变。再者，作为世界主要能源供应来源，石油在全国乃至全世界范围内的需求都是巨大的，中国是石油消费大国，石油消费量逐年递增。根据中国石油和化学工业联合会公布的数据，2019 年，国内原油表观消费量达 6. 96 亿吨，同比增长 7. 4%，增速较 2018 年加快 0. 5 个百分点；对于食品行业，市场的需求量同样实现了快速增长，2019 年，全国规模以上食品工业企业实现主营业务收入

82259. 36 亿元,同比增长 0. 35% 。反观纺织行业,国内需求不足,企业利润率低,2020 年全国纺织行业的主营业务收入较 2016 年下降了 68% 。

3. 相关产业和支柱产业

作为钢铁行业的上游产业,天津铁矿石和煤炭的储量不足,主要依靠外省供给,下游产业主要包括建筑、航空航天、汽车制造以及机械设备行业,这四大行业的钢铁消费量约占全市钢铁总消费量的 60% ,对钢铁需求量大。2020 年天津原油和天然气的产量分别为 3242. 22 万吨和 36. 31 亿立方米,均较 2019 年有大幅增长,房地产、汽车、家电、农业以及日化等下游产业稳中向好,对该行业产品的巨大需求刺激了石油化工行业不断扩张。食品行业上游主要原料为农、林、牧、渔业的产品或半成品,包括粮食、油料、蔬菜、肉蛋和水产品等,除了粮食和蔬菜产量较 2019 年有增长之外,其余农产品产量均有不同程度的下降。作为纺织行业的重要原材料,天津棉花产量自 2011 年以来呈现逐年下降的趋势,2011 年棉花产量为 6. 90 万吨,到 2020 年棉花产量为 1. 02 万吨,较 2011 年下降了 85% ,与此同时,下游产业有效需求不足,导致传统纺织行业逐渐衰落。

4. 企业、战略、同行业竞争

随着中国改革开放的不断深入,中国与世界各国贸易频繁往来的同时也进一步加剧了国内同行业企业的竞争程度,而健全的产业战略和结构是促进产业进一步发展的关键。从企业结构来看,天津市传统制造业企业有许多是国有企业改制后形成的股份公司或是脱胎于国有企业的民营企业,这些企业在组织变革和产品创新力方面存在不足,辐射带动能力有待进一步提升。此外,从资金来源看,天津市传统制造业资金来源单一,2017 年天津市传统制造业的固定资产来源主要为自筹资金,占比达 60. 79% ,其他资金来源占 21. 62% ,国内贷款占 15. 74% ,另有少量外资、债券和国内预算资金,合计占比 1. 84% 。

(二)基于 SWOT 分析方法的发展战略研究

借鉴 SWOT 分析的研究思路,对天津市传统制造业的发展从优势、劣势、机遇、风险四个方面进行综合性分析。

1. 天津市传统制造业的优势

经过长期的历史积淀，天津拥有较完备的工业产业体系，制造业规模位居全国前列。天津紧邻北京，面向“三北”，辐射东北亚，战略区位优势明显。2018 年天津市 GDP 占全国 GDP 的 2.05%，天津市制造业工业产值占全国制造业工业产值的 5.4%，其中天津市传统制造业工业产值占天津市制造业总产值的比重高达 37.3%。从经济总量上来看，天津市制造业产值偏高，在全国有一定的优势，且传统制造业占比较大。从经济贡献率上来看，天津市传统制造业在全国也具有一定的优势。据统计，2018 年所有制造业企业中，传统制造业拥有注册商标的企业个数高达 43%，可知天津市传统制造业拥有雄厚的品牌基础。综上所述，天津作为老工业基地，传统制造业基础优越，具有转型升级的潜力。

2. 天津市传统制造业的劣势

一是天津市传统制造业中重工业占大部分，对环境影响大，不利于可持续发展。2018 年天津市工业生产总值为 14176.35 亿元，传统制造业占比 37.34%，其中轻工业占比 6.99%，重工业占比高达 30.35%。虽然重工业对于轻工业结构转型升级有着重要作用，但重化工业一般是高耗能的工业项目，生产排放的“三废”也较多，对环境有着较大的影响，而且其上下游产业对于能源和原材料的消耗也较大。

二是天津传统制造业占比过高，且大多处于价值链中低端环节。天津的制造业体系仍以传统制造业为主，很多企业的主要业务是产品的组装和制造，对于新产品与新技术的研发投入不足，企业自主研发和创新能力低。这对于提高制造业的技术创新能力，实现天津市制造业的转型升级有一定影响。

三是大多数传统制造业行业处于价值链的中低端环节，仅能获得微薄的利润。2018 年天津传统制造业行业实现主营业务收入 5796 亿元，但利润仅有 214 亿元，利润率仅为 3.7%。天津传统制造业的企业对外依存度高，产业链高附加值环节往往都在企业外部，企业内部创新不足。虽然部分行业掌握着一些产品制造的关键技术，在某些产业领域具有较强的生产研发能力，但是在本地还未形成该产业的完整产业链条，产品制造所需要的很多配套产品还都需要从外部输入。

3. 天津市传统制造业转型升级的机遇

2015 年国家提出了《中国制造 2025》，强调推动制造业由大变强。坚持走中国特色新型工业化道路，以促进制造业创新发展为主题，促进产业转型升级，培育有中国特色的制造文化。天津市第九次党代会以来，天津坚持调整与优化经济结构，转变发展方式，抓好高水平大项目、好项目建设，培育发展关系天津核心竞争力的优势支柱产业，形成了一大批新的经济增长点，产业结构发生了很大变化。按照《天津市制造业高质量发展“十四五”规划》，天津在新发展阶段将坚持制造业立市，紧扣高质量发展这个主题，落实制造强国、京津冀协同发展两大战略。到 2025 年，天津市将基本建成研发制造能力强大、产业价值链高端、辐射带动作用显著的全国先进制造研发基地。天津市持续深入推进“制造业立市”战略，坚持以产业链为核心抓手，构建现代化工业产业体系，推进产业基础高级化、产业链现代化，对制造业做大、做强、做优形成了有力支撑。

4. 天津市传统制造业转型升级的风险

从全球的视角看，近年来发达国家尤其是工业发达国家，如美国、德国、日本等都先后推出先进制造业发展计划，以重振本国的制造业。这种行为的背后，是这些国家不再满足于把价值链的两端留在国内，而是开始战略收缩，把同样具有高附加值、高技术含量的制造业产业链也留在国内。这样，对于制造业大而不强的中国而言，想承接来自发达工业国家的制造业输出尤其是高端制造业输出的空间就会变得越来越小。而且，在发展自己的高技术制造业的同时，不论在产品技术上还是在国际市场上，还会受到来自工业发达国家的竞争与挤压。这一切必然会大大缩小我们发展先进制造业的国际空间。

从国内地区间行业竞争的视角看，天津作为一个老工业城市，传统制造业有着良好的基础，在国内具有一定的优势，但是具有这种优势的地区并不只是天津。对比我国其他直辖市，2018 年天津制造业工业总产值为 14176 亿元，而上海制造业工业总产值高达 33229 亿元，重庆和北京分别达到了 19257 亿元和 13361 亿元，可以看出其他三大直辖市在发展工业方面同样具有很强的竞争优势。在天津大力发展先进制造业之时，这些水平相当的直辖市和其他地区也会同时发展，进行各自的先进制造业发展规划。天津市滨海新区是第一个被国家确定为高水平的现代制造业基地，之后其他地区又出台了多地发展先进制造业的发展规划，如上海出台《上海市先进制造业“十四五”规划》，广东发布了《广州市先进制造业强市三年行动计划（2019—2021 年）》，浙江出台了《浙江省全球先进制造业基地建设“十四五”规划（征求意见稿）》。各地纷纷聚焦于先进制造业的发展，这无疑对天津制造业转型存在着一定的挤出效应。

四、天津传统制造业优化升级的路径和模式选择研究

根据全球价值链产业升级理论，发展中国家在参与全球价值链分工中会面临从低到高四种升级模式，分别为工序升级、产品升级、功能升级和链条升级。工序升级是指企业通过购买先进设备或引入先进技术促进生产工艺进步，从而将较少投入转化为较高产出的过程；产品升级是指企业在工序升级的基础上，生产质量更高、技术更复杂的产品，其中也涵盖了企业更新产品的过程；功能升级是指当企业拥有核心技术后，将非核心业务与技术转移外包，自身则专注于产业链中某个或某几个优势环节，从而实现利润最大化；链条升级是指企业利用从所在价值链中获得的能力或资源实现向另外一条产业链条转移的升级方式。由天津传统制造业的现实情况可知，很少有企业同时实现跨链条的生产方式。因此，本文着重从工序升级、产品升级和功能升级三种模式来分析天津传统制造业嵌入全球价值链中的升级路径，并对其成本效应进行实证分析。

（一）升级路径的指标构建

本文首先基于工序升级、产品升级和功能升级的含义构建评价指标体系，并运用熵权法测度描述天津市传统制造业工序升级、产品升级和功能升级的指标，具体评价指标体系如表 2 所示。考虑到数据的可得性，选取的样本区间为 2007—2018 年，数据来源为《中国工业统计年鉴》《天津统计年鉴》和《天津科技统计年鉴》。

表 2　全球价值链升级指标

一级指标	二级指标	单位
工序升级	引进技术经费支出	万元
	消化吸收经费支出	万元
	技术改造经费支出	万元
	出口交货值	万元
产品升级	新产品开发项目数	项
	新产品开发经费支出	万元
	新产品产值	万元
	专利申请数	件
功能升级	研发经费外部支出	万元
	科研机构数量	个
	科研机构人员合计	个
	拥有注册商标数	件

(二)成本效应的实证分析

尽管传统制造业行业在全球价值链升级的过程中存在共性,但受行业特性的影响,不同传统制造业在不同升级路径上对其成本的影响也会存在差异。因此,分析天津市传统制造业工序升级、产品升级、功能升级等优化升级模式的成本效益时,应分别分析与不同产业适配的最佳优化升级模式。在实证分析中,将石油化工行业进一步拆成石油行业和化工行业,并对传统制造业全样本和单个传统制造业分样本分别进行回归,用总成本除以工业增加值生成的单位平均成本作为回归方程的被解释变量,回归结果如表 3 所示。

表3 基准回归结果

变量	传统制造业	食品行业	纺织行业	化工行业	石油行业	钢铁行业
工序升级	0.00134	0.00787	0.00317	0.0146	-0.0261**	-0.0237***
	(0.00556)	(0.00888)	(0.0113)	(0.00827)	(0.00858)	(0.00336)
产品升级	0.452***	0.408***	0.460***	0.451***	0.487***	0.424***
	(0.00757)	(0.0189)	(0.0141)	(0.00936)	(0.00832)	(0.00642)
功能升级	-0.454***	-0.379***	-0.460***	-0.459***	-0.485***	-0.442***
	(0.0122)	(0.0243)	(0.0215)	(0.0146)	(0.00770)	(0.00891)
Constant	0.00266	-0.0805*	-0.00621	-0.0131	0.0507	0.101***
	(0.0159)	(0.0219)	(0.0118)	(0.0309)	(0.0273)	(0.0127)
Observations	108	36	36	12	12	12
R-squared	0.991	0.990	0.994	0.997	0.999	0.999

资料来源：Robust standard errors in parentheses ***$p<0.01$, **$p<0.05$, *$p<0.1$

从传统制造业全样本的回归结果可以看出，工序升级的成本效应并不显著，产品升级提升了行业的单位平均成本，功能升级降低了行业的单位平均成本，且食品行业、纺织行业、化工行业的不同升级模式的成本效应与全样本的结果一致；石油行业与钢铁行业在工序升级过程中也可以降低行业的平均成本，产品升级和功能升级模式的成本效应与全样本一致。

起初传统制造业产业嵌入全球产业链时，往往从事制造环节最低端的产品加工、中间产品生产业务，当具备一定的经验、技术后实现工序升级，这个过程主要通过引进国外的先进技术和资本对原有的生产环节进行升级改造。中国在入世之后的一段时间内，大量外资涌入国内，促进传统制造业完成了工序升级的过程，然而随着中国经济的持续发展，行业竞争日益激烈，新常态下天津传统制造业仅仅完成工序升级已不能很好地适应制造业行业日趋激烈的竞争环境，因此，从全样本的角度看，工序升级模式对行业单位成本的影响并不显著。由于石油行业与钢铁行业生产工序较为复杂，对工艺工序及其设备性能的要求较高，因此提升工序升级也有助于降低行业的单位平均成本。在产品升级过程中，企业需要投入大量的研发经费，由于对核心技术并未完全掌握，且面临国外核心技术的封锁，在开发新产品时会经历多次的“试错”，从而产生了巨额的研发成本，这就解释了为什么传统制造业的产品升级过程对单位成本的影响显著为正。反观功能升级，是企业掌握核心技术后，把非核心技术的业务范围外包，企业只专注于核心技术领域。在制造业行业中，非核心技术领域往往需要投入大量的固定资产、劳动力以及原材料，如果把这一部分外包给更具资源禀赋的国家或地区，企业将会大大降低生产成本，正如回归结果所示，功能升级可以很好地降低天津市传统制造业行业的单位平均成本。

五、天津市传统制造业优化升级的政策建议

天津传统制造业在过去的发展历程中为天津的经济增长做出了重大贡献，但从各项指标的发展趋势来看，近几年天津市传统制造业的发展已进入瓶颈期，主要表现在产量下滑、出口受限、利润率降低，从而造成传统制造业吸收就业的能力下降。鉴于此，加大对传统制造业的转型升级、优化升级模式、提高行业整体的经营业绩是促进天津经济平稳发展的关键所在。根据本课题的研究结论，分别从以下几个方面对天津市传统制造业转型升级提出具体的政策建议。

（一）提高企业创新能力，推动产品升级和功能升级

在新经济发展的要求下，原有的依靠劳动力与原材料等要素拉动产业增长的模式已出现劣势，应转向培养创新型人才与提高企业自主创新能力，拉动产业高质量增长的创新驱动模式，以实现高质量发展。天津市现有的传统制造业企业大多已完成工序升级，接下来应根据行业的发展需求，往产品升级、功能升级甚至链条升级方向发展。以石油、钢铁为代表的传统重工业行业，在工序升级方面仍具有很大的改善空间，企业在生产的工艺流程环节应对标国际一流水平，根据国家发展战略的需要，加大创新力度，生产高标准的产品；以食品、纺织为代表的轻工业，在产品升级阶段，为了掌握核心技术，企业需支付大量的研发经费。在这个过程中，许多企业可能处于不盈利状态，这个环节的企业应充分

发挥自身的研发优势,积极向资本市场筹集资金用于研发创新,打破技术瓶颈,掌握生产研发环节的核心技术。当掌握核心技术后,企业应以降低成本为导向,以实现利润最大化为目的,将非核心业务外包到具有要素禀赋的国家或地区,自身专注于核心技术领域的生产与研发,进而实现向功能升级甚至链条升级方向转型。

(二)借力数字经济发展浪潮,推动服务化转型

当前,数字经济正渗透到产业链生产的各个环节。京津冀地区作为全国大数据发展的核心区域之一,不仅拥有全国顶尖的企业和人才,而且数据体系完备。天津传统制造业的发展可以借此优势获得巨大的转型升级空间,应抓住京津冀协同发展的机遇,将大数据技术广泛应用于推进传统制造业的发展中,助力大数据环境下天津传统制造业的绿色发展。传统制造业企业应以大数据快速发展为契机,增强产业链的各个环节对于大数据技术的应用,实现个性化制造,提高生产效率,实现绿色生产。同时,企业应提高集成服务意识,借助数字经济实现服务化转型,推动制造企业向产业链高端发展。发展服务型制造是产业结构升级的关键,是适应新经济、新常态下新的利益增长点。在美国、德国等发达国家的制造业转型发展战略中,都将发展服务型制造列为国家产业发展的重点。天津要借力数字经济发展浪潮,利用先进技术加速制造业服务化转型,向全球价值链高端制造环节转型升级。

(三)加强政府政策性扶持力度,打造优质企业发展环境

天津传统制造企业一般起步早、布局分散,面临着产业链协作弱、产品竞争趋同、污染排放高等突出问题。首先,政府要围绕集聚集约集群等理念,把各类开发区、工业园区、产业集群等作为优化升级的主平台,加快平台分类整合优化,健全服务导向的体制机制。同时,谋划升级交通基础设施网络、规划布局工业互联网基础设施,推进建设一批世界级先进制造业集群,促进现有传统制造领域国家新型工业化产业示范基地的提升。其次,政府部门要大力宣传工匠精神,培养命运与共的产业人才队伍。传统制造业优化升级并不是单纯以机器替

代人,而是需要更高水平的产业工人和大国工匠,要支持传统制造企业健全产业工人晋升“多通道”机制,推动建立基于岗位价值、能力素质、业绩贡献等多要素的激励制度,进一步完善产业工人的住房、交通、医疗、教育等公共服务。通过长期努力,培养一大批职业敬业精业的一线劳动者,打造稳定的、与制造业企业共进退的产业工人队伍。最后,针对天津传统制造业在转型升级过程中面临的研发经费不足、人才短缺、国外技术封锁等困难,政府需积极出台各项优惠政策,包括财税政策、金融政策、人才政策、技术创新政策等,以此减轻财税负担,为传统制造业提供一个有利的转型升级环境,推动其转型升级工作,助力天津高质量发展。

基于制造业立市的天津传统工业转型升级研究

穆瑞章　天津市经济发展研究院高级经济师

一、天津的制造业立市战略

（一）制造业立市战略的提出

制造业是立国之本、强国之基，是国家经济命脉所系。国家综合城市资源禀赋、产业基础和区位优势的科学决策，赋予天津全国先进制造研发基地的功能定位，这在31个省区市（港澳台除外）中是独一无二的，是天津千载难逢的重大历史机遇。“十四五”时期，为加快实现“全国先进制造研发基地”功能定位，天津提出了坚持“制造业立市”，推进制造业高质量发展，加快建设制造强市。

作为我国现代工业的发祥地、新中国工业的摇篮，天津具有发展制造业得天独厚的优势和条件。一是历史积淀深厚。曾经诞生了一百多个“第一”，如飞鸽自行车、海鸥手表、北京牌电视机、牡丹缝纫机等。二是产业体系完备。工业全部41个大类中，天津规模以上工业覆盖了工业全部大类的95%以上、中类的92%以上，在全国工业产业体系完备程度上具有领先优势。三是区位优势突出。天津交通便利，是海陆空交通枢纽中心；紧邻北京、面向“三北”、辐射东北亚，战略区位优势明显。在20世纪末、21世纪初，天津工业经济比重一直在45%左右。近年来，随着产业结构调整，工业特别是制造业占比总体呈下降趋势。要重振天津工业重镇的辉煌，就必须提升先进制造业水平、提高城市综合竞争力。

（二）天津实施制造业立市战略的主要内容

1. 加强工业体系现代化建设

加快智能科技产业发展，重点发展生物医药、新能源新材料等产业，围绕高端装备、航空航天等优势产业，构建“1 +3 +4”现代制造业体系，打造一批现代化产业集群，完善信创、医药、装备等 12 条产业链，提升产业链、供应链的完整度和现代化水平。

2. 突出装备制造业的核心地位

装备的技术水平决定了制造业的现代化程度，天津以制造业立市应以高端装备制造业为重点，加强传统制造业的转型升级，提高制造业的核心竞争力。要注重夯实产业基础，引育制造业企业，提升产品质量，形成装备制造业集群化发展，不断提高天津装备制造业的层级和核心竞争力。

3. 加强产业融合互动发展

加强“两化”融合、军民融合、制造业与服务业融合，为制造业转型升级增添动力。确立智能制造的核心地位，加快推进制造业数字化；推进 5G 与垂直行业深度融合，加速推进数字技术产业化。不断提升制造业价值链层次，促进制造业和服务业互动融合发展。推动军民融合产业化，加强经济发展与国防建设的相互支持与互动。

二、天津工业发展基础

（一）天津工业发展历程

天津是中国近代工业的发祥地，依托资源禀赋、产业基础和政策支持，天津工业发展取得了丰富成果，成为继上海之后的第二大工业重镇。改革开放之初，天津已建立较为完备的工业体系，轻纺、化工、机械等产业处于全国领先水平，产业结构以轻工业为主，并逐渐向重工业转变，呈现“轻”“重”双向驱动态势。总体上看,天津的工业发展历程可以概括为四个阶段。

第一阶段(1979—1993 年):改革开放以来,为促进轻纺工业发展,国家对轻纺业实行了“六个优先”政策。在此背景下,天津重点对轻工业进行了大规模投入,在纺织、服装、自行车、电视机等轻工产业领域取得一定成绩,飞鸽自行车、海鸥手表、北京牌和长城牌电视、白玫瑰针织内衣等天津品牌享誉全国。

第二阶段(1994—2006 年):这一阶段在天津工业发展上起到决定性作用,工业综合实力取得长足进步。通过工业发展战略的调整,配合工业技术革新和加大对外开放力度,并对国有企业进行整合,天津确立了化工产业、冶金产业、电子信息产业、机械装备产业的支柱地位。在产业链和产业集群建设方面天津取得了一定成效,产业结构得到优化,工业高速发展,综合竞争力明显提高,成为我国北方综合实力较强的制造业基地。

第三阶段(2007—2016 年):在此时期,天津以产业结构调整为方向,实施大项目好项目带动战略,工业经济发展成效立竿见影,经济总量大幅攀升。确立了航空航天、石油化工、装备制造、电子信息、生物医药、新能源新材料、轻工纺织及国防科技八大支柱产业,产业发展动能显著提升,以航空航天、新能源新材料为代表的战略性新兴产业高速发展,形成了高端高质高新化的产业发展格局。

第四阶段(2017—2022 年):这一阶段天津制造业以“调结构、夯基础、育动能”为主线,特别是市第十一次党代会以来,天津以习近平新时代中国特色社会主义思想为指导,深入贯彻习近平总书记对天津工作“三个着力”重要要求和一系列重要指示批示精神,加快了以智能科技产业为引领的现代化制造业体系建设,着力打造全国先进制造研发基地,全力推进制造业高质量发展。2017 年以来,天津在战略上谋划部署、落实相关配套政策、创新引育新动能环境等一系列持续努力成效显著。智能科技引领产业转型升级的态势已经形成,数字产业集群化业态达到全国领先水平,构建以芯片、操作系统、数据库、服务器为重点的产业链体系,天津制造业的智能化升级快速铺展,以“智能工厂”为代表的制程单元已呈现出倍数增长、集群化发展的态势。

（二）存在的问题与不足

1. 产业结构仍需优化

天津作为传统制造业大市，尽管石化、冶金、轻纺三大传统产业比重从2017年的44.6%下降到2020年的35%，传统制造业仍占有相当高的比重。传统制造业占比过高，直接导致天津近段时间以来经济增速的大幅回落，甚至出现负增长。近年来，我市着重加强以智能科技为代表的新兴产业引育，新兴产业增速也高于传统产业，但新兴产业占比较低，短期内无法起到拉动经济发展方向转变的重任，传统制造业依然是工业经济增长的主力军。因此，为扭转天津新旧动能转换过渡期内经济增速较为低迷的状况，应继续深化制造业的转型升级，推动制造业高质量发展。

2. 创新能力仍需加强

从目前天津制造业发展情况来看，产品主要集中于附加值较低部分，对配套性、基础性的产品没有给予足够的重视，创新能力同样较为薄弱，生产方式多集中在简单加工组装层次，新技术研发能力较弱，高科技产品开发能力不足，缺少自主可控技术，长期处于价值链中低端。创新氛围和创新动能有待进一步挖掘，大部蕴藏在高校和科研院所中的科技创新力量，并没有充分被企业利用，产学研用相结合的组织构架和创新体系有待进一步形成合力。

3. 综合竞争力仍需提升

国际知名品牌少，品牌产品附加值偏低。天津制造业品牌基础大不如前，国际国内知名品牌逐渐退化。由于企业研发创新能力不足，产品性能很难有质的提高，企业产品难以在国际国内市场中占有较高的份额，品牌知名度较为缺失。再有，制造业发展环境同样有待优化。产业集群化程度有待进一步提升，产业链、供应链上下游企业对接有待进一步畅通，制造业相关政策措施的前瞻性、针对性、及时性有待进一步加强。

三、国内外传统工业转型经验借鉴

(一)国外传统工业转型实践

1. 美国

在美国的工业化进程中,产业结构由轻纺工业转变为钢铁、煤炭、化工等重化工业,重化工业占据主导地位。第二次世界大战后,美国科学技术迅速发展,有力推动了产业结构的调整和经济的发展,以半导体、计算机、电子通信为代表的新兴产业迅猛发展,高新技术产业成为拉动经济高速发展的新引擎。美国制造业的快速发展,极大促进了以金融、物流为代表的服务业的发展壮大,并超过了工业,确立了支柱地位,自此美国的产业结构以服务业为主,经济发展迈进后工业化时代。1990 年以来,信息技术的持续进步为美国经济发展注入了新动力。一方面,微电子、计算机、软件、通信与网络等高技术产业蓬勃发展,成为新兴产业;另一方面,数字信息智能化发展颠覆了传统的生产方式,为“夕阳产业”转型升级注入强大的动力,加速了经济发展进程。

2. 德国

20 世纪中叶,德国实施了传统产业转型升级工程,着力优化产业结构,培育壮大新兴产业。机械、化工、汽车、电子、生物技术等技术密集型产业不断壮大,并替代了钢铁、煤炭等重工业成为支撑德国经济发展的主导力量。此后,德国高度重视科学技术发展,借助新技术优势改造了汽车、化工等传统产业,同时加大新能源新材料、航空航天等新兴技术的研发,一举成为全球制造业领军国家,先进制造业已成为德国经济稳定的增长点。

3. 日本

20 世纪 70 年代,日本摒弃了高成本、低效率的生产模式,经济进入高速增长时期,将谋求重化工领域的设施更新作为技术改造的重点,推动产业向高端化方向发展,而电力、钢铁和海运领域的技术改进齐头并进。进入 20 世纪 80

年代，日本高度重视培育自身的科学技术创新能力，提出“科技立国”战略，并开始布局原子能、电信计算等知识密集型产业。当前，纳米技术、生物医药、核电核能、铁路基建、节能环保、机器人等高精尖产业已悄然成为日本很长一段时期重点发展的产业方向。

（二）国内传统工业发展经验

1. 北京

首都北京的发展优势得天独厚。在工业化国家建设的大环境下，北京以工业为发展重心，重点发展冶金产业、化工产业、机械制造等基础性制造业，逐步建立起工业化体系。

随着北京经济的飞速发展，产业结构不断得到优化，并很快实现了工业化城市的目标。伴随着产业结构调整的进一步深化，轻质化制造业成为发展的主导方向，高污染、高耗能、高排放的重工业不再作为发展重心，低污染、低耗能、低排放的高新技术产业成为支柱产业，并在产业结构中占据优势比重，北京制造业绿色化发展不断延伸，形成了新一代信息技术和医药健康两大支柱产业，集成电路、智能网联汽车、智能制造与装备、绿色能源与节能环保四大主导产业，前瞻布局一批高端前沿产业，推动制造业发展动力转换，推进工业的高精尖发展，培育了一系列龙头企业和制造业品牌。同时，北京进一步优化制造业布局，加大重点开发区、园区的基础设施建设，通过产业引导和扶持，形成制造业发展的集聚效应。

2. 上海

上海是名副其实的传统老制造业基地，工业基础首屈一指，是全国的工业中心，也是一块金字招牌。围绕着国家经济建设总方针，上海制定全力发展工业的计划，一举成为全国最大最强的制造业城市。20 世纪 80 年代后，上海实施了一系列共识性工业改革措施，提高外资使用率，调整工业结构。随着相关政策的出台和落实，极大地促进了钢铁、汽车、通信设备、石油化工、精细化工等产业的蓬勃发展，成为上海工业突围的重要标志。近年来，上海更加注重制造业的质量和效益体系，加强知识密集型、集成型、复杂型的制造业产业链、价值链高端核心部分，以新一代信息技术带动制造业创新发展，提升制造和服务融合度,构建新兴产业带动与传统产业智能化转型相互融合的高端制造业集群。以集成电路、生物医药、人工智能三大主导产业为统领,打造电子信息、生命健康、汽车制造、高端装备、新材料五大制造业集群,推动创新链、产业链融合发展合理布局,全力打造国际一流水准的制造业创新发展高地。

3. 深圳

深圳制造业的发展一直受限于土地资源的稀缺,制造业企业不断外溢,但工业仍然是深圳的立市之本,支持制造业转型升级的战略从未改变。经过近十年的大力发展工业化进程,深圳由一个南海边的小渔村一跃成为制造业强市。进入 21 世纪,深圳将制造业发展重点瞄准重工业,以交通运输设备、石油化工、化学材料、汽车摩托车和精钢加工为主导产业,提升重工业对经济发展的贡献度,完善了深圳的制造业结构。近年来,在国家宏观政策指导下对制造业结构进行调整,深化制造业转型升级,加强工业立市、制造业强市,第一大支柱产业电子信息占全深圳规模以上工业增加值的近 60%,产业规模约占全国的 20%,先进制造、高技术制造、数字经济产业发展迅猛。深圳将坚持制造业转型创新不动摇,不断提升创新层级,深入推进高质量发展,实施项目、平台、绿色化三大工程,加快推进壮大二十大新兴产业和八大未来产业。

(三)国内外传统工业转型经验对天津的启示

天津拥有丰厚的制造业基础和丰富的科技教育资源,比较优势和资源优势尤为突出,具备发展天津制造的综合素质和深厚底蕴。而天津的传统制造业需要从产业链、价值链的低端向创新能力突出、产品性能质量过硬的产业链、价值链中高端转型;从依靠要素驱动向实施自主创新驱动转型;从高污染、高消耗、高排放的粗放型制造向智能化、绿色化、精细制造转型。

制造业立市,建设全国先进制造业研发转化基地要求我们站在产业前沿把握制造业未来方向,因此天津必须高度关注制造业发展趋势,着力发展符合时代潮流的先进制造业。借鉴世界制造业强国的工业发展政策和动态,将高精尖的智能化数字科技深刻融入制造业生产,制定适合自身实际的制造业发展策略。力争发展制造业高端产业,掌握生产核心环节,攻克关键技术研发和产业转型创新的课题,为推动天津制造业转型发展、创新发展提供强大动力,积极布局高精尖先进智能数字制造领域,以适应环境变化和潜在的竞争。制造业立市必须提升传统工业的含金量,注重产品性能开发,切实提升制造业能级层次,采取有针对性的、切实可行的政策措施,将挑战转化为机遇,充分发挥制造业立市的引领带动作用。

四、天津传统工业转型升级对策

(一)深化结构调整

围绕"全国先进制造研发基地"功能定位,大力推进制造业立市战略,把 12 条重点产业链建设作为"制造业立市"的核心环节,以加强引育龙头企业、推进重大项目和重点园区建设作为推进产业链建设的抓手,推动传统工业型升级,加速确立工业高质量发展态势,促进产业结构调整,实现全市经济高质量全面发展,全面提高经济效益水平。做强制造业主导产业,以技术改进项目、智能化项目为引领,实施现有企业技术改进行动升级计划,重点抓好石油化工、冶金、轻纺等传统工业转型升级。充分发挥市场机制优化资源配置,完善企业退出机制,配合相关政策辅助共同提升资源能源的利用效率,推进传统产业的转型升级。做大制造业新兴产业,加快推动航空航天、高端装备、新一代信息技术、生物医药、新能源新材料、节能环保等战略性新兴高技术产业的高端化发展,不断提升产业集中集聚程度,培育天津制造的核心竞争力,形成结构优化、布局合理、特色突出的天津制造产业体系。

(二)融合数字智能

积极培育制造业新经济增长点,大力发展战略性新兴产业,做大做强高技术高科技制造业,以数字化、智能化新动能带动传统工业转型升级,逐步建立起以"数字智能"为统领的"1 +3 +4"现代制造业产业体系。以举办世界智能大会为契机,将智能科技产业打造成为"天津名片"。数字经济具有大幅提升要素生产效率的功能,数据红利的充分释放,为新经济增长点培育提供了无限可能。在产业数字化、数字产业化的相互作用、相互配合下,加快发展数字经济、智能制造成为推动天津传统工业转型的必由之路。持续加强技术改造,深入推进“互联网+”行动,将数字智能技术注入制造业产品的研发、生产、销售等各环节,创新优化柔性生产方式,精良改进提升产品质量,高标准打造“数字工厂”,高要求建设“智能车间”,不断提升互联网与天津传统工业的融合度。推进制造业产线设备全面数字化、智能化升级,以达到“提效增质、减本降存”的目的。鼓励传统制造业企业加大智能成套产线购买力度,不断利用数字化、智能化技术改造生产装备,实现生产制造全面升级。着力推进冶金、石化、轻纺等传统工业的数字化转型。围绕生产装备、产线管控、供应链、节能减排等方面,充分挖掘大数据的潜力和价值,着力推进云制造,引导有条件的企业共享产业链、供应链、价值链资源,构建起连接要素、产业链、供应链、价值链的数字化互联网制造业平台,实现跨区域、跨领域的协同配合,推进生产装备升级、生产流程优化、产供价三链协同和节能降耗植入数字化、网格化、自动化、智能化升级再造,加快建设数字经济智能制造的引领区和示范基地。

(三)倡导绿色制造

树立绿色发展理念,强化绿色制造动态管理,大力推行绿色生产,创建绿色品牌,处理好环境、生态和资源利用的关系,依据国际标准,加强绿色技术改造,构建绿色制造体系。深入推进传统工业绿色制造体系认证行动,不断深化钢铁、冶金、石化、轻纺等传统工业低碳化改造,加强可再生能源产业的作用,推进天津传统工业绿色化、低碳化转型升级。积极营造绿色制造新理念,开发绿色制造新技术,利用绿色制造新装备,生产绿色低碳新产品,探索绿色制造新模式,提升绿色制造设计能力,加强绿色低碳技术研发创新能力,巩固绿色低碳产品市场供给能力。大力推广绿色工厂评价机制,对工业企业的碳排放减排、溯源跟踪等建立指标体系进行专业化评价,搭建碳资产管理数据库和绿色低碳技术与产品验证平台,逐步建立绿色低碳化制造标准评价体系,配合自我保证、定期检查等措施,对工业企业开展绿色制造体系第三方评价,严格控制能源消费总量、碳排放强度要求，以达到提升天津制造业绿色化、低碳化发展的目的。积极制定促进天津实现绿色低碳制造的政策措施。以财税、金融、人才、土地等方面的优惠政策为抓手，支持企业更换高耗能、高污染设备，加强高新技术设备的数字化、智能化改造，构建绿色低碳制造政策体系。

（四）发展服务制造

围绕先进制造业和生产性服务业深度融合的发展方向，探索以服务型制造为代表的新型制造模式，加强生产性服务业对制造业的融合性和带动力，促进生产性服务业与先进制造业的互动发展，对于天津建设先进制造业研发基地大有裨益，有利于新旧动能转换，有利于经济增长效益和质量上水平，有利于促进传统工业转型升级。着力提升现代服务业对制造业的渗透力，大力推进“两业融合”，推动天津传统工业向产业链、价值链上游延伸，增加工业产品附加值。重点推动品牌经营、工业设计、服务外包、产品定制化、融资租赁、供应链再造、检验检测认证、并购重组共享制造、全生命周期维护、机器换工、生产性金融、空间换地、总集成总承包、电商扶持、节能环保等新模式创新发展，深入推进工业企业的服务化改造。构建服务型制造评价标准体系，制造业产品、服务标准制订，以关键技术标准和应用标准为重点，加大知识产权保护力度，改进服务型制造标准认证许可体系。

（五）优化产业集聚

以生态环境保护为前提，节约利用资源为条件，产业聚集发展为目的，城产融合协同发展为原则，优化天津制造业布局，整合传统工业布局，构建“两带”“双城”“智谷”“组团”为重要节点的制造业发展格局。注重各制造业集聚区突出具有代表性的产业特色，聚集区和主导产业相互辉映，打造专业化、精细化、高端化的创新要素布局，实现错位发展、互补发展。着力推动高新技术制造产业带和临海临港先进制造产业带形成产业聚集的“两带”，重点发展石油化工、航空航天、新一代信息技术、新能源新材料、新能源汽车、生物医药、海洋装备等产业，加快石油化工产业向南港集聚，持续推动现有传统工业转型升级。

双城指“津城”和“滨城”，其中“津城”重点发展都市工业，“滨城”提升生活服务配套能力，双城共同推动高技术、高附加值的高精尖产业发展，加快战略性新兴产业集聚，严把产业质量关，提高项目投资和建设效率和强度。智谷以海河教育园区为核心，依托绿色生态屏障，重点发展高端装备制造、新能源新材料、人工智能、生物医药等产业，大力发展服务型制造，着力推进绿色制造，拓展政产学研联动制造，为天津传统工业转型升级贡献力量。“组团”即以四个开发区为载体，联合周边的工业园区，打造制造业组团，促进产业链条延伸，促进制造业能级提升，促进先进制造业要素聚焦，促进制造业聚集发展，促进土地集约利用，打造一批自主创新能力较强、特色鲜明、技术精尖、链条齐整、规模集聚、效应突出的具有全国影响力的高精尖制造业的承载地和制造业集群聚集地。

（六）提升综合竞争力

制造业是支撑实体经济的稳定器，也是天津经济社会发展的战略基础和保障。只有将制造业稳住，实体经济才会相应平稳。坚持制造业立市，加快建设制造强市，推动传统工业转型升级，推进新兴制造业加速发展，提升制造业综合竞争力是重中之重。创新是制造业立市的灵魂，也是制造业综合竞争力的核心，掌握关键核心技术是推动高端制造业发展，避免“卡脖子”现象的必由之路。加强科学技术创新与产业发展方式创新的有机结合、融会贯通，构建产学研用互利共生、互惠协同的制造业创新体系，才能加快制造业尖端化、智能化、数字化、绿色化、专业化发展。全力实现“制造业立市”的战略定位，就必须全力提升制造业综合竞争力，在技术研发、产业链建设、数字化智能化发展等方面必须在全国占有一席之地，高精尖制造业、战略性新兴产业必须占据工业经济的主导地位。以创新驱动为统领，推动产业集群发展，不断提高制造业科技创新水平与研发能力，实现产业链自主可控，着力提升制造业能级和核心竞争力，加强企业间交流与合作，发挥龙头企业的示范带动作用，引领一批“专精特新”中小企业茁壮成长，在研发自主核心技术与产品上下功夫，推动产业集群大中小微企业协同创新、链式发展，打造一批市场竞争力强、用户口碑好的天津制造业品牌。加快产城融合发展步伐，加大政策支持力度，构建智能、高效、集约、稳定的制造业发展生态。

新时代加快推进天津会展业发展路径研究

刘 营 天津市经济发展研究院经济师
鹿英姿 天津市经济发展研究院高级经济师
刘祥敏 天津市经济发展研究院高级经济师

会展业是衡量一个城市开放度、活跃度和发展潜力的重要标志，在推动天津构建以国内大循环为主体、国内国际双循环相互促进的新发展格局中发挥着重要作用。面对新冠肺炎疫情不利影响，天津积极推动会展业数字化转型升级，加快建设会展场馆，持续优化会展业发展政策，不断提升会展业发展能级。面临数字化、智能化、低碳化发展趋势和区域会展竞相发展态势，与先进省区市相比，天津会展业还存在品牌展会和组展企业竞争力不强、发展模式与新形势新要求不相适应、会展专业人才短缺、工作机制不够健全等问题和短板。本文提出四点建议：一是提升品牌影响力，高水平建设北方会展中心城市；二是强化模式创新，深入推进会展业智能绿色发展；三是加大引育力度，着力构筑会展人才高地；四是创新体制机制，加大会展业政策扶持力度。

一、天津会展业发展现状

在全球新冠肺炎疫情影响下，国际、国内会展业面临的形势更加严峻复杂。天津加快推进会展业绿色智慧转型，强化服务模式创新，不断加大政策支持力度，持续提升会展业发展水平。

（一）国家会展中心成为北方会展新引擎

2021 年 6 月，北方展览面积最大的绿色智慧创新型国家会展中心（天津）

启用迎展,有效改善了全国展览馆资源“南重北轻”的不均衡现状,成为服务京津冀协同发展、“三北”地区会展经济创新发展的新引擎。首展——中国建筑科学大会暨绿色智慧建筑博览会成为首个建筑领域全产业链标杆性展会,面积突破 20 万平方米,也是首个“市场化、大规模、高规格”自办建筑业展会,开创了绿色智慧建筑参展和参观的全新体验。2021 中国(天津)国际汽车展览会成功召开,汽车行业最新的技术、产品在展会上集中展示,影响力辐射全国,各项数据在世界汽车展会中均位居前列。第 105 届全国糖酒商品交易会的展览规模刷新了秋季糖酒会历史纪录,多项数据彰显了国家级现代化展馆的独特魅力。当前,天津国家会展中心(二期)克服疫情影响,展馆建设全速推进,即将在 2022 年内竣工。

(二)展会受到冲击后加速复苏

受新冠肺炎疫情影响,部分展会取消或延期举办,天津展会摆脱下滑困境,呈恢复增长态势。2021 年,天津线下展览总规模为 63 场,展览面积为 172.66 万平方米(见图 1),较 2020 年分别增加 53.7% 和 240.8%,占全国展览规模和面积的比例分别为 1.15% 和 1.88%。2021 年天津经贸展览(2 万平方米以上)25 场(见表 1),经贸展览(2 万平方米以上)数量较 2020 年增加 10 场,约有 24% 的经贸展览达 10 万平方米及以上,其中,中国建筑科学大会暨绿色智慧建筑博览会、首届中国(天津)国际汽车展览会和第 105 届全国糖酒商品交易会规模达到 20 万平方米及以上。同时在疫情防控常态化机制下,第五届世界智能大会、碧海(中国)春季钓具产业博览会、华夏家博会、第十七届中国(天津)国际工业博览会等也相继举办,最大限度地发挥了展会效益。

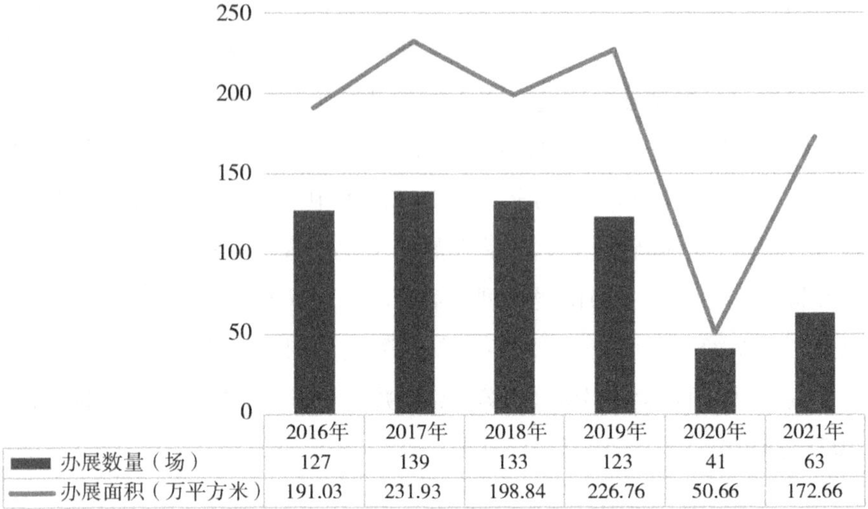

图 1　2016—2021 年天津办展数量与办展面积

数据来源:2016—2021 年中国展览数据统计报告。

表 1　2021 年天津经贸展览情况　　单位:万平方米

序号	展会名称(2 万平方米以上)	举办场馆	面积
1	2021 中国华夏家博会(天津)	天津梅江会展中心	3.0
2	2021 第二十届中国北方国际自行车电动车展览会	天津梅江会展中心	10.0
3	2021 天津世纪家博会	天津国际展览中心	2.0
4	2021(天津)中国婚博会(4 月)	天津梅江会展中心	2.0
5	2021 京津冀(天津)广告标识及数码印刷及办公用品展览会	天津梅江会展中心	3.0
6	第 1 届天津温泉泳池沐 SPA 及养生健康产业博览会	天津梅江会展中心	4.0
7	碧海(中国)2021 春季钓具产业博览会	天津梅江会展中心	13.8
8	2021 中国天津国际汽车工业展览会	天津梅江会展中心	10.0

续表

序号	展会名称(2 万平方米以上)	举办场馆	面积
9	中国·天津五一国际汽车展览会	天津梅江会展中心	7.4
10	2021 中国华夏家博会(天津 5 月)	天津梅江会展中心	3.0
11	2021 第 17 届(天津)国际装备制造业(工业)博览会	天津梅江会展中心	9.0
12	2021 第五届天津国际餐饮食材博览会	天津梅江会展中心	3.0
13	2021 中国(天津)国际美容美发化妆品博览会	天津梅江会展中心	3.0
14	2021 第二十一届天津国际珠宝首饰展览会	天津梅江会展中心	2.0
15	2021 中国建筑科学大会暨绿色智慧建筑博览会	国家会展中心(天津)	21.0
16	2021 中国华夏家博会(天津 7 月)	天津梅江会展中心	3.0
17	中国国际实木家具展览会暨天津首届低碳智能国际居家生活博览会	国家会展中心(天津)	2.88
18	2021 首届中国(天津)国际汽车展览会	国家会展中心(天津)	20.0
19	2021 中国华夏家博会(天津 10 月)	天津梅江会展中心	3.0
20	2021 第 24 届中国冰淇淋及冷冻食品产业博览会	天津梅江会展中心	4.5
21	2021 第 105 届全国糖酒商品交易会	国家会展中心(天津)	20.0
22	2021 第二十三届中国(天津)国际矿业大会	天津梅江会展中心	3.8
23	2021 第二十二届天津国际珠宝首饰展览会	天津梅江会展中心	2.0
24	2021 天津茶产业及紫砂茶具博览会	天津梅江会展中心	3.0
25	2021 中国(天津)中国婚博会(12 月)	天津梅江会展中心	2.0

资料来源:《2021 年度中国展览经济发展报告》,第 86—125 页。

(三)会展双线融合取得实效

加强服务创新,积极探索线上会展、线上论坛、云端采购对接等展会服务新模式。积极创新场馆运营模式,开启线下线上融合办展的创新业态,运用大数据发展平台化管理与运营,进一步推动品牌展会项目开通线上展览业务,开启线上展会新实践。2021 年,天津线上会展达 6 场。第五届世界智能大会搭建线上直播互动平台,同步展现高峰论坛,聚焦线上线下融合互动,进一步创新办会模式,形成大会、展览、赛事、智能体验“四位一体”的国际化平台,特别是通过线上直播互动平台和线下智能体验,增加了参与性和互动性,共签约项目215个,总投资约1057亿元,其中,新一代信息技术、高技术服务、高端装备等新动能项目达到159个,占比76%,为推动人工智能同社会经济发展的深度融合提供了更多的拓展应用场景和数字化解决方案,充分发挥了智慧会展平台的展示窗口和营销平台作用。2021年第五届中国品牌日活动,天津展馆共有36家本土知名品牌企业的45个品牌参与云上展区、17家企业的20余个自主品牌到场参展,全方位、多角度展现出天津企业品牌的魅力。

(四)会展业支持政策体系加快构建

天津出台了会展业支持政策,推动会展业高质量发展。市级层面制定了《天津市推动会展业发展三年行动方案(2022—2024)》,提出加快会展场馆和配套设施建设,筹建天津展览集团,支持现有品牌展会项目做大做强,推出举办会展线上“一件事”服务,助力打造一流会展营商环境。以国家会展经济片区规划为统领,建设会展核心区、会展总部聚集区、会展综合服务区等八大功能板块,构建以会展为核心的现代服务经济体系,提升周边地区配套支撑。同时,还规划设计海河南道国家会展会议中心段景观,改善双城中间绿色生态屏障区与国家会议会展中心环境,突出展现天津形象的城市“会客厅”。区级层面实施了支持会展业发展的政策,促进会展及配套企业集聚。津南区出台引育会展企业鼓励政策,积极引进会展上中下游企业,大力发展餐饮、酒店、旅游、物流、金融等生活性生产性服务业,打造以高端品牌会展资源为核心、以高端商务功能为支撑的会展经济产业集群,从构建会展产业生态体系等方面着力提升会展发展营商环境。

二、天津会展业面临的形势

数字化、智能化和低碳化将是今后全球会展经济发展的趋势,国内会展业加速绿色智慧创新发展,线上与线下结合的办展方式得到深度融合,随着国家会展中心(天津)二期项目的建成和运营,将引领带动天津会展经济跑出“加速度”。

（一）国际会展业呈现数字化和低碳化发展趋势

会展业数字化转型步伐加快。新冠肺炎疫情加速催化展览业实施数字化，各国展商以增加数字服务或产品、开展线上逛展模式等方式不断寻求数字化转型战略。调查结果显示，疫情仍是影响展会举办的主要因素，但疫情期间各国产品和服务的数字化势头增强，通过物联网、大数据、5G 等技术的应用，加快推进服务创新、管理创新、业态模式创新，积极寻找线上线下相结合的展览模式，促进展览产业和展览企业的数字化转型。

各国不断探索会展业可持续发展路径。从展览行业的长远发展来看，通过降低使用可持续材料、产品、服务的成本，开发和应用减少碳排放的新技术或新的处理方式等实施可持续发展战略，有助于加速推动会展业的绿色化、生态化进程，全球展览业协会推出“净零排放活动”，也旨在推动会展业的各项业务实现净零排放。

（二）国内会展业出现竞争加剧态势

会展经济创新面临差异化竞争战略选择。各地展会市场竞相发展，展馆建设发展态势强劲，大型展会仍集中在一线城市，各地在把握本地区会展业特色与比较优势的基础上，不断加速区域会展产业能级的跃升。展览业创新发展更加注重自主品牌的“生根型”专业展会培育，更加注重从完善城市功能角度、区域发展角度规划发展展览业，更加注重客户群体需求激发场馆空间运营的多种可能性。加强推进会展业信息化建设成为展览行业转型的关键，通过运用“互联网＋”创新思维，利用先进的计算机技术、虚拟现实（VR）技术、大数据技术、射频识别技术（RFID）等新技术，“云展览”“云会客”“云对接”“云洽谈”“云签约”等模式不断创新发展，呈现线上线下双轮驱动会展业创新发展的趋势。

（三）天津会展业面临绿色转型升级的挑战与机遇

在碳达峰、碳中和战略目标下，加快推动会展业绿色低碳发展是应有之义。未来会展活动坚持绿色可持续发展与运营，天津将面临推进会展产业生态化的挑战,亟待提高会展项目资源的循环利用效率,推进展览业“绿色、低碳、可持续”发展。国家会展中心(天津)全面建成,将为天津乃至北方会展业发展带来重大战略机遇,项目的引领带动作用持续增强。随着会展上下游企业的集聚发展,品牌展会的影响力不断扩大,将有效促进天津发展成为具有全球影响力的会展中心城市。

三、天津会展业存在的主要问题

目前天津会展业进入了转型发展的关键阶段。综合分析会展业现状,天津仍面临展会品牌不响、转型发展步伐不快、专业人才不多、工作机制不够健全等问题和短板。

(一)展会的品牌竞争力和影响力不够强

天津的高端国际性品牌展会较少。2021 年底,全球展览业协会(UFI)认证的展会数量,上海有 29 个,天津仅有 2 个。天津组展企业竞争力较弱。截至 2021 年底,仅有天津国际会展中心有限公司 1 家企业被认证为国际展览项目协会(IAEE)的企业会员。天津世界智能大会、夏季达沃斯论坛等展会品牌影响力不及广州的“广交会”、上海的“进博会”,聚焦行业发展的高端会议论坛数量很少。

(二)展会的智慧绿色转型步伐较慢

成熟数字会展、绿色会展发展模式相对缺乏。2021 年,天津线上会展数量占全国线上会展总量的比重不足 1%,而上海、广州举办线上会展的数量分别占全国线上会展总量的 17.6%、12.6%。传统场馆运营和服务亟待数字化赋能,传统场馆和线上虚拟场馆融合度不高,线上虚拟场馆缺乏个性化服务和精准营销。“双碳目标”下缺乏绿色会展相关标准,展会节能降耗器材设备良莠不齐,绿色展具使用率不到 10%,远低于德国绿色展具 80% ~ 90% 的使用率水平。

（三）会展专业人才紧缺

具备丰富管理经验的会展企业领军者与管理者稀缺。截至 2020 年底，国际展览项目协会（IAEE）在天津的个人会员仅有 8 人，与上海的 53 人、北京的 51 人相比差距明显。会展专业人才培养规模不足。截至 2021 年底，天津开设会展专业的高等院校数量不足广州的 1/4，在读会展专业学生与待毕业学生规模不足广东的 1/4。

（四）管理体制与支持政策体系亟须完善

缺乏统一会展业发展的管理促进机构，统筹推进工作机制尚未建立，导致会展项目存在多头管理、责任不清、任务推动落实不到位等诸多问题。支持政策体系不健全，亟待统筹规划全市会展业，优化会展功能布局，完善支持会展业发展的规划与政策体系。

四、近期各地会展业扶持政策的经验借鉴

全国各地大力发展会展业，场馆建设和品牌培育发展迅速。近期，各大城市和一些地级城市相继出台了促进会展业发展的规划，设立了会展业发展的专项资金等，为天津学习借鉴会展业发达地区的先进理念和经验提供了重要参考。

（一）制定会展业发展规划，明确宏伟发展目标

北京市立足首都功能定位，出台“十四五”会展业发展规划，提出到 2025 年新增 1 ~ 2 个单体展览面积 20 万平方米以上的展览馆，推进首都国际机场、大兴国际机场“双枢纽”地区重点会展场馆及配套设施建设，形成首都两大会展产业集聚区。青岛西海岸新区会展业“十四五”规划提出，要发挥会展平台作用，促进展会与产业的融合发展，不断完善会展业配套设施建设，引育优质会展项目，到 2025 年获得国际展览业协会（UFI）认证的展览项目至少 2 个，累计

培育具有较强竞争力和影响力的会展企业 1 ~2 家,培育新增规模以上会展业企业 8 家以上。杭州市会展业发展“十四五”规划提出,把杭州打造成为全球知名的会展之都、赛事之城,主要从推动会展与产业协同发展、引育国际化展览品牌、壮大杭州特色会展产业集群、形成杭州会展业发展空间新格局、推进会展业数智化发展、提升会展业发展软实力六个方面着手。杭州市萧山区从提升展会数量、引育品牌展会、完善场馆建设、增强会展企业实力等方面发挥会展活动对加快要素流动、人才集聚、信息交流的平台作用。江西省从会展规模、会展效益、市场主体、会展品牌方面确立了会展业主要发展指标,到 2025 年,力争举办规模以上展览活动达 400 场,展览总面积达 600 万平方米。海南省紧抓自由贸易港建设重要战略机遇,重点推动会展业与旅游业、现代服务业、高新技术产业三大主导产业及热带特色高效农业的融合发展,围绕建设海南国际旅游消费中心的定位,高水平办好中国国际消费品博览会。

(二)设立会展业专项资金,资助会展项目举办

上海市加大会展项目资助力度,对综合性会展项目资助总额不超过 125 万元,特别重要的会展项目资助总额不超过 150 万元,专业性会展项目的资助总额不超过 30 万元,对举办经贸合作交流洽谈会或推介会等组团配套活动发生的相关费用另行给予资助,资助金额不超过 15 万元且占比不超过活动总费用的 50% 。深圳市制定建设国际会展之都扶持计划实施细则,对新引进国际知名品牌展会奖励项目、专业展会培育期资助项目、专业展会场租补贴项目、认定认证奖励项目、国际性会议资助项目等七个项目确定支持方向和资助标准。西安市从推动“全域会展”建设入手,对会展企业、会展活动、产业人才等方面扶持补贴金额为 3 万到 150 万元不等。成都市明确对线上线下一体展览会进行资助,经专家评审后可在当年线下展览会补贴基础上再给予 30% 的上浮补贴,上浮金额最高不超过 50 万元,对采用新技术、新模式举办的线上展览会,给予最高不超过 20 万元的补贴。同时,成都提出了会展新经济补贴标准和会展经贸交流补贴,对每项需要评审验收的,有具体的项目验收和绩效评价标准,为申报会展业发展专项资金提供了明确的参考。广州市海珠区每年安排 2000 万元

作为海珠区会展业高质量发展扶持办法专项扶持资金,对会展企业、展会活动及园区等给予扶持奖励。海南省对专业展览的奖励金额按“展览总面积 ×40 元/平方米 · 天 × 展期天数 ×70% + 宣传费 ×30%”的公式计算,对专业会议的奖励金额按“会展总面积 ×90 元/平方米 · 天 × 会期天数 ×70% + 宣传费 × 30%”的公式计算。

(三)出台会展业硬核措施,扶持市场主体渡难关

成都市对由本市会展企业举办的线上、线上线下一体市场化展会项目,按照实际投入的 40% 给予最高不超过 50 万元的补贴,对开展会展专业技能提升等培训项目的会展行业协会,给予最高不超过 20 万元的补贴,对因疫情延期举办的市场化展会项目,在基本补贴基础上给予 30% 的上浮补贴,单个项目上浮补贴金额最高不超过 100 万元。青岛市在促进会展业发展十条政策中提出,会展企业在本市专业展馆计划举办展览面积 1 万平方米以上的展会,因疫情防控等不可抗力原因取消举办的,补助本届展会已发生宣传费用的 20%,最高不超过 30 万元。南京市设立 2022 年度会展专项资金,重点支持帮助会展场馆运营单位、会展组展及会展相关服务等企业应对疫情影响。北京市统筹疫情防控和稳定经济增长的实施方案中提出了支持云展览,支持社区和平台企业为会展等受疫情影响的企业提供灵活用工岗位。武汉市对 2022 年在武汉市主办或者承办过 5000 平方米以上展览的本地会展企业,按照其承租非国有房屋 2022 年租金的 10% 给予补助。

五、新时代加快推进会展业发展的对策建议

以深入推进会展经济高质量发展为重点,及时出台助力会展业复苏与发展的政策举措,积极破除会展业发展制度壁垒和瓶颈制约,加快补齐会展品牌影响力不够、市场主体活力不足、专业人才短缺等短板,高标准打造一批会展服务平台,推动天津加快构建双循环新发展格局。

(一)提升品牌影响力,高水平建设北方会展中心城市

发挥国家会展中心(天津)示范引领作用,加强会展品牌创立和优质项目引育,积极拓展会展业与外向型经济融合的深度与广度。一是做大做强世界智能大会、夏季达沃斯论坛等展会品牌,深挖绿色智慧建筑博览会、中国(天津)国际汽车展览会、中国北方国际自行车电动车展览会等展会溢出效应,打造具有全国影响力的会展产业集群。二是依托国家会展中心、梅江会展中心等展馆设施,服务制造业立市发展战略,紧扣国际消费中心城市和区域商贸中心城市建设,引育智能科技、生物医药、新消费等领域展会,构建与国际展览业协会(UFI)、国际展览与项目协会(IAEE)、国际大会及会议协会(ICCA)等国际知名会展机构长效合作机制,引进和策划高层次国际展览和会议项目,形成一批特色鲜明的国际、国内知名品牌展会。三是服务构建国内国际双循环新发展格局,积极融入重大国家战略,聚焦经贸合作、产业发展、新型消费、绿色低碳等重点领域,抢抓 RCEP 机遇,建设会展经济多维生态圈(见图 2),打造全球会展新高地的重要平台。

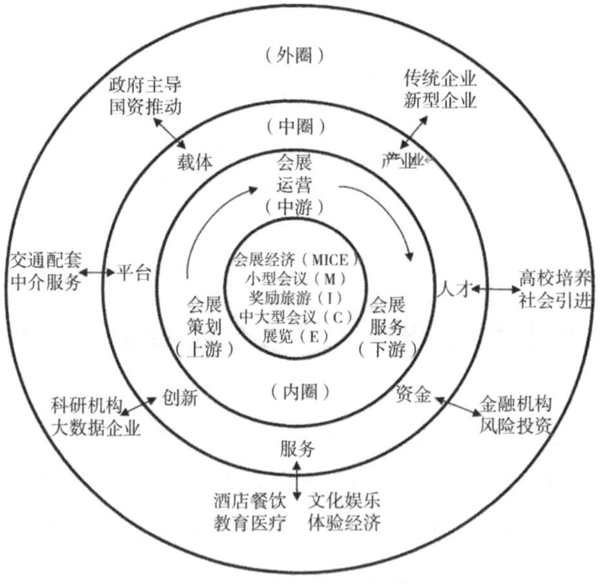

图 2　会展经济多维生态圈

（二）强化模式创新，深入推进会展业智能绿色发展

以推动会展业高质量发展为目标，加快会展业绿色化、智能化转型步伐，发挥好引领示范作用。一是支持会展主办方积极应用人工智能、云计算、物联网等信息技术和手段探索双线融合的办展模式，积极应用人工智能、云计算、物联网等信息技术，提升现有场馆的智慧化管理和服务水平，突出实体展会的体验效用优势。二是以国家会展中心绿色展馆为标杆，倡导绿色办展理念，探索展具租赁等模式，鼓励在项目运营、展示设计等环节应用节能环保技术，研究制定绿色会展评价指标体系，打造绿色会展城市典范。三是完善绿色展会标准体系，推动制定绿色展览行业标准、团体标准、企业标准，建立绿色会展监管机制，构建天津绿色会展评价指标体系。

（三）加大引育力度，着力构筑会展人才高地

围绕会展经济转型发展新要求，加强会展专业人才引进和培育，为做强做优天津会展经济提供人才支撑。一是筹建会展人才储备库，建立健全会展人才使用评价机制，加强会展人才队伍建设，将高层次、紧缺型会展人才纳入天津高端人才引进和培养计划体系。二是加强会展专业人才培养，充分发挥海河教育园区人才聚集优势，加大会展学科建设力度，加大更具现代化的创新思维和专业化能力会展人才培养，扩大会展专业招生规模，鼓励与国内外知名会展院校和机构交流合作，为发展会展经济提供智力支持。三是深入推进展校合作、展教融合，鼓励院校、培训机构、行业组织与会展场馆、会展企业合作，建立展教融合培训和实训示范基地，充分开发利用会展平台资源，构建会展人才培育协同机制。

（四）创新体制机制，加快完善会展业发展支撑体系

加快破除会展业发展体制机制障碍，强化会展业发展管理体制和支持政策创新，不断优化会展业发展环境。一是推动建立主管部门统筹协调、有关部门参与的会展业发展工作机制，搭建会展业“一站式”公共服务平台，完善会展活

动备案制度，推进政府主导型会展活动逐步向市场化转型，打造具有较强竞争力的展览集团和领军企业，实现龙头企业引领、中小企业并进的会展业新格局。二是研究制定会展业专项规划和支持政策，制定天津会展业发展专项规划，谋划会展业中长期发展方向和目标，细化会展业发展专项资金资助标准，支持大中小型专业展览申办和培育，重点围绕会展产业链龙头企业和大型展会，尤其是针对疫情期间经营困难的会展业市场主体，制定出台投融资、财税、金融等“一揽子”精准帮扶政策，积极助力会展企业纾困减负，提振会展行业信心。三是灵活安排展期，停展期间时时关注疫情发展动态，紧紧盯牢机会，力争线下展会随时“重启”，同时认真制定疫情防控工作方案和应急处置预案，建立联防联控机制，为会展业复工复展做好服务保障。

天津市生物医药产业高质量发展研究

丁绪晨　天津市经济发展研究院经济师
王　刚　天津市经济发展研究院高级经济师
袁进阁　天津市经济发展研究院经济师

根据《天津市制造业高质量发展“十四五”规划》,天津生物医药产业主要包括现代中药、化学药、生物药、高端医疗器械、智慧医疗和大健康五个领域。生物医药产业是天津市“1 +3 +4”现代工业产业体系的三大新兴产业之一,也是天津市的传统优势产业,提升生物医药产业的核心竞争力,实现产业高质量发展,对于天津制造业强市建设具有重要作用。

一、天津生物医药产业发展背景

天津位于我国环渤海生物医药产业主要聚集区。目前,天津生物医药产业正随着全国生物医药产业的大发展而快速成长,产业发展的国内环境持续优化,市场需求空间广阔。

(一)产业规模快速增长

近年来,我国生物医药产业发展迅速,已成为仅次于美国的第二大医药生产和消费国,相关生产企业达数万家,2021 年,我国医药工业营业收入达 33700 亿元,医药工业增加值占全部工业增加值的 4.1%。大力发展生物医药产业具有重大现实意义和经济意义,能够不断满足人们日益增长的卫生健康服务需求。随着国家医疗保障体系的不断完善和相关政策的倾斜扶持,我国生物医药产业的规模将进一步扩大。

(二)产业监管机制不断完善

随着生物医药产业的快速发展,生物医药产业体系日渐完备,产品质量监管机制逐步完善。为进一步提高中药注射剂等药品的质量,国家出台了一系列监管举措,提高药品质量监管标准,加大药品生产过程监管力度。比如,针对中药制剂的质量标准,增加了以有效成分为控制指标的检测项目和先进的检验方法。同时,还对仿制药与原研药的一致性进行对比评价,确保药品的安全有效。随着带量采购、医保目录动态调整等医疗改革政策的持续深化和落地执行,医药行业开始逐步从高速发展向高质量发展转型。

(三)产业创新能力不断增强

提升创新水平对于生物医药产业的长远发展具有重要意义,近些年,我国持续推行"重大新药创制"科技重大专项,撬动大量社会资金投入生物医药创新领域;通过产学研联盟等方式建立了众多以企业为主体的国家级技术中心,大大提高了生物医药产业的创新能力。2021 年,国家药品监督管理局药品审评中心共承办新药品(含体外诊断试剂与药械组合)注册申请 11569 件,其中,化学药品占 71%、生物药占 17%、中药占 12%。

(四)疫苗与诊断试剂产业发展迅速

新冠肺炎疫情的爆发和持续蔓延进一步助推疫苗与诊断试剂产业的发展。我国现有疫苗相关企业超 1.1 万家,疫苗生产企业 45 家,能够生产 63 种疫苗,企业数量居世界首位,疫苗生产技术和研发水平与发达国家存在一定差距,但相对较小。国内疫苗市场规模达 350 亿元(不含新冠疫苗),为全球第二大疫苗市场。我国体外诊断产业目前仍处于快速发展阶段,外资企业仍然占据主导地位,与发达国家相比有较大差距,部分诊断试剂仍以低端产品为主,且种类比较单一。

（五）产业发展的市场需求广阔

一是老龄化扩大生物医药产业发展空间。根据第七次全国人口普查数据，我国65岁及以上人口为19063.5万人，占比13.5%，相较于第六次全国人口普查增加超7000万人，占比提高4.6个百分点；其中，天津常住人口老龄化率达到14.8%，比第六次全国人口普查时提高6.2个百分点。随着全国老龄化程度的逐渐加深，天津生物医药产业的市场需求将进一步提高。二是人们健康意识的提升释放市场需求。2021年，全国卫生健康支出19205亿元，占全国一般公共预算支出的7.8%，五年来全国居民人均医疗保健支出年均增长12.4%；其中，天津居民人均医疗保健支出年均增长16.9%，占消费支出的11.3%。三是新冠肺炎疫情加速产业扩张升级。新冠肺炎疫情的持续蔓延助推天津生物医药产业快速发展，以康希诺为代表的疫苗研发企业获得发展机遇，并惠及生物制剂、医疗器械等产业链相关企业。

二、天津生物医药产业发展现状

近年来，天津生物医药产业发展势头良好，2021年，生物医药产业总产值增长23.5%，占规模以上工业总产值的4.0%。医药制造业增加值占规模以上工业增加值的比重也由2016年的2.6%上升至2021年的5.6%。

（一）顶层设计持续优化

为促进生物医药产业高质量发展，天津出台了一系列政策举措，从顶层设计上指引产业健康发展，不断优化产业发展环境。天津促进生物医药产业发展的部分相关政策情况如表1所示。

表 1　天津促进生物医药产业发展部分相关政策

出台日期	文件名	主要内容
2021 年 5 月	《天津市产业链高质量发展三年行动方案（2021—2023 年）》	集中攻坚包括生物医药在内的数条产业链，发挥在原料药、仿制药、家用医疗器械等领域的优势，夯实重组蛋白质药物、疫苗、高端制剂、诊断试剂等领域基础，聚焦新药研发及产业化，开展名贵中药材人工替代品研究，打造中药现代化产业基地。到 2023 年，产业规模将达到 820 亿元
2021 年 6 月	《天津市制造业高质量发展"十四五"规划》	巩固提升化学药和现代中药优势，加快培育生物药、高端医疗器械、智慧医疗与大健康等新兴产业。到 2025 年，产业规模突破 1000 亿元
2021 年 9 月	《天津市中医药事业发展"十四五"规划》	提出实施中医药服务体系提质扩容工程、全面提升中医药公共卫生应急能力和加强中西医结合工作等八方面 18 条重点任务
2021 年 11 月	《天津市生物医药产业发展"十四五"专项规划》	着力构建"双城多区"产业发展空间布局，打造五大特色产业集群，实施八项重点工程。到 2035 年，产业规模突破 5000 亿元

（二）产业发展基础雄厚

一是产业基础良好。天津工业覆盖 41 个工业行业大类中的 40 个，行业中类与行业小类覆盖率较高，其中，医药制造行业小类覆盖率超过 80%。生物医药产业是"1 +3 +4"现代工业产业体系中三大新兴产业之一，较好的产业基础为生物医药产业的发展打下了坚实的基础。二是产业链条逐步完善。依托对生物医药产业平台、载体的不断建设及完善，天津为生物医药产品的创新研发提供了重要支撑，初步构建了涵盖全产业链各环节的产业服务平台体系。从产业链经营效益看，2021 年，天津生物医药产业链营业收入 733.61 亿元，同比增长 22.1%，利润总额 96.12 亿元，快速增长 43.2%；中医药产业链营业收入 188.25 亿元，同比增长 11.6%，利润总额 33.42 亿元，同比增长 15.6%。

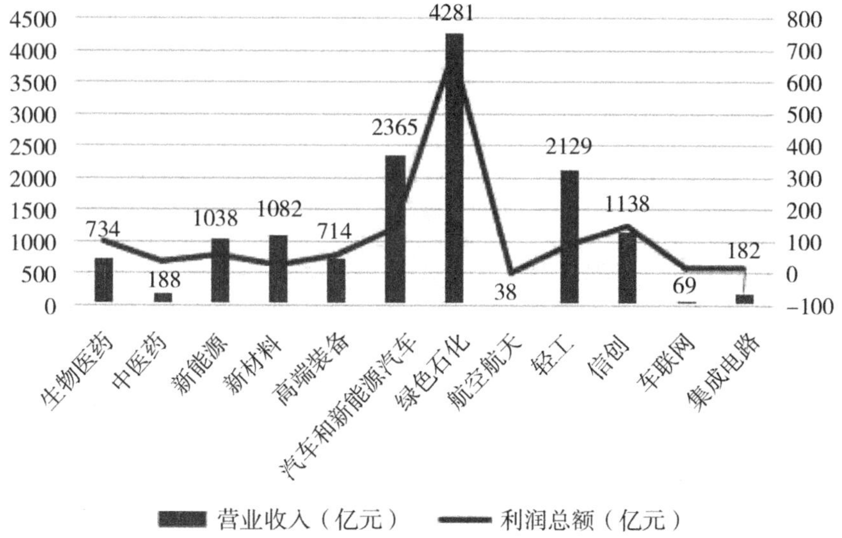

图1　2021年各产业链经营效益情况比较

（三）产业体系日益完善

一是平台优势凸显。根据《2021中国生物医药产业园区竞争力评价及分析报告》，天津滨海高新技术产业开发区的综合竞争力位列第八，天津经济技术开发区、武清经济技术开发区分别居第21、50位。作为产业发展主力，天津拥有医药制造业规模以上企业150余家，涵盖医药产品早期发现、临床前研究、临床研究、上市审批服务、医药外包等多个方面。二是研发性优势扎牢。天津拥有20余个国家技术创新中心、国家和部委重点实验室以及国家临床医学研究中心等国家级平台，拥有70多个天津市重点实验室和市级临床医学研究中心等市级平台。康希诺疫苗、赛诺医疗冠脉支架、中新科炬体外快速诊断平台均开创国内同行业先河。从中药新品种获批数量来看，2016—2021年，在全国20款获批的中药创新药中，天津分别在2019年、2021年各获批1款。三是产业结构不断健全。天津生物医药企业业务覆盖面较广，以上市公司为例，业务主要集中在现代中药、化学药和生物药领域，其中，现代中药是主体，生物药是快速发展的新兴领域，涌现出了中新药业、康希诺、九安医疗等一批生物医药创新型企业；产品方面研发出了速效救心丸、复方丹参滴丸、血必净注射液等国内知名产品；科研机构方面拥有天津医科大学、天津中医药大学、中国医学院—血液学研究所等一批知名学府机构。

表 2　天津生物医药产业上市公司基本情况（以注册地统计）

企业名称	成立时间	所属领域	营业收入（亿元）	利润率（%）	研发强度（%）	研发人员占比（%）
天士力	1998	现代中药	79.5	29.7	9.6	14.6
红日药业	2000	现代中药	76.7	9.0	3.8	15.7
中新药业	1981	现代中药	69.1	11.1	2.1	2.0
天药股份	1999	化学药	37.5	1.3	4.8	16.3
力生制药	1981	化学药	10.9	11.2	9.5	22.8
康希诺	2009	生物药	43.0	44.5	21.1	15.9
中源协和	1995	生物药	15.4	10.1	9.6	9.2
九安医疗	1995	医疗器械	24.0	37.9	4.7	26.0
赛诺医疗	2007	医疗器械	1.9	-67.3	95.4	26.8
凯莱英	1998	研发和生产服务	46.4	23.0	8.4	47.5

资料来源：资料来源：根据各公司 2021 年度报告整理。

注：赛诺医疗数据异常，主要是国家实施冠脉支架带量集中采购政策，使得国产冠脉支架价格大幅下降，该公司相关产品未被纳入集采范围，导致营业收入大幅下降。

（四）产业集群聚集优化

一是空间布局进一步优化。产业园区是生物医药产业发展的主要承载地，天津目前已经形成了 5 个区域化、特色化的产业集群，基本形成以滨海新区为核心，西青、津南、北辰、武清各具特色的发展格局，其中，滨海新区生物医药产业规模占全市的比重超 60%（各区域集群基本情况如表 3 所示）。二是品牌化集群开始形成。2018 年 1 月，天津泰达高端医疗器械产业集群被科技部确定为 2017 年度国家创新型产业集群试点（培育），目前已经集聚诺和诺德（胰岛素笔式注射器)、瑞奇外科、赛诺医疗等130多家医疗器械领域相关企业。在生物医药产业领域,天津已有2家国家级创新型产业集群,分别是天津泰达高端医疗器械产业集群(2018年8月入选)、细胞产业创新型产业集群(2021年8月入选)。

表3 天津五大生物医药产业区域基本情况

区域	主要产业园区	重点发展方向
滨海新区	天津滨海高新技术产业开发区、天津经济技术开发区	重点聚焦合成生物、医疗器械、化学制药、智慧医疗、中药现代化、医药研发服务外包六大方向
西青区	西青经济技术开发区、学府高新区	围绕同仁堂、达仁堂、乐仁堂、宏仁堂等中成药老字号打造特色产业
津南区	津南经济开发区、双港工业区	聚焦大健康、医疗器械等产业
北辰区	天津医药医疗器械工业园、滨海高新区北辰科技园	重点发展中药和医疗器械等产业
武清区	武清经济技术开发区、天津京津科技谷	重点发展化药、生物制药、医疗器械等产业

三、天津生物医药产业存在问题

近年来,天津生物医药产业发展取得了不错成绩,但同时也存在一些短板和不足。

(一)产业规模偏小

一是在现代工业产业体系中占比低。在天津十大现代工业产业体系中,生物医药产业增加值、总产值占规模以上工业的比重分别为7.0%、4.0%,分别位居第6、9位,占比仍然偏低,与石化和汽车等产业仍有一定差距。二是与先进地区差距大。横向来看,天津生物医药产业规模较小,综合竞争力不强,与上海、北京相比存在一定差距。

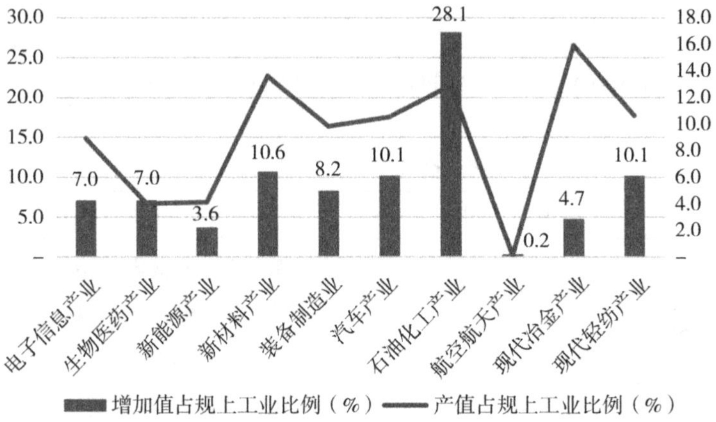

图 2　2021 年十大现代工业产业增加值及总产值占规模以上工业比例

（二）企业整体竞争力不强

一是优质企业数量相对较少。虽然在部分领域有几家龙头创新企业，但整体来看，天津生物医药类的优质企业数量仍然偏少。上市公司的数量和盈利能力在很大程度上反映了一个地区相关领域的发展水平，截至 2021 年末，天津生物医药类上市公司的数量仅相当于北京的 25%、上海的 28% 左右。根据中国医药企业管理协会等发布的“2021 中国医药创新企业 100 强”榜单，天津仅天士力、康希诺两家企业入选，分列第 21、33 位。二是企业创收水平不高。从上市公司看，2021 年天津生物医药龙头天士力的营业收入远低于国内领先企业上海医药、九州通、国药股份。营业收入偏低，限制了企业的研发投入，不利于企业做大做强。距离实现《天津市产业链高质量发展三年行动方案（2021—2023）》中到 2023 年年销售额超 100 亿元企业达到 2 家、年销售额超 50 亿元企业达到 3 家的目标仍有一定差距。

（三）研发创新投入不足

一是原始创新能力有待提高。天津企业的研发投入和研发强度偏低，高质量创新成果较少，产品附加值较低。天津主要医药企业中，除康希诺外，其他上市公司的研发强度均低于10%，其中，天士力的研发投入为7.6亿元，研发强度为9.6%，不仅低于国内领先企业恒瑞医药、上海医药的研发投入和研发强度，更远低于国际医药巨头罗氏公司、默克的研发投入和研发强度。二是产学研合作机制尚未健全。从各园区发展状况来看，高校、科研院所与企业间的研发联系并不紧密，产学研合作效果不理想。企业早期研发投入不足，导致很多项目在研发阶段缺乏资金支持而中止。

（四）中医药传承发展力度不够

一是研究成果转化能力不足。中医药“产学研医用”未能有效融合、发挥效能，部分经典药方仅在医院内部使用，未能深度开发进行市场化利用，中医药产品创新应用过程中的科技支撑作用尚显不足，科技创新能力有待提升。二是健康服务水平不高。未能充分发挥中医药在治疗未病、重大疾病和疾病康复中的作用，中医药区域发展不平衡，基层中医药服务能力较弱，中医药适宜技术未得到广泛推广。

四、天津生物医药产业高质量发展对策建议

“十四五”是天津生物医药产业高质量发展的重要时期，需要进一步提升生物医药产业的核心竞争力，夯实生物医药产业作为优势产业的重要地位，助推天津市制造业高质量发展。

（一）提升生物医药产业创新孵化能力

借助领军企业、高校和科研机构的研发优势，发挥国家合成生物技术创新中心、现代中药创新中心等产学研协同创新平台的作用，打造高水平产业创新孵化体系，促进研发项目属地转化。一是落地实施保税研发政策。充分发挥综合保税区创新平台和保税监管制度优势，构建保税区内研发、区外转化的运作模式，降低企业进口研发设备成本，提升研发效率，提高贸易便利化水平，鼓励存量企业创新升级，吸引新项目入驻发展。二是提高生产的智能化水平。开展生物医药产业智能化示范工程，对细分应用领域的创新示范项目给予适当奖

励,鼓励各地药品上市许可持有人和医疗器械注册人在天津进行委托生产,实现合作共赢。三是增强临床试验能力。发挥天津临床平台资源优势,加快推动支持药物临床试验机构发展,鼓励机构、企业参与多中心临床试验。

(二)强化生物医药产业链建设

生物医药产业的高质量发展离不开完善产业链的支撑,加强产业链建设可以有效提高生物医药产业的竞争力和安全水平。一是补齐产业链发展短板。围绕制药、医疗器械、生物制造等子链条,针对产业链中的薄弱环节进行重点培育,加大招商引资力度,引进优质项目落地,推动化学创新药、现代中药、生物创新药和医用智能仪器设备等领域健康发展,提升产业链韧性。二是推动产业链向高端转化。鼓励企业逐步淘汰利润微薄、缺乏竞争力的低端仿制药和医疗器械的生产,加大对原研药、高技术壁垒仿制药和医疗器械的研发投入,推动企业从产业链的低端向高端转化。三是做大做强优势产业链。对产业链中的关键环节进行强化与提升,形成竞争优势不断加强的发展格局,充分发挥人工智能和大数据等数字技术作用,带动生物医药产业创新发展。

(三)注重优质生物医药企业培育

生物医药企业是产业发展的重要支柱,促进产业内大企业和中小微企业平衡健康发展,对生物医药产业的稳健发展具有重要作用。一是强化重点企业培育力度。聚焦生物医药产业各细分行业拥有自主知识产权、较强技术竞争力的高成长企业,制定产业图谱和招商图谱,着力在现代中药、化学药、生物药、研发和生产服务、医疗器械等领域发力,形成重点企业"一企一策"台账。二是引导领军企业发挥引领作用。鼓励生物医药产业领军企业发挥技术、资金和市场等方面的优势,带动产业链上下游企业集聚发展,打造一批掌握核心关键技术、品牌优势突出、资源整合能力强的行业领军企业,带动各细分行业创新发展。三是充分激发民营企业的活力。给予涉足生物医药领域的民营企业更多的关注和支持,支持企业根据产业政策规划和市场需求,制定科学合理的发展战略,建立技术创新政策体系,打造高端医药产品,鼓励企业兼并重组,优化资源配置。

（四）加大生物医药人才培养力度

生物医药产业技术密集，投入大、风险高、周期长，产业发展离不开高素质的科研人员和从业人员，加强优秀人才的培养和引进，能为产业发展提供坚实的智力保障。一是完善人才培养体系，建立多层次人才培育政策，优化高等院校专业设置，支持生物医药学科发展，改进教育模式，支持广大医药企业与高校和科研院所合作建立人才培养基地，联合实施生物医药人才培养计划。二是重视高端人才的引育，精准实施生物医药产业人才引进计划，完善配套支持政策，为来津就业创业的高层次人才做好住房、教育、医疗等相关保障，吸引国内外生物医药领域的顶尖科学家、领军人才和经营管理人才来津发展。三是优化生物医药产业园区服务条件，形成研发生产、休闲娱乐配套齐全的服务体系，在产业园区运营、管理、生产等各个方面均配备智能化设施，保障园区高效运作，提升园区生态环境，允许多样化办公模式，留住优秀青年人才。

（五）细化落实生物医药产业支持政策

政策环境是影响生物医药企业投资项目和扩大生产的重要因素。一是强化产业发展政策支持。加大在知识产权保护、研发税收优惠、政府财政资助等方面的支持力度，为本地优质生物医药企业的并购重组提供宽松的金融环境，支持企业采取先租后让、租让结合的供地模式，满足产业用地需求。二是助力企业解决资金难题。加大智能制造专项资金等扶持资金对生物医药企业的支持力度，引导企业利用多层次资本市场融资，支持具备发展条件的企业挂牌上市，鼓励风险投资基金、产业引导基金投资具有发展前景和潜力的企业。三是优化产业发展环境。从早期研发、临床开发、产业化、承接转化到市场推广等生命周期各方面，优化生物医药产业的发展环境，提升服务水平，在新药研发、报批等环节开辟绿色通道，优化项目审批监管机制，对创新型和临床急需的医疗器械给予优先审评审批。

（六）加强京津冀生物医药产业联动发展

在京津冀共同打造世界级先进制造业集群的过程中，生物医药产业将发挥重要作用。一是加强三地间的产业合作。借助共建中国医学科技创新体系核心基地天津基地的契机,吸引医学毕业生来津工作和投资,进一步加强与北京在生物制品、医疗器械等方面的深度合作。同时,天津也应将具有相对优势的中药制药、化学制药产业辐射到河北省,实现京津冀在生物医药领域的联动发展。二是构建全方位的产业联盟。促进三地生物医药领域人才及技术的快速流动,鼓励高校、科研院所等技术研发单位之间加强跨区域的产业链分工合作,借助北京对全国生物医药产业的虹吸效应,顺势布局北京落地产业的产业链后端服务。在严格监控项目质量的同时,放宽市场准入条件,为三地间生物医药企业的联动发展营造良好的市场环境。

(七)提升中医药发展能级

中医药具有悠久的历史,经历了几千年亿万人的实践检验,与现代医学具有极大的互补性,提升中医药发展能级,夯实现代中药在天津生物医药产业中的主体地位,对天津生物医药产业的高质量发展具有重要作用。一是提升中医药创新发展水平。对参与天津中医药研发创新的资金给予财税优惠,吸引风险资本投入,鼓励中药新药研制,精简申报材料,简化审批流程,压缩审批时间,加强知识产权保护。二是推动研究成果走向市场。加大天津各医院内部使用经典药方的质量标准和制剂工艺的保护力度,鼓励经典药方深度开发推向市场,加强不同等级医院之间的交流合作,提升中医药服务的广度和深度。

参考文献

[1]张彩琳、张兴国、唐家龙:《加快天津市生物医药产业发展的对策建议》,《天津科技》2019 年第 2 期。

[2]赵绘存、王艳婷:《天津生物医药产业创新发展的思路与对策》,《天津经济》2020 年第 6 期。

[3]黄扬、孙嘉、张磊:《生物医药产业发展现状与趋势探析》,《现代金融》2021 年第 7 期。

天津市建立健全
生态产品价值实现机制研究

解　威　天津市经济发展研究院经济师
曹雪荔　北京科技大学天津学院讲师

习近平总书记高度重视生态产品价值，指出“良好的生态本身蕴含着无穷的经济价值，能够源源不断创造综合效益”。探索形成生态产品价值实现的天津路径，是贯彻落实习近平生态文明思想的重要举措，是践行绿水青山就是金山银山理念的关键路径，也是助力完成天津“双碳”目标和实现高质量发展的重要手段，对加快建设人与自然和谐相处、共生共荣的现代化美丽天津具有重要意义。

一、生态产品价值实现的内涵、路径与模式

（一）生态产品价值实现的内涵

1. 生态产品

生态产品是指由自然生态系统提供的产品和服务。分为三类：第一类是物质供给类生态产品，主要是指自然生态系统产生的原生态产品，既包含自然形成的野生食品、燃料、天然木材等原材料，又包含利用生态环境和资源人工生产的农林牧渔产品、风能和太阳能等生态能源；第二类是调节服务类生态产品，主要是指自然生态系统提供的净化空气、涵养水源等调节服务功能，也包括土壤保持、洪水调蓄、水质净化、固碳释氧等；第三类是文化服务类生态产品，主要是自然生态系统蕴含的美学、娱乐、教育等文化服务功能，包括生态旅游、休闲娱乐等。

2. 生态产品价值

生态产品价值具有多维性，包括生态价值、经济价值、景观价值、历史文化价值和科研价值等，其中，对人类生活影响最大的是生态价值和经济价值。生态价值是经济价值存在的基础，经济价值必须依附于生态价值而存在，保护和提高生态产品的生态价值，才能持续开发和创造经济价值。

3. 生态产品价值的实现

生态产品价值实现是指在严格保护生态环境的前提下，将良好生态环境蕴含的生态价值转化为经济价值。生态产品价值实现就是在生态产品保值增值的前提下通过调节生态产品的生产、分配、交换和消费，实现生态保护效益外部化和生态保护成本内部化，将被保护的、潜在的生态产品蕴含的内在价值转化成现实的经济效益、社会效益、生态效益的过程。

4. 生态产品价值实现机制

建立健全生态产品价值实现机制是指通过完善制度建设，构建生态产品价值实现的顶层设计。中共中央办公厅、国务院办公厅印发的《关于建立健全生态产品价值实现机制的意见》聚焦生态产品价值实现提出了六大机制，即生态产品调查监测机制、生态产品价值评价机制、生态产品经营开发机制、生态产品保护补偿机制、生态产品价值实现保障机制、生态产品价值实现推进机制。

(二)生态产品价值实现的路径

生态产品具有典型的公共物品特征，其价值实现的路径主要有三种：政府路径、市场路径、政府与市场混合型路径(见图 1)。

1. 政府路径

政府路径针对的是产权不明晰及生产、消费和受益关系不明确的公共性生态产品，如清新空气、宜人气候等，依靠财政转移支付、政府购买服务等方式实现价值。

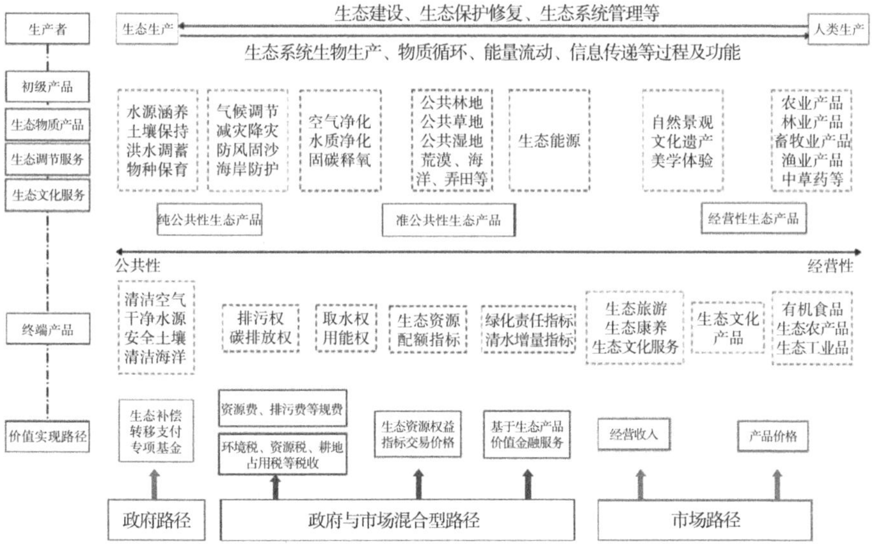

图1　生态产品价值实现的三种路径

2. 市场路径

市场路径针对的是产权明确、能直接进行市场交易的经营性生态产品，如生态农产品、生态旅游产品等，通过市场配置和市场交易实现价值。

3. 政府与市场混合型路径

此类路径针对的是具有公共特征但可以进行商品化转换的准公共性生态产品，如碳排放权、排污权等，通过法律或政府规制管控，培育交易主体，促进市场交易，进而实现价值。

（三）生态产品价值实现的模式

通过对国内外生态产品价值实现的实践案例进行梳理，可将生态产品价值实现的模式归纳形成 8 大类和 22 小类（见图 2）。

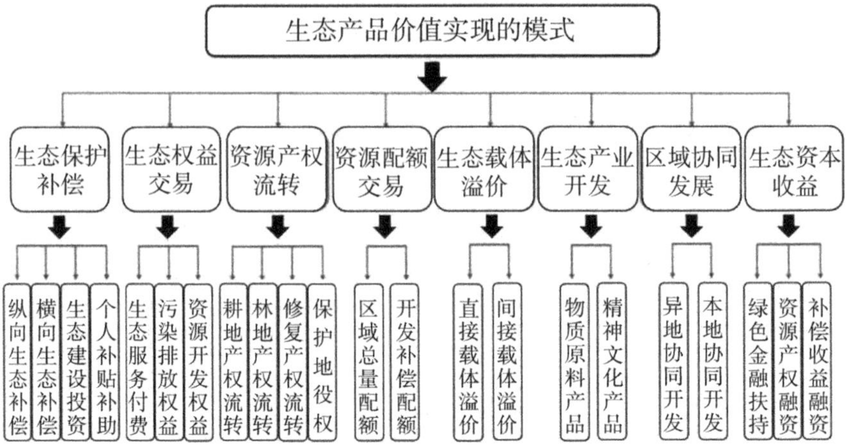

图 2　生态产品价值实现的模式

从国内外实践来看,价值实现模式主要有五种。

1. 生态产业化经营

该模式是将生态产品的价值附着于农产品、工业品、服务产品,并转化为可直接进行市场交易的商品。物质供应类生态产品,重点是推广人放天养、自繁自养等原生态种养模式,并实施精深加工,拓展产业链和价值链。调节服务类生态产品,重点是发挥好山好水的优势,适度发展数字经济、洁净医药、电子元器件等环境敏感性产业。贵州大数据产业依托当地独特的气候条件,发展大数据产业。文化服务类生态产品,重点是推进历史文化遗产与优美生态环境相融合,发展生态旅游业。江西资溪大觉山依托优质生态资源发展全域旅游,实现旅游收入增长翻倍。

2. 生态保护补偿

该模式主要通过纵向生态保护补偿、跨省流域横向生态保护补偿、对农牧民生态保护给予个人补贴补助等方式,实现生态产品可持续和多样化供给。其中,重点生态功能区财政转移支付是典型的纵向生态保护补偿;新安江以跨省断面水质达标情况“对赌”形式决定补偿资金的模式是横向生态保护补偿的标杆之一;草原奖补、公益林补助、生态保护公益岗位是对个人生态保护进行的补偿。

3. 生态资源产权流转

该模式是指具有明确产权的生态资源通过使用权、经营权、收益权等产权流转实现生态产品价值增值，包括耕地、林地产权流转等。重庆将耕地的生态产品生产功能附载到地票上进行交易，是典型的耕地产权流转模式；福建南平通过水、森林、矿产、古镇“生态银行”试点，将生态资源转换成权属清晰、可交易的生态资产。

4. 生态资源权益交易

该模式是污染排放和资源开发的产权人和受益人之间直接通过一定程度的市场化机制进行交易，进而实现生态产品价值。污染排放交易主要包括排污权和碳排放权，例如美国水污染排污权交易、我国正在开展的碳排放权交易。资源开发权益主要包括水权、用能权等，浙江东阳、义乌两市的水权交易虽然还存在一些产权困境和问题，但提供了有价值的参考借鉴。

5. 生态载体溢价

该模式是指将无法直接进行交易的生态产品的价值附加在工业、农业或服务业产品上，通过市场溢价销售实现价值的模式。通过改善区域生态环境，增加生态产品的供给能力，带动区域土地房产增值是典型的生态产品载体溢价模式。2020 年 7 月，浙江省首宗附带生态环境增值的土地成功挂牌出让，成交价格按“经济产出价值 + 生态环境增值”核算，总价 128 万元中包含生态环境增值 9.75 万元。

二、生态产品价值实现的国内外经验

（一）国外经验

20 世纪末以来，欧美国家在生态产品价值实现方面开展了大量探索，在森林、湿地、生物多样性等领域建立了有偿使用、购买服务、生态保护补偿等机制。

1. 开展生态产品价值评估

芬兰为购买其南部国有和私有林主提供的森林和栖息地生态系统服务，设立生态指标，分级评估森林的生物多样性价值，以此确定差别化的购买价格。英国提出了对自然资本“非市场和不可货币化价值”的估价标准，开展基于自然资本的成本效益分析，并将分析结果用于项目决策。

2. 建立生态产品认证体系

美国“能源之星”、欧盟“生态标签”、德国“蓝色天使”等是世界范围内具有影响力的生态标签，通过生产生态友好型产品，向消费者提供绿色生态价值而产生溢价。

3. 创新生态产品价值实现模式

哥斯达黎加根据生态产品价值核算将森林包装成碳汇产品，向挪威等发达国家出售，换取外汇注入森林基金。美国建立了湿地缓解银行机制，每年吸引 30 亿～40 亿美元的私人资金开展业务，有效保障了湿地资源及其生态功能的动态平衡，并为地方政府带来长期稳定的财产税收入。

（二）国内经验

近年来，各地对生态产品价值实现进行了有益探索，形成了一批典型做法。

1. 建立生态产品价值核算评估应用机制

深圳在国内率先开展城市 GEP（生态产品总值）核算，实施核算统计报表制度，推进 GEP 核算“进规划、进决策、进项目”。浙江丽水编制生态产品目录清单，出台核算指标体系和技术办法，建立市、县、乡、村四级核算评估体系，规划到 2025 年 GEP 达到 5000 亿元。

2. 创新生态价值产业实现路径

开发区域生态产品的品牌价值，如江西发展生态鱼产业，实施稻鱼综合种养，培育“鄱阳湖”牌小龙虾、大闸蟹等品牌农产品。开发区域生态产品的环境价值，如浙江丽水景宁畲族自治县宿叶乡村酒店单间房价 880 元/天，就包含了空气价 150 元、风景价 150 元、环境价 100 元。

3. 培育区域公用品牌

浙江丽水构建“丽水山耕”“丽水山居”“丽水山景”区域公用品牌，其中“丽水山耕”平均溢价超过30%。江西抚州打造“赣抚农品”区域公用品牌，建立标准认证、质量溯源等七大体系，溢价率为10%～12%。

4. 推动生态资源产权流转和权益交易

一是探索生态资源权益收储和资本化运作，浙江丽水设立“两山”银行，福建南平形成森林、古厝、水资源、茶“生态银行”等模式。二是积极开发林业碳汇产品，2020年南平市生态环境局购买6790吨福建林业碳汇（FFCER），抵消市直机关产生的全部温室气体，实现市直机关当年排放碳中和。

5. 创新绿色金融服务

江西抚州全面推行古屋权、农地经营权、林权等质押贷款，探索出了“古屋贷”“畜禽洁养贷”“油茶贷”等模式，资溪大觉山景区通过森林赎买和门票收费权质押贷款9.27亿元。

从实践看，天津可以重点借鉴国内外在生态产品价值核算、培育生态品牌、供需精准对接、保护补偿机制、绿色金融开发等方面的成熟经验，加强制定生态产品价值实现的实施方案。

三、天津在生态产品价值实现方面已开展的工作

（一）创建“两山”实践创新基地

生态环境部发布了五批“绿水青山就是金山银山”实践创新基地名单，天津有3个创新基地入选。蓟州区于2019年入选生态环境部第三批“两山”实践创新基地名单，西青区王稳庄镇于2020年入选第四批“两山”实践创新基地名单，西青区辛口镇于2021年入选第五批“两山”实践创新基地名单。“两山”实践创新基地建设成效初显，积累了一定经验做法。

(二)推进生态产业化

生态农业方面,截至 2020 年底,创建畜禽标准化现代示范区 30 个、水产健康养殖示范场 74 家,林下经济形成林下禽类、蚯蚓和蜜蜂养殖等模式,现代种业创新培育了花椰菜、黄瓜、肉羊等一批优势品种,创建了宁河、宝坻、滨海新区 3 个国家现代农业产业园,建成农产品加工园区 20 个。生态工业方面,制造业加快绿色转型,截至 2021 年底,超 120 家绿色工厂、绿色园区入选国家绿色制造名单。生态旅游方面,景区持续实施景观提升、功能完善、智慧旅游,湿地公园体系加快构建。截至 2020 年,“全国休闲农业与乡村旅游示范区”天津达到 4 个,“全国休闲农业与乡村旅游示范点”天津达到 20 个,“中国美丽休闲乡村”天津达到 26 个。森林康养方面,九龙山国家森林公园于 2020 年成功入选国家森林康养基地。

(三)培育区域公用品牌

我市加快推进生态农产品品牌化建设,形成一定知名度和影响力。培育了“津农精品”市级区域公用品牌以及“蓟州农品”“七里海河蟹”“西青沙窝”“武清果蔬”等一批区级区域公用品牌,其中,“小站稻”“沙窝萝卜”“茶淀玫瑰香葡萄”“宝坻黄板泥鳅”4 个区域公用品牌入选中国农业品牌目录,“沙窝萝卜”被认定为“中国百强农产品区域公用品牌”。截至 2021 年,“津农精品”品牌数量达到 187 个、国内知名品牌 42 个、国际有名品牌 4 个,“两品一标”认证数量为绿色食品 173 个、有机农产品 1 个、地理标志农产品 9 个。

(四)加强生态环境保护

加强生态环境保护是提升生态产品供给能力的有效手段。天津划定生态保护红线 1393.79 平方公里,占全市陆海总面积的 9.91%。推动“871”重大生态工程建设,构建具有天津特色的生态保护体系。加速渤海综合治理,12 条入海河流全部消劣,近岸海域水质明显改善。蓟州区、西青区成功创建国家生态文明建设示范区。蓟州区结合“三北”防护林工程、京津风沙源治理、国家生态储备林建设、北部矿山创面治理等工程，开展绿化造林和生态修复，截至2021年，林木绿化率为53.5%，其中北部山区林木绿化率为81%，在天津北部、京津之间构筑了一道重要的绿色屏障。

（五）开展生态保护补偿

建立了森林生态效益补偿基金制度，以及征占用生态公益林补偿机制和破坏生态公益林处罚机制。建立了较完善的湿地生态效益补偿制度，对重要湿地内自然保护区的核心区、缓冲区进行退耕还湿和退渔还湿工程，实施生态移民、生态补水补偿。与河北省建立了引滦入津上下游横向生态补偿机制，健全对丹江口库区及上游地区横向生态补偿与对口协作机制。落实休渔渔民低保制度，健全增殖放流和水产养殖生态修复补助政策，开展人工鱼礁等生态修复工程。制定实施了推广秸秆还田、农田残膜回收、引导施用有机肥料和低毒生物农药等一系列耕地保护与质量提升补助政策，建立起以绿色生态为导向的耕地生态保护补偿制度。

四、天津生态产品价值实现面临的困难

（一）生态产品度量难

不同区域、不同类型、不同市场化程度的生态系统，其生态产品的差异化较为明显，难以形成统一的价值核算体系。生态产品多是有机结合的整体，价值是多种生态产品的综合体现，在实际核算过程中难以做到分门别类式核算。核算所需的部分数据和参数在原监测和统计体系中不是现成数据，且与部门工作不直接对应，导致数据和参数的采集不顺畅。因此，评估生态产品的价值较为困难。目前天津只开展了自然资源资产负债表的编制工作，尚未开展生态产品价值核算相关工作。

（二）生态产品交易难

天津的生态产品市场交易体系建设尚在探索起步阶段，存在一些亟待解决

的难题。一是生态产品供需对接不精准。尚未形成体现市场供需关系的生态产品价格形成机制，尚未让好生态变成好产品、好产品卖出好价钱。生态产品供给以政府为主，缺乏有效的市场供给机制。二是生态产品交易体系有待构建。物质类生态产品交易亟待构建市级层面的交易平台，需要制定交易规则和制度，规范交易行为。对于生态调节服务类产品，基本上是政府层面的运作，市场化交易体系尚未健全，仅有排污权、碳排放权等少数热门“生态权”进入交易市场。

（三）生态产品变现难

生态产品价值实现是要将绿水青山隐含的金山银山价值，通过保护补偿和合理回报加以变现，目前还存在困难。一是生态保护补偿机制需进一步完善。现阶段生态补偿存在要素分割、补偿对象交叉等问题，补偿资金难以形成合力。市场化、多元化生态补偿招法不多，生态补偿资金来源单一，以中央和市级财政转移支付为主，“输血型”补偿过多，“造血型”补偿偏少。二是特色鲜明的生态产品区域公用品牌影响力不足。生态农业方面，品牌缺乏统筹管理，尚未形成合力；精深加工品牌较少，产业链和价值链拓展延伸不够；品牌认证进度与江西、浙江等省区市相比还存在一定差距（截至 2021 年，天津“两品一标”数量为 183 个，江西已达到 4413 个）。生态旅游方面，区域公用品牌还处于空白。

（四）生态产品抵押难

融资难、融资贵一直是制约生态产品价值实现的瓶颈，生态产品现金流不够稳定、相关抵押品不易处置，而金融机构传统产品和服务更多关注抵押物的现金流稳定、易处置、流动性强等特点，限制了生态产品抵押物的范围，对生态产品经营开发主体中长期贷款支持力度不足。天津绿色金融体系还不够完善，金融机构仍然以抵押物价值和收益的现金流作为放贷的重要标准，在一定程度上限制了企业和社会各界参与生态产品价值实现的途径。

（五）生态产业发展用地受限

制止耕地非农化和非粮化，严格管控围填海，实施“三线一单”管控等政策对生态产业发展用地供给形成较大制约，生态用地保护红线内生态功能相对低下的国土空间尚未得到合理利用。天津人均耕地面积仅为0.36亩，远低于全国平均水平。农业用地矛盾突出，一、二、三产融合发展用地供给尚不能满足乡村产业发展需求。与其他沿海省区市相比，天津的海域面积较小，且留给农渔业的区域在30%左右（其中70%～80%在生态用地保护红线区内），开展海洋牧场休闲旅游等项目非常困难。天津盐田大部分在生态用地保护红线内，以汉沽为例，在生态用地保护红线内的盐田面积占比高达78%，对推动土地开发、发展盐田文化旅游、开展盐田生态养虾、实施"盐光互补"光伏项目造成较大制约。

五、天津建立健全生态产品价值实现机制的对策建议

（一）建立生态产品调查监测机制

一是开展自然资源确权登记。明晰的产权是生态产品市场化交易的基础，健全自然资源确权登记制度，推动全市有序开展自然资源统一确权登记，合理界定权责归属。二是开展生态产品信息普查。对天津重要自然资源进行统一调查监测，并纳入国土空间基础信息平台统一管理。按照生态物质产品、生态调节服务、生态文化服务三大类别形成生态产品目录清单，统计生态产品实物量。探索建立生态产品动态监测制度，搭建开放共享的生态产品信息云平台。

（二）建立生态产品价值评价机制

一是制定生态产品价值评价体系和核算规范。在开展实物量统计的基础上，选取有一定生态产品基础的区镇，如蓟州区、宁河区、西青区王稳庄镇和辛口镇，开展区级、镇级生态产品价值核算试点。加强与中国科学院生态环境研究中心、中国标准化研究院合作，在编制自然资源资产负债表的基础上，研究制定具有天津特色的生态产品价值核算指标体系和生态产品总值（GEP）核算技术规范，并逐步修正完善核算办法。二是推进生态产品价值核算结果实践应

用。借鉴深圳市的经验，建立生态产品价值核算统计报表制度，探索将生态产品价值核算基础数据纳入国民经济核算体系，作为政府决策和绩效考核的参考，推进核算结果“进规划、进决策、进项目”。

（三）健全生态产品经营开发机制

一是推进生态产品供需精准对接。在蓟州区、宁河区、西青区等生态农产品富集地建设特色生态农产品交易中心，充分利用中国国际农产品交易会、中国农民丰收节、中国绿色食品博览会、京津冀品牌农产品产销对接会等展会平台开展生态农产品推介，提升品牌的知名度和影响力。组织开展生态产品线上云展示、云交易、云招商，探索网络销售模式。二是拓宽生态产品价值实现模式。大力发展特色生态农业，推进国家现代农业产业园建设，推广稻渔综合立体种养模式，完善大神堂海域国家级海洋牧场示范区建设管理，鼓励发展林下经济。大力发展绿色低碳循环产业，创建国家绿色产业示范基地、绿色工厂。大力发展生态文化旅游，加强武清永定河故道、宝坻潮白河、蓟州下营环秀湖和州河国家湿地公园建设，推动大神堂牡蛎礁国家级海洋特别保护区建设国家海洋公园，建设文化旅游村、精品生态民宿和星级农家乐，推进九龙山、梨木台森林康养基地建设。三是促进生态产品价值增值。借鉴浙江等地的做法，着力打造具有天津特色的全品类、全产业链生态产品区域公用品牌。推动绿色优质农产品基地建设，扩大“两品一标”农产品生产规模，进一步提升“津农精品”品牌数量。加快构建生态旅游领域区域公用品牌。研究制定区域公用品牌管理标准、评定标准和使用标准。

（四）健全生态产品保护补偿机制

一是完善纵向生态保护补偿制度。优化水流、湿地、森林、海洋、耕地等重点领域的保护补偿范围，建立全市生态保护补偿资金统筹制度，设立市场化产业发展基金，探索发行企业生态债券。二是健全横向生态保护补偿制度。健全引滦入津上下游横向生态保护补偿机制，根据上游来水情况，适时开展永定河流域上下游横向生态保护补偿，对口协作陕西省水源区。健全市域内横向综合生态保护补偿机制,探索多元化、市场化生态保护补偿方式。三是健全生态环境损害赔偿制度。进一步完善损害赔偿制度,建立合理的损害评价评估机制。开展生态环境损害评估,健全生态环境损害鉴定评估方法和实施机制。

(五)健全生态产品价值实现保障机制

一是建立生态产品价值考核机制。探索将生态产品价值核算结果纳入各区绩效考核评价。在重点生态功能区取消经济发展类指标考核,在其他主体功能区实行经济发展和生态产品价值“双考核”。二是建立生态环境保护利益导向机制。探索构建覆盖企业、社会组织和个人的生态积分体系。三是加大绿色金融支持力度。培育绿色金融组织体系,鼓励金融机构开展绿色金融服务,加强对生态产品经营开发主体中长期贷款支持的力度。创新绿色金融产品,探索扩大生态产品抵押物的范围,适时开展林权使用权和产品订单抵押等绿色信贷业务,支持符合条件的企业发行绿色债券,搭建碳金融综合服务平台,探索建立绿色项目库。

(六)建立生态产品价值实现推进机制

一是推进试点示范。支持蓟州区、西青区王稳庄镇和辛口镇等“两山”实践创新基地依托自身优势,开展试点,探索生态产品价值实现的多种模式,形成示范带动作用。二是加强政策支持。优化国土空间规划,保障生态产业发展用地,持续推动生态产品有效供给。在确保生态功能不降低、面积不减少、性质不改变的前提下,探索合理利用生态红线内生态功能相对较低的区域。借鉴上海“点状供地”模式保障乡村旅游发展用地,完善宅基地自愿有偿退出机制,通过宅基地集中归并、土地“边角料”梳理、整体规划调整,盘活零星分散的土地资源。探索农业生产和村庄建设等用地复合利用,鼓励长期租赁、“先租后股”等方式整合土地,高效利用空闲农房,提高土地节约集约利用水平。完善区、镇、村三级农村物流体系,打通生态产品供给“最后一公里”。

城市治理篇

加快推进天津城市更新进程的对策研究

姚晓东　天津市经济发展研究院正高级经济师

城市是我国社会主义现代化建设的重要载体。《中共中央关于制定国民经济和社会发展第十四个五年规划和2035年远景目标的建议》首次提出“实施城市更新行动”。天津市第十二次党代会提出,“实施城市更新行动,加快城市老旧空间复兴和品质提升”,为创新城市建设运营模式、推进城市高质量建设指明了前进的方向。本文旨在借鉴国内外城市更新的经验的基础上,分析城市更新构成机理,研究天津城市更新的现状与问题,探索城市建设方式转型的路径,并提出对策建议。

一、城市更新是提升天津城市发展质量的重要途径

城市更新是对城市中的旧工业区、旧商业区、旧住宅区、城中村等已不适应现代化城市生活的地区进行更新,旨在优化城市功能,对产业结构和人居环境起到改善作用,提高资源利用率,促进经济和社会的可持续发展。

城市更新是推动城市高质量发展的必然要求。2020年,我国城市数量达687个,城市建成区面积达6.1万平方公里,城镇化率为63.89%。2021年,天津城镇化率为84.88%,已接近饱和状态,标志着城镇化发展后期的到来,进入城市更新的关键时期,需要以存量提质改造和增量结构调整并重替代大规模增量建设。2020年7月,国务院办公厅印发了《关于全面推进城镇老旧小区改造工作的指导意见》,明确了全国城镇老旧小区改造工作的对象和范围,确定了“十四五”期末发展目标。2021年8月,住房和城乡建设部印发《关于在实施城市更新行动中防止大拆大建问题的通知》,对各地的城市更新行动提出具体要

求。2021 年 11 月，北京等 21 个城市或市辖区开展第一批为期 2 年的城市更新试点工作，重点探索城市更新统筹谋划机制。

城市更新是推动城市开发建设方式转型的重要举措。2021 年全国房地产受政策和疫情影响遇冷，商品房销售面积、销售额、土地购置面积、土地溢价率出现趋势性下降，融资政策收紧等使房企债务融资严重受阻，过度房地产化的城市开发建设方式已经难以为继。宇博智业监测数据显示，今年 1—5 月，天津房地产开发投资同比下降 24.5%，商品房销售面积比上年下降 40.7%，商品房销售额比上年下降 44.6%。实施城市更新推动城市开发建设方式由集约型内涵式发展替代粗放型发展，建设重点由房地产存量提质改造替代增量建设，优化再配置资本、土地等要素资源，推动城市发展方式转型。

城市更新是推动增加固定资产投资的有效渠道。从近十年固定资产投资增长速度分析（见图 1），天津固定资产投资增速总体上处于下降趋势，“十二五”期间平均为 17%，“十三五”时期快速下降到 10% 以下，预计“十四五”期间平均为 5% 左右。在天津固定资产投资结构中，第三产业投资占比为 58%（“十三五”时期平均值），而房地产投资占第三产业投资的 80% 以上。因此，房地产投资增长速度下降是影响天津固定资产投资的重要因素。

房地产建设迈入“存量时代”，城市更新可能成为更有效的替代市场。“十三五”期间，国家对城市更新改造主要是推动棚户区改造，2016—2019 年共投入约 6.2 万亿元。“十四五”期间，城市更新投资力度将进一步加大。根据统计，截至 2021 年末，全国房地产市场存量约为 320 万亿元，每年新增市场约为 16 万亿元，假设城市更新年转化量超过 2%，则房地产存量市场更新的潜在规模超过 6 万亿元，而考虑未来新增市场的转换，城市更新市场规模将超过 10 万亿元，行业市场空间巨大。

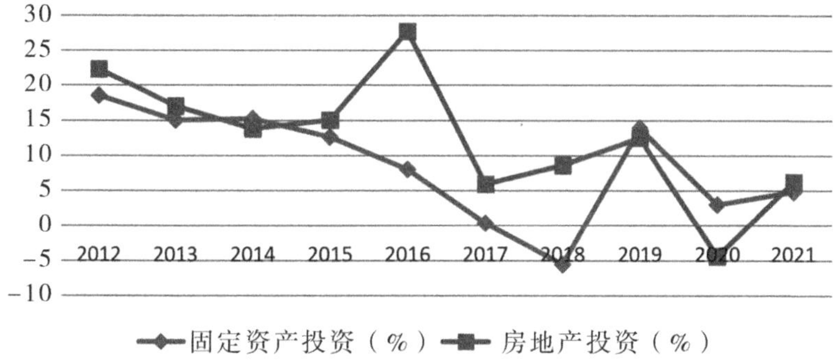

图1　2012—2021年天津固定资产与房地产投资增长

数据来源:天津市统计年鉴。

二、国内外典型大都市城市更新做法与经验

(一)国外大都市城市更新经验

重视用法规支撑城市更新。日本在全国范围推行城市更新政策,先后推出了《城市再开发法》《城市更新特别措施法》,放宽城市更新区域、实施主体和容积率等限制条件,尤其支持城市交通枢纽部位的升级,用政策激发资本,吸引日本重大资本和财团成为城市再开发的实施力量。同时,注重多方利益平衡,提出再开发计划要确保小业主的利益,如虎之门新城和赤坂大厦中都插入了一个流线完全独立的住宅分区。

围绕重要地区功能提升城市更新。随着城市面积过大、人口年龄老化和财政压力加大,再度提振城市竞争力的城市更新举措已不可能继续采用蔓延的模式,有限的资本力量和政府管理资源必须聚焦轨道交通网络中的重要节点部位。伦敦解除了对建筑物高度的限制,加密城区建设,提升人口承受力。东京大力推进文化、交流、贸易及各项功能全方位发展。纽约关注存量土地更新,加强城区物质环境和功能效用相结合。

关注保护历史文化。法国最早要求历史建筑周边要进行保护。英国制定登录建筑保护制度。意大利的博洛尼亚提出城市整体保护概念,首次提出把人和房子整体保护的观点。

支持城市微更新。东京、新加坡等城市以微更新的方式来提升存量城市空间的层次,主要是对老旧小区的公共空间和公共服务设施进行微小改造,使之成为多元的共享活动空间。

给予奖励和优惠政策。国外城市采取降低资金门槛、税收减免、信用担保等措施来引进社会资本参与城市更新活动。美国对私人城市开发计划给予资金补贴,并鼓励金融机构通过各种途径支持城市开发项目。

鼓励多方共同参与。法国倡导专业规划人员对城市项目更新进行设计。日本设立专家组对旧城区保护与更新进行策划。英国组织城市开发公司,调动公众的积极性,使其投身到城市更新过程中。

(二)国家一线城市更新政策与做法

注重城市更新的政策与规划指导。上海制定了《上海市城市更新条例》,同时推出《上海城市更新实施细则(试行)》,成为全国首个将城市存量更新的"实践"上升为地方性"法规"的城市。广州颁布的《关于深化城市更新工作推动高质量发展的实施意见》,强调城市更新可以推动实现城市高质量发展。深圳出台《深圳经济特区城市更新条例》,对城市更新的定义、原则、适用范围、目标、程序、类型和具体操作模式进行了详细的规定。

表 1　广州、深圳、上海城市更新指导分类

类别	广州	深圳	上海
机构设置	城市更新局	城市更新局	城市更新中心
管理规定	城市更新办法	城市更新办法(细则)	城市更新实施办法(细则)
更新对象	旧厂、旧村、旧城	综合整治、功能改变、拆除重建	旧区改造、工业用地转型、城中村改造

续表

类别	广州	深圳	上海
规划体系	1+3+N	整体引导+城市更新单元	区域评价+城市更新单元
政策特点	从市场主导到政府主导	法制化思路,政府引导,市场运作	政府引导下的减量增效,双向并举
动作实施	审批控制,政府收储,能储尽储	审批控制,多主体申报	审批控制,试点示范项目
特色创新	微更新,数据调查、协商审议	公服配套、创新型产为用房,公益用地	用地性质互换,公共要素清单,容积率奖励,微更新

资料来源:《上海市城市更新办法》《深圳市城市更新办法》《深圳市城市更新办法实施细则》《广州市城市更新三年行动计划》。

注重文化待续与城市历史保护。广州市制定了《广州市关于深入推进城市更新促进历史文化名城保护利用的工作指引》,对26片历史文化街区、7个名镇名村、815处历史建筑和40个传统村落的保护利用规划编制。北京是在城市更新中推广“文物活化利用样板工程”,西城区实现了新市区泰安里和西单饭店旧址等首批6个活化利用项目签约,发布了杨椒山祠、绍兴会馆等第二批9个活化利用项目。

注重城市更新项目的可持续发展。广州市将城市更新与城中村改造相结合,仑头村从城市发展需要出发,依托“沿轴自生,环轴寄生”的互动发展模式,形成“多元租住解决方案”融入科韵路科创产业发展轴,并以长租公寓为主体,营造居研混合的社区单位,提供了低成本的居住和创新服务空间。深圳市重点推进“工改工”项目,将经济效益低的工业厂房通过城市更新升级为更具价值和产业内涵的现代化园区,实施城市更新“工改工”是破解土地紧缺的现实需要,如新桥东项目规划面积为2.3平方公里,计划投资500亿元,改造后提供500万平方米的产业空间。

注重增加公共空间和提升环境品质。上海闸北区北三块在旧区改造时,通过统筹协调用地、建筑面积、建筑高度等。北京围绕轨道站点一体化改善环境品质，以地铁平安里站城市“微门户”改造为例，塑造了地铁站与荷花市场前广场2处公共交往空间，增加小微绿地近5000平方米，周边居民“推窗可见绿、出门即入园、健身有空间”。

注重多方筹措建设资金。城市更新基金模式，如上海地产集团联合金融机构，共同发起国内规模最大的城市更新基金，基金采用“引导基金＋项目载体”模式，总规模800亿元。地方政府授权国企模式，是以地方国企为实施主体，通过承接债券资金与配套融资、发行债券、政策性银行贷款、专项贷款等方式筹集资金。城市更新专项债模式，如青岛市政府发行第二十六期政府专项债券，其中涉及济南路片区历史文化街区城市更新项目。PPP模式（政府和社会资本合作），如重庆市九龙坡区城市有机更新老旧小区改造项目，由渝隆集团与社会资本共同出资组建SPV项目公司，采用“ROT”（投资—升级改造—运营—移交）运作方式。“地方政府＋房地产企业＋产权所有者”模式，即由地方政府负责公共配套设施投入，企业负责项目改造与运营，产权所有者协调配合分享收益。如深圳市福田区水围村综合整治项目规划面积约8000平方米，共改造35栋统建农民楼。

三、天津城市更新的现状、问题与发展方向

（一）天津实施城市更新行动的现状

天津坚持以人为本，补齐设施短板，以老旧小区改造为重点，有序推进城市更新工作，取得了显著成绩。

城市更新促进民生改善。天津连续多年对老旧小区和远年住房进行改造，补齐基础设施短板，完善社区服务功能，重点解决消防、电梯、燃气、二次供水、供电、路灯等11项安全问题，同时兼顾房屋修缮、排水管网改造、规范户外供热设施等9项功能提升。至2020年底，天津累计改造3185个片区、8367.65万平方米，直接受益居民127.79万户，使天津老旧小区居住环境得到明显改善，安

全性能不断提高,生活品质大幅提升。

产业提升盘活百年街区。实施意式风情区提升改造工程,借鉴上海经验,确立了商旅文融合和商业商务联动发展的思路,通过不同区域、不同街道的差异化重塑,形成了年轻时尚、活力创意,动静结合,主街、后街相辅相成的城市名片。保护和活化老工业厂房,改造拥有百年历史的天津第三棉纺厂,发展成为天津首个集创意设计、商务咨询、艺术展示、新媒体服务、文化休闲、人才培训、电子商务、创业型企业孵化于一体的新型创意街区。积极谋划重大项目。在"滨城",启动了首批城市更新项目清单,包括洋货市场、华北陶瓷、大沽化、中海产业园共 4 项城市更新重点项目,总用地面积约 20 平方公里,预计总投资达 2000 亿元,百亿级"工改工"城市更新项目——天津港保税区海港区域城市更新项目快速推进。在"津城",大型片区类城市更新项目——金钟河大街南侧片区项目落地实施,天津设计之都核心区柳林街区城市更新项目实施计划方案获批,精准聚焦民生改善与区域产业复兴的融合发展。

加强政策支持和资金保障。天津全面推进基础类改造,因地制宜推进完善类、提升类改造,出台了《关于鼓励和支持社会资本参与市政基础设施、城市更新等领域投资建设的通知》,鼓励和支持社会资本参与规划设计、投资建设、运营管理等城市更新全过程,探索建立导向明确、路径清晰、回报稳定的可持续发展模式。天津城投集团与中国中铁等 17 家大型企业集团共同设立城市更新基金,初始总规模为 600 亿元,定向用于天津老旧小区改造提升和城市更新项目。

(二)天津实施城市更新存在的问题

一是开发方式单一,存量空间改造缺乏特色。中心城商业办公总量较大,但效益不突出,功能服务同样存在不足,缺乏创新活力,一定程度上阻碍了创新城市的建设。一些传统特色街被过度商业化、同质化包装,逐渐失去其原有的历史信息和真实价值。另外,传统商业在网络电商的冲击下,也亟待转型。部分商业综合体经营困难,"僵尸商场"大量出现。例如,曾经作为天津商业象征的大胡同天奕商城、和平路的百货大楼等由于改造经营不善,建筑旧址已物是人非。

二是基础设施联动性差，风貌建设维护有待加强。中心城区特别是海河两岸市政公共空间的利用率低，导致城市、产业、商圈、景区的分离发展，联动性差。新建成区现状文化、体育、养老、医护等公共设施尚不达标，老旧小区的停车场、充电桩、通信等市政设施建设落后，严重制约了产城景融合发展。城市的风貌塑造依然不够，"近代历史看天津"主题特色展现不足，历史风貌保护机制有待完善。

三是缺乏统一规划，"插花式改造"遗留问题突出。天津作为我国老工业基地之一，老旧小区、老旧工业片区较多，点状的城市更新改造容易导致这些地区开发建设统筹不足、管理缺失。在城市核心区域和旅游休闲黄金地段，新旧建筑群交叉呈现，一面是"高大上"，另一面是"老破小"，后期改造开发成本高，社会治理难度大，安全隐患突出。

四是政策体系不健全，社会参与积极性未激活。城市更新是一个投入大、回报低、周期长的过程，长期面临财政资金负担重、社会资本意愿低、居民出资不积极的问题。同时，社会资本在参与城市更新过程中往往遭遇诸多政策瓶颈。例如，企业在参与老旧小区建设停车场、商业设施等改造后，物权归属、经营收益得不到保障，企业难以实现收益平衡。政策对城市更新项目规定不明晰，存在改造报批程序不明晰、项目土地边界调整缺乏支持依据等制度空白，导致企业参与城市更新的制度成本过高。

（三）天津实施城市更新的发展路径

天津实施城市更新的发展路径是，围绕天津城市发展定位，加快推进历史遗存类、商业办公类、低效资源类、老旧社区类、基础设施类、低碳绿色类等城市更新项目，补齐基础设施和公共服务设施短板，改善人居环境，延续历史文脉，推进绿色发展，提升城市功能，增强城市活力，为新产业、新业态、新生活提供新型空间载体。

一是以规划为引领，统筹城市更新。围绕城市功能再造、空间重塑、公共产品提供、人居环境改善、津城文化复兴、美丽天津建设以及打造国际消费中心城市等方面对城市更新区域进行评估，梳理存在的问题，科学划分更新单元，并结合“津城、滨城”双城发展，明确城区与功能优化和品质提升目标。鼓励制定区级城市更新指引，通过挖掘历史文化底蕴、活化利用科教资源，详细不同特色街区的更新计划，强化科技金融、商务商业、文化旅游等功能，推动生产性服务业向专业化和价值链高端延伸、生活性服务业向高品质和多样化升级。

二是以轨道交通建设推进城市节点更新。充分利用“十四五”时期天津轨道交通大发展的机遇，加强轨道交通场站与周边用地一体化建设，实现轨道交通特别是滨城地铁、市郊铁路建设与城市更新有机融合，带动周边存量资源提质增效。制订站城融合城市更新专项计划，结合轨道交通、市郊铁路重点项目，建设轨道微中心，促进场站与周边商业、办公、居住等功能融合，补充公共服务设施，创造更优质的开放空间，增加地区活力，提升城市品质。

三是以产业转型推进工业区更新。围绕制造业立市战略，在全市选择现状产业发展滞后、建筑质量较差、开发强度较低、配套设施不足的工业区集中片区作为试点片区，综合运用城市更新、土地整备等二次开发模式，高标准建设产业空间，完善基础设施、配套服务设施和公共空间。有序推进“工改工”拆除重建类城市更新，支持既有低效产业园区更新，利用腾退空间建设产业协同创新平台，推动传统产业转型升级。充分挖掘工业遗存的历史文化和时代价值，引导利用老旧厂房建设新型基础设施，发展现代服务业等产业业态，补充区域教育、医疗、文体等公共服务设施，建设旅游、文娱、康养等新型服务消费载体。

四是以重点项目推进城市面貌更新。统筹推进重点项目建设与周边地区城市更新，结合城市重点公共设施建设，梳理周边地区功能及配套设施短板，合理提出更新改造范围和内容，鼓励实施主体参与历史建筑、历史风貌区的保护、修缮、整治和活化利用。结合重点产业项目建设，推动周边地区老旧楼宇与传统商圈、老旧厂房与低效产业园区提质增效，促进公共空间与公共设施品质提升。结合重点生态项目建设，如大运河国家公园，增加绿色空间，提高生活居住品质。

五是以持续旧改推进城市社区更新。全面实施老旧小区改造提升工程，以基础类、完善类、提升类为重点，改造提升市政配套基础设施，改造建设环境及配套设施，推进楼栋加装电。增加智慧化服务，建设电动自行车及汽车充电设施、智能快件箱、智能信包箱、物业用房等配套设施。丰富社区服务供给，建设养老、托育、助餐、家政保洁、便民市场、便利店、邮政快递末端综合服务站等社区专项服务设施。改造社区周边环境，拓展文化休闲设施、体育健身和社区综合服务空间，提升居民生活品质。

六是以“微更新”推动改善城市形象。照循序渐进的城市更新理念，以群众需求和参与为导向，对城市品质不高、长期闲置、利用不足、功能不优的微型公共空间和老旧建筑进行改造提升，推动城市存量空间的活化与利用，唤醒城市文化记忆。充分发挥社会力量，鼓励微更新改造项目，与智慧社区建设、老城保护更新利用、特色街区品质提升等项目结合，实现了微更新项目的多样性。人民城市人民建，鼓励市民在公共空间进行“小而精、小而美”的改造，留住城市记忆，延续城市文脉，擦亮城市标识。

四、精准施策推动城市更新的对策建议

（一）加强组织领导

发挥市城市更新工作领导小组统筹协调作用，加强各相关部门工作联动，深化“放管服”改革、优化营商环境，加强政策机制创新，指推动城市更新改造有序开展。推动建立城市更新行动项目储备库，推进清单化管理，加强项目跟踪反馈，在城市更新行动过程中，提供全方位、多角度、全周期、立体式的项目数据支撑；科学制定城市更新行动项目清单，着力编制城市更新行动政策清单，以小切口、微改革方式破解城市更新过程中的重大问题。

（二）实施规划引领

加快制定天津城市更新和土地整备的规划策略及规划结构与分区指引。成立政策规划小组专门研究城市更新政策体系设计，组织全市各部门做好政策对接，促进政策措施形成合力。进一步推进规划用地的有条件转型，根据规划整体方向，有条件地探索用地性质兼容转换，积极推进公共服务设施合理混合

设置;建筑高度的有限度增加,即在整体空间对建筑高度不敏感的地区,允许高度适度提高,紧凑建设,以高度换空间;建筑容积率的适度调整,通过采取奖励适当面积的办法,推动公共服务要素的聚集,提高区域服务品质和水平;加强历史风貌建筑保护与利用,重点保留历史文化价值突出的风貌建筑,实行部分历史风貌建筑的建筑面积不计入规定总量中;将绿色、低碳、环保技术植入城市更新行动中,加强高标准、高要求的节能环保方针,完善屋顶绿化。

(三)强化科技赋能

以信息化、数字化、智能化升级改造为抓手,综合采用人工智能、5G、区块链、物联网以及新型环保材料等新工艺、新技术,积极规划城市更新项目,加快城市更新进程,利用智慧城市场景设置,不断提升绿色建筑综合等级,进一步拓展城市更新空间资源的数字化管理和服务水平,建设一批智慧载体,如智慧楼宇、智慧小区、智慧商圈、智慧厂房、智慧园区等,不断完善城市居住功能,推动产业转型升级,规划缜密的公共服务体系,塑造新兴消费业态。

(四)吸纳社会资本

充分发挥社会资本专业化运营的效率优势,超前布局天津城市更新的总体规划和参与路径方案。畅通社会资本加盟渠道,鼓励大型国有企业强强联合,发挥社会资本的示范带动作用,以基金合作、委托经营、股份参与等形式,加入城市更新行动中。制定引导社会资本参与城市更新的政策,探索构建微利可持续的利益分享和成本分担措施,建立起整体运作、项目配比、综合权衡的市场化运行方式。对标准、规范进行跟进改善,加强管理服务创新,优化审批流程和效率,为社会资本积极参与城市更新项目铺平道路。大力引导实力较强的民营企业全过程参与城市更新,创造有投资、有回报的盈利模式。对于在老旧楼宇与传统商圈、低能园区与老旧厂房中进行的更新改造项目,固定资产投资可按照一定比例给予优惠。

(五)完善土地政策

大力支持存量闲置用房的再利用,通过各种形式的更新改造,土地使用权人单独或以入股、出租等方式与其他市场主体合作，利用闲置用房等存量房屋建设各类公共服务配套设施以及发展政府支持的各类产业的，可在5年过渡期内暂不办理变更用地主体和土地使用性质的手续。支持土地使用权人自主更新。在不改变土地用途的前提下，保持原供地方式不变；如果土地用途变更为经营性用途或新增建筑面积用于销售产权的，则根据相关规定补足收益差额。对利用小区内闲置空地、荒地、绿地及拆除违法建设腾空土地等加装电梯及建设各类服务设施的，可不增收土地款项。在符合规划且居民不反对的情况下，各类城市更新改造项目周边的存量土地可以一起纳入更新改造范围。

（六）加强宣传引导

加大对优秀项目、典型案例和新政策、新标准的宣传力度，变“要我改”为“我要改”，广泛收集民生诉求和市民建议，增强群众的参与感、获得感和幸福感。注重城市更新意愿征询和实施方案公示结果运用，积极争取社会各界的理解、支持和参与，为顺利推进城市更新营造良好氛围。

天津城市品牌影响力提升路径研究

涂峰达　天津市经济发展研究院经济师

城市形象是一座城市文化和整体精神风貌的展现,传播和构建独特的城市印象,是提升城市吸引力的重要组成部分。近年来,为探究不同城市对人才尤其是青年人才的吸引力,众多研究机构相继发布最具人气城市调查报告,虽然排名标准不尽相同,但也从侧面反映出不同城市之间吸引力的差距。根据相关机构发布的2020年最具人气吸引力城市百强排行榜,天津市排在第20位,不仅与北上广深差距很大,与杭州、苏州、成都等城市也逐渐拉开距离。天津应积极吸取、借鉴其他城市的经验,结合实际,加大天津城市品牌建设发展力度,推动经济结构优化升级,打造亮丽的城市名片。

一、相关背景

品牌是城市的名片。品牌成就城市,城市提升品牌。品牌既可以是自然形成的,也可以是主动建设打造的。品牌建设与城市建设互为支撑、互为因果、互为成就。近年来天津受经济发展速度放缓等多方面的影响,城市形象和吸引力出现下滑趋势。在新的媒体环境下,如何利用新媒体,打造"网红城市",实现城市形象破局,是一项重要工作。

(一)天津城市吸引力下降

2021年是"十四五"开局之年,是推动高质量发展、构建新发展格局的关键时期。当今世界正经历百年未有之大变局,我国正处于实现中华民族伟大复兴的关键期,天津承担着推进京津冀协同发展、服务"一带一路"等重任,拥有独特的区位、产业、港口、交通等优势，拥有改革开放先行区、金融创新运营示范区、自由贸易试验区、国家自主创新示范区等先行先试的优越条件，但是，天津也面临着思想解放不够、市场机制不完善、市场主体活力不足等问题。其中，人才吸引力的持续下降严重影响了天津的竞争力。

根据 2020 年第七次全国人口普查结果，天津市常住人口为 1386. 60 万人，年均增长率为 0. 69%，其中，15 ~ 59 岁人口为 899. 52 万人，占 64. 87%，与 2010 年相比，下降了 12. 31 个百分点。与此同时，成都市总人口年均增长率为 3. 31%，15 ~ 59 岁劳动适龄人口达 1439. 29 万人，其总量比 2010 年增加 31. 14%。“网红城市”西安总人口年均增长率达到 4. 34%。杭州15 ~ 59 岁劳动适龄人口占总人数的 70. 12%。

虽然人口数量的变化受多方面因素的影响，但不可否认，部分“网红城市”更具年轻活力，青年人才的综合素质更高，未来发展的潜力也更大。天津作为北方第二大城市，近年来陷入产业发展下行、城市吸引力不足导致人才外流的困境，提升天津城市品牌影响力刻不容缓。

（二）新媒体推动“网红城市”城市形象传播

在受众覆盖面上，新媒体的用户群体很庞大。新浪微博官方数据显示，截至 2021 年第四季度，微博月活跃用户达到 5. 73 亿人；而微信上线 10 年，月活跃用户数提升至 12. 63 亿人，小程序日活跃用户数突破 4. 5 亿人，“搜一搜”月活跃用户数过 7 亿人；截至 2021 年 6 月，中国网络视频（含短视频）用户规模达 9. 44 亿人，占网民整体的 93. 4%，其中，短视频用户规模达 8. 88 亿人，较 2020 年 12 月增长 1440 万人，占网民整体的 87. 8%。庞大的用户群体使城市形象大范围传播成为可能，并更加易于实现。与此同时，新媒体另一项传播特点——积累式爆发，也促进了各种“网红”的诞生，人物或事件素材经过创作、传播、发酵，在某一时间节点和有意或无意的推动下，形成“热搜”登上各大媒体榜首，从而形成爆发式传播。

在新媒体高速发展的今天，人类社会被分化成一个个小社群，并互相交叉，通过各项工具软件，大众接收信息的渠道被极大地强化和拓展，具有相同喜好的受众在交流中促进了信息的传播。这一特性使各种事件在短时间内迅速发酵传播成为可能，并深刻影响了大众舆论，甚至影响到人们的消费习惯和生活方式。城市形象宣传中，越来越多的城市得益于新媒体的传播特性，使自身的曝光度得到很大提升，不仅提升了吸引力，还促进了当地旅游业的发展。但是也应看到，自媒体是一把双刃剑，如若应对失当，也会给城市形象建设带来负面影响。因此，要高度重视自媒体的放大功能，无论是正面还是负面形象，都要加强自身的公关水平，打造“网红城市”。

（三）天津城市形象发展突围刻不容缓

“网红城市”往往代表着在网络上受关注度较高的城市。目前人们熟知的“网红城市”有西安、重庆、成都等，西安的“走红”最初是缘于 2018 年 3 月某网友上传的“摔碗酒”视频；重庆是因为李子坝“穿楼”轻轨视频吸引了人们的关注；一首《成都》彰显了文艺范，让成都成为许多人向往的旅游地。一座城市的“曝光度剧增”得益于互联网时代信息的病毒式传播，人们通过各种媒介渠道获知信息，再传递给更多人，一传十，十传百，很快就让与该城市相关的信息频频出现于网络中。

曝光度的剧增不仅靠网民的自发传播，媒体的议程设置功能也起到很大作用，如和西安旅游局合作的抖音短视频在内容推送时就会向用户推送与西安相关的内容，在搜索引擎上搜索适合旅游的城市时西安也位列前茅。打造“网红城市”能带来诸多好处，如有利于城市品牌形象的高效传播，带来“网红经济”以及推动城市旅游业的蓬勃发展。

二、国内城市经验借鉴

通过对成都、武汉、杭州、西安等城市品牌战略进行梳理，发现其具有以下特点。

（一）政府主导城市形象营销

为全面提升城市形象，突出城市特色，部分城市设置了专门机构，或结合当下热点，输出城市特色文化，或主动打造宣传“网红打卡点”，增加吸引力。这些组合拳，不仅迅速提升了城市的知名度，更将文化、旅游、招商、人才引进等结合起来，极大地提高了城市的吸引力。

在众多城市中，成都尤为突出，为应对汶川地震后的危机公关，成都成立了一个特殊的政府职能部门——成都城市形象提升协调小组，有别于传统的政府机关，该部门的规模相当庞大，不仅包括传媒集团的骨干力量，还包括市政府各经济部门以及知名经纪公司、文化公司的专业人员。此后数年间，成都城市形象提升协调小组逐渐发展成为提升成都城市形象的重要部门。例如，歌曲《成都》刚“走红”，便依托成都各媒体资源集中曝光，并协调更高层级的媒体和新媒体加大曝光度，借力《成都》歌曲的演唱者赵雷参加湖南卫视《我是歌手》栏目时，再次组织协调各级各类各行业新媒体策划引导性报道，引发全国《成都》改编翻唱热。2017 年 3 月两会期间，还推送定制版《成都》，同时组织协调各项资源，借助两会东风，使之成为当年城市营销经典案例。

西安同样是近年来政府主导城市形象传播的典范。2018 年，西安与抖音官方签署战略合作，全面加强城市形象和文化传播工作，抖音官方协调资源，定制各类抖音账号，加大对西安城市文化、旅游、美食等的推送力度。与此同时，西安大量的政府机构入驻抖音，纷纷开通账号，通过或严肃或活泼的形式，打造政务新媒体样板。成都、西安等城市政府主管部门，超前谋划，认识到新媒体巨大的优势，通过政府行为加强合作，尽最大力度调动各项资源，采用专业化、团队化的操作，让当地的城市形象工作取得丰厚成果。

（二）丰富宣传推广形式

当下各种新媒体平台层出不穷，抖音、快手、小红书等应用软件已经成为人们生活中不可或缺的重要组成部分，这些应用软件形式多样、特点各异，只有适应各类风格的新媒体宣传形式，才能在日新月异的新媒体时代提升城市的影响力。

相关报告显示，抖音短视频平台上有大量涉及城市形象的短视频，内容上，以背景音乐（BGM）、饮食、景观、科技设施、建筑等为主要宣传载体，彰显城市特色。例如,经常在重庆城市形象片中被当作 BGM 使用的《平凡之路》,以重庆“8D 魔幻山城”为特点,突出了重庆极具特色的城市景观特点;西安以大唐不夜城、大雁塔、摔碗酒等为宣传特色,体现了西安悠久深厚的文化底蕴。通过多种形式推广宣传,成都、西安、重庆等城市在新媒体中树立了极具特色的城市形象,对带动当地旅游、吸引外地游客消费起到重要的推动作用。

(三)发展特色产业

城市形象不仅需要媒体宣传,更需要特色产业建立清晰定位。深圳由于着重于经济发展,被称为“文化沙漠”,但是文化产业具有较强的带动作用,在新时期的地位愈发凸显,因此,深圳早就确立了“文化立市”战略,将文化产业作为四大支柱产业之一。深圳立足自身特点,以“文博会”为依托,在筹划过程中,深圳官方大胆尝试,采用政府购买服务的方式,将办会职能交给市场,充分借力专业的第三方机构,将办展理念与市场相结合,将支持政策与招商工作相结合,运作成立市场化运营公司,采取市场化融资模式,为深圳创造了极佳口碑和经济效益。与此同时,近年来,深圳大力发展文化创意产业,专注于文化创意品牌的打造,成为国际性“设计之都”,取得了“杰出的发展中的世界知识城市”称号。目前,深圳文创产业中的创意设计、游戏动漫、珠宝设计等行业在国内市场中的份额越来越大,成为粤港澳大湾区的重要创新策源地,也成为相关产业的领头羊。

(四)加强载体建设

上海在品牌战略中一个显著的特点就是将培育“品牌经济”作为发展基石和着力点,积极推动上海从产品经济向品牌经济转型。“上海服务”主要围绕着金融、科创、航运等,提出有利于提升的建议,例如要打造国际贸易平台、金融市场建设、航运中心体系建设、科技创新平台等;“上海制造”以名企、名品、名家、名园为引领,加快战略性新兴产业集群建设;“上海购物”围绕老字号、消费品牌建设、商圈建设等,提出建设商业街、老字号等消费载体;“上海文化”将文化建设与文创产业发展和公共文化服务相结合。通过打响“四大品牌”战略,将品牌价值厚植实体经济的土壤,不断夯实品牌经济的发展基础。

三、天津城市品牌建设存在的问题

近年来,天津通过形象宣传片、大型赛事、展会等积极推介,但与相关城市相比,仍然存在不足。主要是在组织领导、品牌定位、传播渠道等方面因循守旧,缺乏创新。

(一)组织领导体系不健全

城市品牌建设和形象传播是城市建设的一项重要工作,具有长期性、系统性、复杂性特征,占用资源较多,而这需要强有力的组织领导和体系保障。天津的形象宣传职能主要集中在市委宣传部、文旅局等部门,没有联合其他部门形成合力,尤其未将城市形象宣传与招商工作相结合,使得工作成效大打折扣。组织领导体系的不健全还容易造成缺乏连贯性,政策缺乏大局观,各部门之间互相推诿,对于"牵一发动全身"的形象传播工作而言尤为致命。

(二)缺乏城市品牌形象定位的战略布局

城市形象定位关乎城市产业发展、对外宣传、市容市貌建设等多方面,要根据自身的历史、环境、产业结构等禀赋共同打造,并作为一项长期任务坚持下去。目前天津并没有提出明确的城市品牌口号。虽然有"一基地三区""国际消费中心城市"等城市定位,品牌的功能性体现得很强,但缺乏人文气息,城市特色也并不突出。城市品牌不等同于规划发展目标,更不等同于旅游标语,应该高度整合城市的产业发展目标、文化历史特色、民俗等多维度。目前来看,天津并没有提出明确的城市品牌战略,仍处于摸索过程中。

(三)形象传播思维守旧

近年来,天津市通过各项机遇,不断加强城市形象宣传工作,但是缺乏创新,也没有充分挖掘自身的城市景观、人文特点,这与宣传思维守旧有极大关系。一是宣传手段落后。没有充分利用抖音等新媒体平台,对新媒体的重视程度不够,而其他城市早已积极拥抱新媒体,并取得明显成效,在抖音平台上,天津城市形象专题视频的播放量远远低于成都、重庆等城市。二是传播内容缺乏个性。无论是在传统媒介还是在新媒体中,天津的宣传内容缺少亮点,缺乏接地气的语言和形式,很难凸显天津的地域特色。

(四)忽视整合传播

整合传播是适应当下新媒体传播的新要求,指的是根据城市定位、资源禀赋条件及未来发展目标,整合各项传播渠道,制定长远发展规划,有计划性、针对性地提供切实可行的传播方案。从实践来看,天津还未将整合传播策略应用到城市品牌形象传播中来。目前,天津的传播渠道通常以某一大型活动为切入点,传播手段过于单一,虽然短期内的密集发布可以得到一定的曝光度,但从长期来看,缺乏有效性和延续性,单靠某一种传播手段,在信息爆炸的当下,已经不能适应新形势。天津在传播规划的顶层设计上,并没有充分考虑整合传播策略,传播内容分散且不持续,各职能部门未能有效协同,缺乏整体性。例如,天津市近年来持续发展绿色经济,不仅关停了大量“散乱污”企业,还兴建“双城”绿色屏障,经过数年的发展,天津充分发挥了北京护城河的作用,生态环境治理获得了巨大成效。而在品牌宣传中,天津并没有针对这一突出成绩进行广泛宣传,未与产业结构转型升级相协调,导致天津的“绿色生态 + 科技”的经济发展模式没有受到广泛关注。

四、天津城市品牌影响力提升对策建议

针对以上问题,本文从定位策略、品牌管理策略、产业发展等方面提出意见建议。

(一)加强政府组织领导

作为一项系统性工程,应加快组织领导体系的建立,根据成都经验,由政府

主导，抽调经济、宣传、招商、媒体等各部门精干力量，组织成立专业化的形象传播部门，主要职能为通过多渠道、高标准传播，努力提升城市形象，加强人才、投资吸引力，推动文化旅游相融合，促进旅游发展；针对负面热点问题，加强危机公关能力，最大限度地降低负面影响；将宣传与招商相结合，“文化搭台、经济唱戏”，促进天津经济发展。在具体操作中，一是要指定高规格的规划，从中长期指定发展目标；二是充分利用专业的第三方力量，以高度市场化手段，提升传播质量和水平；三是加强各项保障，结合财政实际，在经费、编制等方面充分给予保障。

（二）全维度品牌管理策略

为了有效实现对城市品牌发展的维护与管理，在对城市品牌管理的过程中，整合运用市场营销中关于品牌管理的思维和方法，构建起全维度的天津城市品牌管理策略，借此实现城市品牌的进一步推广。具体做法如下：一是针对现有的城市品牌宣传用语、城市 GIS 系统应用等方面制定专门的准则、条例，加强这些环节的规范应用。香港的经验表明，按照联合品牌原则，规范、统一应用城市品牌标识对传播城市品牌是极为有效的，使关于城市品牌的“同一种声音”变得更加响亮。二是制定城市品牌危机预警和危机处置制度。天津政府相关部门必须高度重视城市品牌的危机管理，坚决杜绝危害城市品牌形象事件的发生。

（三）实现城市形象科学定位

结合天津经济社会发展现状，着眼未来发展方向，建议重点打造智能制造、文化旅游、大健康、现代服务四个领域品牌。

一是重点打造智能制造品牌。落实“全国先进制造研发基地”定位，以智能制造为主攻方向，促进重点领域智能转型，改造传统产业，培育壮大战略新兴产业，重点围绕智能制造创新平台建设、智能制造试点示范、智能制造系统解决方案供应商培育等方面实施专项行动，突破一批智能制造技术与装备，建成一批智能制造试点示范项目，培育一批智能制造产业链集成商，打响天津智能制造品牌。

二是重点打造文化旅游品牌。全面深化文化领域各项改革，打造充满活力的文化强市，重点围绕优化文化产业结构、培育壮大市场主体、丰富文化产品服务供给等方面实施专项行动，打造具有天津特色的文化产业品牌；大力实施旅游产业化战略，推动旅游业全面提质升级，努力建设现代化休闲旅游城市和国际旅游目的地、集散地，提升“近代中国看天津”“天天乐道，津津有味”的旅游品牌知名度。

三是重点打造大健康品牌。突出天津医药产业的基础优势，促进规模化、集群化、高端化发展，加快研制重点领域的治疗药物、生物制品及保健品，提升壮大医疗器械产业，围绕推动重点医药产业化、加快医疗器械产业转型升级、推进中医药现代化等方面实施专项行动，打造一批全国领先的高端医药产业集群，培育一批具有较强创新能力的大型企业，形成一批具有国内外较高知名度的大品种。

四是重点打造现代服务品牌。重点围绕建设金融创新运营示范区、增强国际航运服务功能、实现科技服务突破发展、提升服务业发展新动能等方面实施专项行动，壮大一批具有引领性的新产业和新业态，打造一批具有标志性的生产性服务业集聚区，形成一批具有国内外影响力的品牌企业和研发机构，聚力打造现代服务业品牌高地。

（四）增强品牌回应与更新机制

品牌建设并非一劳永逸，需要主管部门建立起符合现实情况的绩效评价体系，可聘请专业第三方结合相关指标，定期对品牌建设工作打分，建立起长期跟踪研究机制。针对出现的问题提出更优解决方案，制定短期和中长期工作任务和重点工作，督促职能部门不断优化传播路径和渠道，全面提升传播质量。而品牌建设也并非一成不变，在实际条件发生变化时，要及时更新品牌定位，保持城市形象的动态稳定，形成城市品牌工作与市场反应的良性互动。

（五）顺应市场需求推进城市品牌更新

政府在城市品牌建设过程中起主导作用，但城市品牌管理机构必须认识到，品牌必须接受市场的考验，必须应对竞争形势的变化。通过建立品牌响应和更新机制，品牌管理部门可以调整产品和服务，例如品牌营销方式、主题产品和视觉识别系统。天津的城市精神，是在中外融合的文化传统、现代工业和商业文明，以及时代新精神的基础上提炼的，在天津居住的名人故事可以适应于影视作品的传播，提高传播的有效性和知名度。与此同时，可以提升品牌形象的文化元素。例如，在五大道和其他风景名胜区增加富有天津本地文化特征和民俗风情的产品，战略性展厅将使游客获得更强的差异化品牌体验。天津市政府还可以通过举办城市品牌主题设计大赛或论坛，展示城市活力，提炼新的品牌内涵。经过专业评估和官方选择的优秀作品，通常会得到市场的认可，可以纳入品牌更新系统。

推进天津市基层治理体系和治理能力现代化路径研究

冯　攀　天津市经济发展研究院高级经济师
刘　营　天津市经济发展研究院经济师
尹晓丹　天津市经济发展研究院经济师

中国共产党天津市第十二次代表大会提出建设高效能治理的社会主义现代化大都市,对天津“十四五”期间及未来提升基层治理的社会化、法治化、智能化、专业化水平提出更高目标要求。本文旨在通过调研、分析区级层面社会治理的表现及问题,总结经验,在推进治理体系和治理能力现代化上,为决策及管理部门提供可推广普及的工作方法。

一、区级治理体系和治理能力现状

1. 党建引领充分保障群众利益

近五年来,天津市委、市政府致力于加强党的领导,在实践中认真学习贯彻习近平总书记重要讲话和重要指示批示精神,严格管理党员和领导干部,严格管理各级党组织,严格落实“三会一课”,辅之以生活在小区的党员、党组织开展“双报到”,壮大了基层党组织的力量,可以组织开展更多的志愿服务,发挥党员、党支部在群众中的影响力,服务群众的思想意识、能力素质和服务效能有了极大的进步。

2. “社区吹哨、部门报到”精准服务群众

通过网格员巡视发现群众亟待解决的涉及物业服务、城市交通及市容管理、社区内外部治安保安、空地绿化、共用设施及房屋维护修缮、居家养老服务、

儿童入托上学、供水供暖、失能人群入户测核酸等问题，及时召集有关部门沟通协商有效解决办法。问题涉及领域的广度、深度日益扩大，关注响应更加及时，解决办法更加务实、贴近群众心意。

3. 村街建设促进城乡融合

自 2013 年以来，根据天津市委部署，在区、镇、村街党委、党支部的有力协同下，由市级机关、事业单位、国企向帮扶村、经济薄弱村派驻第一书记工作持续稳步推进，推动村“两委”落实美丽天津建设、城乡一体化发展的工作目标与任务。乡镇党组织借助广播、庙会等形式，将党和政府对“三农”领域公共服务项目，包括坑塘清淤、村路美化、垃圾分类及清运等在内的环境整治项目，上水管道更新、污水集中处置、公路修缮拓宽、公交站和快递网点增加等基础设施，创造就业新岗位、养老大院建设、便捷就医以及农田产权承包等与村民利益相关的专题带到村民中间，乡村与城区的差距日益缩小。

4. 数字化治理带给群众更新更广便利

伴随城市、乡村信息化通道建设及规模经营不断完善，更高的带宽网速、更低廉优惠的价格、更丰富的公共服务手机软件，催生基层治理由传统方式向现代化、数字化方向转型，由小区村头线下延展到万千家庭与个人手中，提升生产与生活效率。手机端包括养老订餐、就医挂号、生活缴费和疫情期间接收党和政府及时消息在内的社会治理管理与服务，在社工指导下，居民动动手指，便利就呈现眼前，线上服务更加便捷、高效，大数据积累也创造出更高的社会治理价值。

5. 基层治理新形势激发新的社会化服务

社会治理越发达，民众生活质量就越高，需求愿望就愈发千姿百态。在基本公共服务之外，会衍生出更多、更符合高端、个性化需要的非基本公共服务和商业化社会服务，也将带动、派生更新鲜的服务业态与服务方式，需要更多企业参与市场化的运营，以满足消费需求的阶梯式进步。

二、当前区级社会治理工作中的问题

1. 基层治理政策制度仍需完善

进入“十四五”时期以来，天津16个区的社会治理能力有大幅提升，然而在关系复杂的住房产权领域、有关居民共用楼宇内外的基础设施的利益纠纷是历史遗留难题，以及邻里之间围绕上下楼深夜产生响动与争取静稳权问题，仍是当前民生与社会治理领域中的难点。老大难问题之所以经年累月难以解决，一部分原因是治理部门维护特定制度固有的适用条件，相关改革的力度还不能满足民众、企业在生存、发展、交易、交流方面客观存在的需求。这种情况使民众满意度降低，也让治理部门长期面临压力。政府部门和政策制定者应牢记宗旨意识，践行为民初心，对民众的合理诉求要及时响应并予以解决。

2. 数字化治理对升级基层能力提出新要求

每个行政部门发现对民众、企业有便于在手机端或线上展开的服务，就会开发自己的手机端软件，如一般纳税、工资缴税、社保、专业继续教育、就医挂号等。在推行数字政府建设的大环境下，需要加快打通部门间的数据“孤岛”，满足民众一次登录，办理不同事项的需求，减少民众使用查找、多次输入信息等带来的不便。逐步加强整合与共享各部门积累的数据，使其他行政机构、企业单位易于把握公民、企业基于社会经济行为而形成的完整信用印象，满足他们在社会生产、生活中的发展需要。

3. 行政服务手段有待改进

历史遗留问题能够受到行政部门的关注并最终解决，得益于各类媒体机构报道产生的压力以及多部门的通力协作。而这种压力来自该部门背后的组织部门对其部门领导缺失社会服务意识、漠视人民群众利益的问责与考核。媒体也仅是选取有代表性、有解决可能、可公开报道的题材。组织部门再进一步把握问责及政治影响，以达到举一反三、教育反思的效果。如要民众诉求全都落实到位，还需更大力量的主动上手和协同攻坚。

4. 部门协同程度还有待提升

面对城市和社会治理问题日益复杂的情况，需要单位内部和部际间的协同配合，依职能承担主次责任，工作过程的轻重缓急、先后次序各有不同。实践中，部门间互相推诿、政策告知不明确、由谁解决模糊不清、何时解决不确定，问题经年累月得不到妥善解决，就会成为新生的老大难问题。面对新现象、新问题，如果没有预先的演练、模拟操作，以达到熟练，在现实中的服务水平就会低于群众的满意度，影响民众对生活质量的期望与社会治理的信心，乃至社会秩序的稳定。这应当引起市级、区级主管部门的重视，投入更多的关注与解决力度。

三、对天津及其他城市社会治理经验的借鉴与分析

他山之石可以攻玉。天津各区要积极学习借鉴其他先进城市城区、乡镇的有效治理经验，为我所用，在加强建设并丰富融入本区社会治理体系和能力的同时，提升和彰显部门内部的服务与管理水平，为行政部门赢得更高的威信与赞誉。

1. 天津“和平夜话”

市十二次党代会报告中提出“和平夜话”是走好新时代党的群众路线，推动“向群众汇报”、加强党员志愿服务等制度化、长效化的好经验。党员干部在8小时以外走进群众，针对反映集中的“一老一小”、老旧小区改造、教育医疗失衡等问题，共话家常听民意、排忧解难办实事，先后走访慰问1700多户低保户、80余户低收入家庭、13000多名残障人士，将党和政府的关怀与温暖送到群众的家中、送进群众的心坎。全区举办新时代文明实践专场等演出15场，吸引全市240万人参与“红船打卡”。“和平夜话”为志愿者和老百姓搭建起向往美好生活的共同舞台，党员干部以为民情怀赢得群众理解、支持、信任和拥戴。

天津其他各区宣传部门也要深入学习并充分利用微博、微信、今日头条、快手、抖音等群众喜闻乐见的新媒体平台，积极适应新的宣传形势，借助新的阵地，把天津服务民众、企业，开展社会治理的政策、故事讲好。同时，更要在京津

冀区域和全国范围做好宣传。这是推介天津精细化改善民生领域服务、深入提高社会治理、高质量建设营商环境的有力方式。

2. 北京石景山区“接诉即办”与案例普法

北京市石景山区“接诉即办”紧扣12345市民服务热线,解决重点难点问题,坚持为民办实事,着力解决居民身边的操心事、揪心事、烦心事,各部门、各街道在解决房屋漏雨、保障居民出行、维护设施安全等方面积极作为,持续加大工作力度。通过官方微信端发布部分优秀案例,不但北京市乃至全国各地的行政单位都可以学习借鉴交流经验,更方便民众掌握理解遇到同类问题当如何向行政部门寻求帮助,从而可以更好更快地解决自己的具体诉求。

天津市政府办公厅和北方网开辟《政民零距离》栏目,实现行政部门和民众线上高效沟通,发挥了听民意、汇民智、解民情的建设性作用。自2009年以来该栏目公布涉及城市管理与建设、民生服务领域问题,而解决办法与结果只是面向当事方,宣传指导作用打了折扣。天津可借鉴北京石景山区公布典型案例的做法,让更多民众知晓各部门是如何解决特定问题的,什么问题应当找什么部门反馈,这样可缩短传递渠道,直接对接需求,提高行政效率与效能,而这才是社会主义现代化大都市深化社会治理服务所需要的。

3. 新时代“枫桥经验”

20世纪60年代初,浙江省诸暨县(现诸暨市)枫桥镇干部群众创造的“发动和依靠群众,坚持矛盾不上交,就地解决的枫桥工作模式。1963年毛泽东同志亲笔批示“要各地仿效,经过试点,推广去做”。“枫桥经验”得到不断发展,形成了具有鲜明时代特色的“党政动手,依靠群众,预防纠纷,化解矛盾,维护稳定,促进发展”的枫桥新经验,成为新时期把党的群众路线坚持好、贯彻好的典范。2013年10月习近平同志指出:把“枫桥经验”坚持好、发展好,把党的群众路线坚持好、贯彻好,充分发动群众、组织群众、依靠群众,推进基层社会治理创新。

天津可在接待流动人口活跃的城区、广大乡镇和临时性大型工程建设项目密集区域,借鉴“枫桥经验”,深化创新,形成本区治理与服务特色,完善对流动人口服务,开发手机端软件,使群众不出家门就能完成流动人口信息登记,实现

“有感服务,无感管理”。同时以网格员为牵头人,借助微信沟通化解潜在矛盾,保障相应城区、乡镇、工程项目区社会秩序稳定,民众安居乐业。

四、完善天津基层社会治理体系和治理能力的建议

全市 16 个区要组织指导基层单位,细化落实《关于坚持和完善中国特色社会主义制度推进国家治理体系和治理能力现代化若干重大问题的决定》《关于加强基层治理体系和治理能力现代化建设的意见》和《天津市“十四五”城乡社区服务体系建设规划》。明确战略方向,确定工作计划,盯紧绩效目标,明晰工作制度,调研并制定专项政策,加强组织实施、提供必要充分的人员、资金、办公条件,完善监督与宣传,确保各项治理工作落实到位。

1. 强化党对基层社会服务组织的绝对领导

健全加强党在基层领导的有关制度,壮大党对基层行政组织和社会服务组织的政治领导、组织领导和机制领导,加强基层社会治理队伍建设,规范基层群众自治组织,不断扩大党的组织覆盖和工作覆盖。充分用好网格化管理组织与工作机制和制度,提供更加深入的、精细化的行政服务与社会服务,涉及基层治理的重要事项要由党组织研究讨论后按程序决定实施,确保用好开放共享的基层社会治理服务平台,提升党在社会治理组织建设和社会治理成效中的领导力、影响力。

2. 建立健全基层治理组织和工作制度

把握数字应用日益普及、数字化管理与服务技术更加成熟、老龄人口比例增加的趋势,顺应营商环境建设高质量发展的要求,把全心全意为人民服务作为区级行政单位、乡镇街以及基层居委会、村委会等开展工作的根本宗旨,牢记网格员、社工是代表我党开展工作的。理解民众、企业在当前发展阶段的多样化需求,并给予积极回应,杜绝基层部门、领导班子和形式主义、官僚主义导致的不务实效、脱离群众。更新、改造现有行政组织,形成适应数字化条件的工作机构;升级工作方式,建立与需求相匹配的数字化制度环境;培训选用数字化社会治理所需人才与技能,进而形成适应社会主义现代化大都市发展的数字治理

新模式。

3. 丰富基本公共服务供给

在推进基本公共服务均等化，促进共同富裕的基础上，通过政府购买服务、服务项目招商引进更多新兴的、市场化的社会服务（如特殊群体养老服务），以及个性化、定制化的医疗服务，共享交通出行，扩大残疾人职业培训及就业，农村、农业领域产业服务等，构成对基本与非基本公共服务的有益补充。在满足城乡民众、企业社会服务业领域消费、产业升级的同时，扩大就业范围，增加就业岗位，努力缩小并逐步消除城乡之间在公共服务和社会服务领域的差距。

4. 增强基层群众自治参与能力

借助新兴媒体，对天津城乡居民通过新闻宣传、案例宣讲与分析，文艺影视剧作品陶冶，依靠并加强各单位党组织对民众的教育与引导，启迪民众爱党、爱国、爱人民、爱社会主义制度、爱文化、爱家乡等的思想、情感与觉悟，有理、有力、有节地消除民众中不应有的戾气和不理性表达，理解我国社会的主要矛盾是人民日益增长的美好生活需要和不平衡不充分的发展之间的矛盾，并通过各级行政部门改善工作效率，提升工作效能，积极努力，持续消弭这一差距，从而获得民众更深切、更广泛的理解与支持。

5. 健全基层治理监督与反馈机制

拓宽应用普遍适用的新技术，辟建除了政府部门电话、电子邮箱之外，更丰富的政务平台、政务微信、微博等便捷利民的诉求反馈渠道。投入力量，更加重视人大、民主党派、妇联与工会等群团力量、重视法律和社会舆论等外部监督体系以及信访渠道传递的信息，让民众既有丰富、正当、平和的管道表达声音，更有基层部门温暖及时的关注与解决。通过多方努力，构建有利于基层深入高效开展服务的治理体系。